Nachhaltigkeit im Controlling

Susanne Theresia Weber · Jessica Hastenteufel
(Hrsg.)

Nachhaltigkeit im Controlling

Aktuelle Entwicklungen, praxisorientierte Ansätze und Lösungen mit Unternehmensbeispielen

Springer Gabler

Hrsg.
Susanne Theresia Weber
Betriebswirtschaftslehre, IU Internationale Hochschule
Erfurt, Deutschland

Jessica Hastenteufel
Betriebswirtschaftslehre, IU Internationale Hochschule
Erfurt, Deutschland

ISBN 978-3-658-45768-6 ISBN 978-3-658-45769-3 (eBook)
https://doi.org/10.1007/978-3-658-45769-3

Die Deutsche Nationalbibliothek verzeichnet diese Publikation in der Deutschen Nationalbibliografie; detaillierte bibliografische Daten sind im Internet über https://portal.dnb.de abrufbar.

Planung/Lektorat: Irene Buttkus
Springer Gabler ist ein Imprint der eingetragenen Gesellschaft Springer Fachmedien Wiesbaden GmbH und ist ein Teil von Springer Nature.
Die Anschrift der Gesellschaft ist: Abraham-Lincoln-Str. 46, 65189 Wiesbaden, Germany

Vorwort

der Klimawandel stellt zweifellos eine der größten Herausforderungen der heutigen Zeit dar. Seine Auswirkungen beeinträchtigen das Leben vieler Menschen bereits heute in vielerlei Hinsicht und werden dies auch zukünftig tun. Der Wirtschaft kommt beim Kampf gegen den Klimawandel eine entscheidende Rolle zu, denn sie hat nicht nur die Macht, sondern auch die Verantwortung, nachhaltige Maßnahmen zu ergreifen, damit substanzielle positive Veränderungen erzielt werden können. Um diesen Herausforderungen zu begegnen, ist es entscheidend, dass Unternehmen neben ihren ökonomischen Zielen auch soziale und ökologische Ziele in ihre Unternehmensstrategie inkludieren.

Die erfolgreiche Nachhaltigkeitstransformation ist dabei eine funktionsübergreifende Aufgabe in Unternehmen, wofür insbesondere im Controlling ein adäquater Rahmen geschaffen wird.

Die Implementierung eines effektiven Nachhaltigkeitscontrollings erfordert fundierte Kenntnisse bei der Auswahl und der Analyse relevanter Kennzahlen. Darüber hinaus gibt es zahlreiche regulatorische Anforderungen, die einzuhalten sind. All dies trägt zu einer erfolgreichen Steuerung der Nachhaltigkeitsaktivitäten eines Unternehmens bei.

Dieser Sammelband gibt einen Überblick über ausgewählte Themen der Nachhaltigkeitstransformation, die sich für das Controlling ergeben. Der Fokus liegt dabei auf den aktuellen Entwicklungen, speziell bei der Berichterstattung, sowie auf praxisorientierten Ansätzen und Lösungsbeispielen.

Die ausgewählten Beiträge sind wissenschaftlich fundiert und profitieren von der langjährigen praktischen und wissenschaftlichen Expertise der einzelnen Autorinnen und Autoren. Sie eignen sich für Personen aus allen Fachgebieten und Unternehmensbereichen, um ihre Kenntnisse in diesem Themengebiet zu vertiefen.

Wir, die Herausgeberinnen, bedanken uns an dieser Stelle ganz herzlich bei allen Mitwirkenden für ihre interessanten sowie zukunftsweisenden Beiträge und die angenehme Zusammenarbeit.

Wir als Wissenschaftlerinnen und Wissenschaftler möchten mit diesem Sammelband einen Beitrag dazu leisten, der Wirtschaft und ihren Akteuren Impulse zu geben, um die Herausforderungen des Klimawandels zu bewältigen und so eine lebenswerte Zukunft für kommende Generationen zu sichern.

Vielen Dank für Ihr Interesse und Ihr Engagement für eine nachhaltige Zukunft!

München und Saarbrücken
Deutschland
im Herbst 2024

Susanne Theresia Weber
Jessica Hastenteufel

Inhaltsverzeichnis

Herausgeber- und Autorenverzeichnis

Über die Herausgeber

Prof. Dr. Susanne Theresia Weber ist Professorin für Allgemeine Betriebswirtschaftslehre an der IU Internationale Hochschule am Campus in München. Sie verfügt über langjährige Berufserfahrung in den Bereichen Finance und Management in internationalen Unternehmen und übernimmt Lehrveranstaltungen zu finanzwirtschaftlichen und interdisziplinären Themen.

Prof. Dr. habil. Jessica Hastenteufel ist Professorin für Corporate Finance & Controlling an der IU Internationale Hochschule im Fernstudium. Sie verfügt über eine langjährige Forschungs- und Lehrerfahrung in den Bereichen Bank- und Versicherungsbetriebslehre, Corporate Finance und Controlling sowie über berufspraktische Erfahrungen in der Bankenbranche.

Autorenverzeichnis

Alusch Hermann Amoghli Accor S.A., München, Deutschland

Prof. Dr. habil. Stefan Behringer Hochschule Luzern, Institut für Finanzdienstleistungen Zug IFZ, Rotkreuz, Schweiz

Nadine Berchtold M.Sc. Hochschule Luzern, Institut für Finanzdienstleistungen Zug IFZ, Rotkreuz, Schweiz

Prof. Dr. Claudia N. Berrones-Flemmig IU Internationale Hochschule, Bad Honnef, Deutschland

Anika Bilsdorfer IU Internationale Hochschule, Bad Honnef, Deutschland

Anna Carduck M.Sc. Grünenthal Pharma GmbH & Co. KG, Aachen, Deutschland

Prof. Dr. Sandra Ebeling IU Internationale Hochschule, Bad Honnef, Deutschland

Prof. Dr. Manuela Ender IU Internationale Hochschule, Bad Honnef, Deutschland

Tim-Oliver Engelke Kreissparkasse Düsseldorf, Düsseldorf, Deutschland

Ass. Prof. Dr. Florian Follert Privatuniversität Schloss Seeburg, Seekirchen am Wallersee, Österreich

Prof. Dr. habil. Jessica Hastenteufel IU Internationale Hochschule, Bad Honnef, Deutschland

Prof. Dr. Philip Heinz IU Internationale Hochschule, Bad Honnef, Deutschland

Timo Heroth Dr. des., HSG Hochschule Luzern, Institut für Finanzdienstleistungen Zug IFZ, Rotkreuz, Schweiz

Prof. Dr. Sebastian Holzmann IU Internationale Hochschule, Bad Honnef, Deutschland

Prof. Dr. Daniel R. Kälberer IU Internationale Hochschule, Bad Honnef, Deutschland

Dr. Sabrina Kiszka IU Internationale Hochschule, Bad Honnef, Deutschland

Prof. Dr. David Kuhlen IU Internationale Hochschule, Bad Honnef, Deutschland

Prof. Dr. Jörn Littkemann FernUniversität in Hagen, Hagen, Deutschland

Matthias Pfister M.Sc. FernUniversität in Hagen, Hagen, Deutschland

Prof. Dr. Svend Reuse MBA FOM Hochschule für Oekonomie und Management, Essen, DeutschlandKreissparkasse Düsseldorf, Düsseldorf, Deutschland

Isela G. Salinas Universität Tec de Monterrey, Monterrey, Mexiko

Prof. Dr. Robert C. Schmidt IU Internationale Hochschule, Erfurt, Deutschland

Maximilian Walter B. Sc. Universität des Saarlandes, Saarbrücken, Deutschland

Univ.-Prof. Dr. Gerd Waschbusch Universität des Saarlandes, Saarbrücken, Deutschland

Prof. Dr. Susanne Theresia Weber IU Internationale Hochschule, Bad Honnef, Deutschland

Nachhaltigkeitscontrolling – Ein einführender Überblick

1

Susanne Theresia Weber und Jessica Hastenteufel

1.1 Zunehmende Relevanz der Nachhaltigkeit

Der erste Ansatz des Nachhaltigkeitsgedankens in Europa entstand im 18. Jahrhundert in der Forstwirtschaft.[1] Die Bewirtschaftung des Waldes wurde von Hans Carl von Carlowitz als nachhaltig beschrieben, wenn innerhalb eines bestimmten Zeitabschnitts nur die Holzmenge geschlagen wurde, die durch eine neue Baumbepflanzung nachwachsen konnte (Carlowitz 1713; Hamberger 2021). Damit sollte sichergestellt werden, dass langfristig genügende Holz zur Nutzung für die nachfolgenden Generationen zur Verfügung stand.

Nach den beiden Weltkriegen wurde im Jahr 1968 der Club of Rome als eine gemeinnützige, unabhängige und internationale Organisation gegründet, dessen Aufgabe u. a. darin besteht, das Verhältnis von Wachstum und Umwelt zu untersuchen. Im Jahr 1972 fand in Stockholm die erste Weltumweltkonferenz United Nations Conference on the Human Environment statt (Deutsche Gesellschaft CLUB OF ROME 2024).

Seit den 1970er Jahren rückt der Umweltschutz aufgrund der zunehmend spürbaren Folgen der Umweltbelastungen (z. B. saurer Regen, Waldsterben, Ozonloch) zunehmend

[1] Für eine ausführliche historische Herleitung des Nachhaltigkeitsbegriffs vgl. Kiszka 2023, S. 43 ff.

S. T. Weber (✉) · J. Hastenteufel
IU Internationale Hochschule, Bad Honnef, Deutschland
E-Mail: susanne.weber@iu.org

J. Hastenteufel
E-Mail: jessica.hastenteufel@iu.org

S. Weber und J. Hastenteufel (Hrsg.), *Nachhaltigkeit im Controlling*,
https://doi.org/10.1007/978-3-658-45769-3_1

ins öffentliche Bewusstsein. Unternehmerisches Handeln wird nun auch anhand seiner ökologischen Auswirkungen bewertet und politisch reguliert, z. B. durch das Bundes-Immissionsschutzgesetz. Auch auf internationaler Ebene wird die Relevanz des Umweltschutzes erkannt. So veröffentlichte die Weltkommission für Umwelt und Entwicklung der Vereinten Nationen im Jahr 1987 den Brundtland-Bericht Our Common Future, mit einer der ersten neueren Definitionen des Nachhaltigkeitsbegriffs (Umweltbundesamt 2024).

Studien belegen, dass sich die Anzahl von Extremwetterereignissen, wie etwa Stürme, Dürren, Waldbrände und Überflutungen seit Beginn der 1990er Jahre weltweit verdoppelt hat. Aufgrund der globalen Relevanz trafen sich im Jahr 1992 Vertreter aus 178 Ländern auf der UN-Konferenz in Rio de Janeiro, um Umweltfragen zu beraten. Als Ergebnis wurde ein Leitbild für eine nachhaltige Entwicklung definiert, in dem wirtschaftliche Effizienz, soziale Gerechtigkeit und die Sicherung der natürlichen Lebensgrundlagen als gleichwertige und überlebenswichtige Interessen anerkannt wurden (Bundesministerium für wirtschaftliche Zusammenarbeit und Entwicklung 2024).

Bei der UN-Klimakonferenz in Paris im Jahr 2015 einigten sich insg. 197 Staaten auf ein neues, globales Klimaschutzabkommen. Die Zweiteilung in Industrieländer auf der einen und in Schwellen- und Entwicklungsländer auf der anderen Seite wurde in ein multilateralen Klimaabkommen mit universeller Geltung und völkerrechtlichen Pflichten für alle Staaten angepasst (Bundesministerium für Wirtschaft und Klimaschutz 2024).

Aktuell findet bereits ein gesellschaftlicher Wandel zum neuen Megatrend der Neo-Ökologie statt. Dieser beschreibt, dass Nachhaltigkeit zur wichtigsten Maxime bei den Kaufentscheidungen von Konsumenten wird und die Unternehmen als Folge dessen ihre Strategien auf eine nachhaltige Transformation ausrichten müssen. Dies kann zu einer Steigerung der Effizienz und zu einer Senkung von Kosten beitragen und somit denjenigen Unternehmen, die sich gegenwärtig bereits auf den Wandel zur Neo-Ökologie einstellen, einen strategischen Wettbewerbsvorteil verschaffen, um langfristig erfolgreich am Markt agieren zu können. Dieser Wertewandel wird als zentraler Wirtschaftsfaktor für alle Branchen, Unternehmensbereiche und Geschäftsmodelle antizipiert (Stockmann und Wisniewski 2023; Zukunftsinstitut GmbH 2024).

1.2 Implikationen der Nachhaltigkeit für Unternehmen

1.2.1 Gesetzliche Vorgaben

Die Bestimmungen der Vereinten Nationen sowie des Pariser Klimaschutzabkommens für eine nachhaltige Entwicklung sind für Unternehmen Anspruch und Herausforderung zugleich:

„Aufgrund der zunehmenden Globalisierung und den damit verbundenen negativen Auswirkungen und globalen Herausforderungen wie Armut, Klimawandel oder fehlender Zugang zu medizinischer Versorgung und Bildung erfährt das Konzept CSR seit den 1990er Jahren einen weltweiten Aufschwung. Entsprechend haben die internationale

Staatengemeinschaft sowie die nationalstaatliche Politik CSR in den vergangenen Jahren als integralen Bestandteil von Lösungsansätzen für die globalen Herausforderungen verankert und in zahlreichen Programmen, Regularien und Maßnahmen die Umsetzung in die Praxis gefördert" (Bundesministerium für Arbeit und Soziales Referat „CSR" 2024a).

Das CSR-Konzept intendiert, Produkte und Dienstleistungen zu entwickeln, die ökologisch nachhaltig, sozial gerecht und wirtschaftlich rentabel sind. Es ist für Unternehmen keine Frage mehr, ob sie ihr Handeln auf CSR ausrichten, sondern wie sie die soziale Verantwortung und die geschäftliche Nachhaltigkeit in ihre Unternehmensstrategie integrieren können, ohne dass der ökonomische Erfolg darunter leidet. Für Unternehmen speziell für KMU stellt die Forderung von Politik und Gesellschaft nach Transparenz und Kommunikation ihrer nachhaltigen Aktivitäten jedoch eine große Herausforderung dar. Angesichts der wachsenden Sensibilität der Stakeholder trägt eine ehrliche Berichterstattung und authentische Unternehmenskommunikation jedoch wesentlich dazu bei, Vertrauen aufzubauen, das Unternehmensimage zu stärken und somit die langfristige Existenz eines Unternehmens zu sichern. Dabei muss soziale und ökologische Verantwortung in einem Unternehmen aus Überzeugung gelebt werden. Denn nur so können die Chancen, wie bspw.

- ein besseres Unternehmensimage,
- eine effizientere Ressourcennutzung,
- eine steigende Zufriedenheit der Beschäftigten und
- eine erhöhte Attraktivität eines Unternehmens als Ganzes

erreicht werden.

Die Entwicklung, Umsetzung sowie die Berichterstattung von Nachhaltigkeitsmaßnahmen obliegt zwar grundsätzlich jedem Unternehmen selbst, jedoch werden diese von politischen Rahmenbedingungen flankiert. Folgende Regularien können für Unternehmen in Deutschland relevant sein (Abb. 1.1):

Die Europäische Union sieht sich als Vorreiter im Kampf gegen den Klimawandel und hat mit dem European Green Deal eine detaillierte Agenda zur Realisierung der Klimaneutralität bis 2050 entwickelt. Klimaneutralität bedeutet, dass es ein Gleichgewicht zwischen den ausgestoßenen Treibhausgasemissionen und dem Aufnahmevermögen von Kohlenstoffsenken wie Wäldern, Ozeanen oder Böden gibt (Europäische Kommission 2023).

Als Grundlage für dessen Umsetzung hat die Europäische Union bereits 2021 die EU-Taxonomie zur Klassifizierung von nachhaltigen Wirtschaftsaktivitäten veröffentlicht. Dieses Regelwerk soll ein einheitliches Begriffsverständnis schaffen und hierzu beitragen, Kapital in den grünen Umbau von Energieproduktion und der Wirtschaft lenken sowie Unternehmen dabei unterstützen, zu bestimmen, inwieweit ihre wirtschaftlichen Aktivitäten mit den Umweltzielen der EU in Einklang stehen. Die EU-Taxonomie-Verordnung legt in diesem Kontext sechs Kriterien fest:

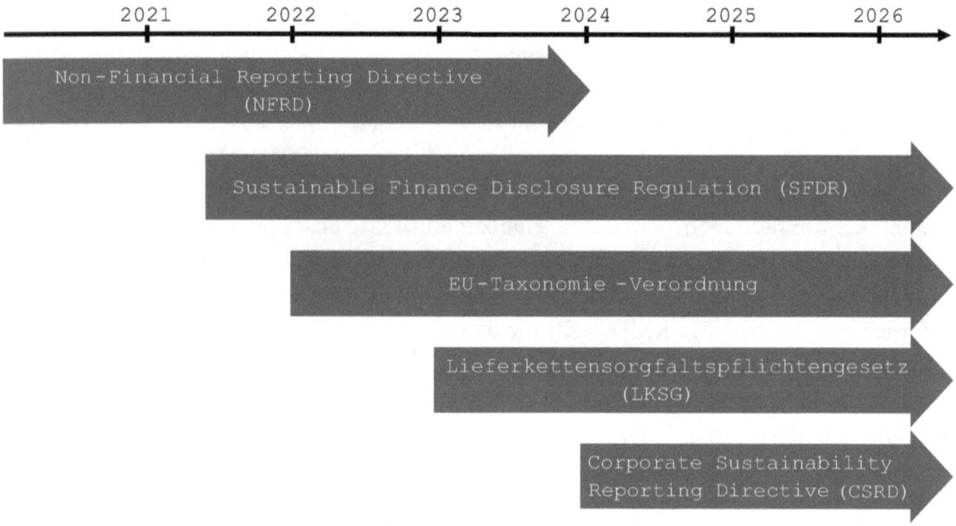

Abb. 1.1 Ausgewählte regulatorische Anforderungen im Kontext der Nachhaltigkeit für deutsche Unternehmen. (Eigene Darstellung in Anlehnung an Wirtschaftsprüfungskammer 2024b)

- Klimaschutz,
- Anpassung an den Klimawandel,
- Schutz von Wasser- und Meeresresourcen,
- Übergang zur Kreislaufwirtschaft,
- Umweltverschmutzung und
- Biodiversität,

anhand derer Unternehmen beurteilen können, ob ihre Tätigkeiten als ökologisch nachhaltig eingestuft werden können (Bundesministerium für Umwelt, Naturschutz, nukleare Sicherheit und Verbraucherschutz 2024).

Die Non-Financial Reporting Directive (NFRD) ist eine EU-Richtlinie, die kapitalmarktorientierte Unternehmen, Finanzdienstleister und Versicherungsunternehmen mit mindestens 500 Arbeitnehmern und einer Bilanzsumme von über 20 Mio. Euro oder einem Umsatz von über 40 Mio. Euro bereits seit dem Jahr 2017 verpflichtet, nicht-finanzielle Informationen (inkl. Umwelt- und Sozialdaten) in ihren Geschäftsberichten offenzulegen. Diese Informationen umfassen Aspekte wie

- Umwelt-, Sozial- und Arbeitnehmerbelange,
- die Achtung von Menschenrechten sowie
- die Bekämpfung von Korruption und Bestechung.

Die EU-Taxonomie und die NFRD ergänzen sich, da die EU-Taxonomie Unternehmen dabei hilft, die relevanten Umweltkriterien zu identifizieren, die in ihren nicht-finanziellen Berichten gemäß der NFRD offengelegt werden müssen, und diese zu bewerten (Bundesministerium für Arbeit und Soziales Referat "CSR" 2024b).

In Deutschland wird die EU-Richtlinie NFRD mit dem CSR-Richtlinien-Umsetzungsgesetzes (CSR-RUG) umgesetzt, indem geregelt ist, welche Unternehmen dazu verpflichtet sind, einen nichtfinanziellen Bericht zu veröffentlichen und welche Inhalte dieser Bericht haben muss. Demnach müssen alle Unternehmen, die

- als groß i.S.d. § 267 Abs. 3 Satz 1 HGB eingestuft werden,
- kapitalmarktorientiert i.S.d. § 264d HGB sind sowie
- im Jahresdurchschnitt mehr als 500 Mitarbeitende beschäftigen oder
- Banken, Versicherungen und Fondsgesellschaften (unabhängig von ihrer Börsennotierung) sind,

diese Regularien erfüllen.

In der neusten Richtline der EU, der Corporate Sustainability Reporting Directive (CSRD) wird die Nachhaltigkeitsberichterstattung inhaltlich konkretisiert und zwingend im Lagebericht verortet. Der Geltungsbereich wird auf alle großen Kapitalgesellschaften, Banken, Versicherungsunternehmen sowie kapitalmarktorientierte KMU ausgeweitet (Wirtschaftsprüfungskammer 2024a).

Seit 2023 unterliegen Unternehmen mit mindestens 3000 Arbeitnehmern zudem dem Lieferkettensorgfaltspflichtengesetz (LKSG), dass sie zur Einhaltung bestimmter umweltschutz- und menschenrechtlicher Sorgfaltspflichten entlang ihrer Lieferketten verpflichtet. Es fordert die Verbesserung des Schutzes grundlegender Menschenrechte, insb. die Durchsetzung des Verbots von Kinderarbeit, sowie die Berücksichtigung von Umweltbelangen, sofern diese zu Menschenrechtsverletzungen führen können. Ab dem 01.01.2024 gilt dieses Gesetz auch für Unternehmen mit mindestens 1000 Mitarbeitern (Wirtschaftsprüfungskammer 2024a).

Die praktische Umsetzung der genannten Richtlinien wirft für die Unternehmen viele Fragen auf und wird aktuell branchenübergreifend stark diskutiert. Vor allem Unternehmen des deutschen Mittelstands sind bei der Umsetzung auf Unterstützung und fachliche Expertise angewiesen (Sudau et al. 2021, S. 2 f.).

1.2.2 Umsetzung in Unternehmen

Während sich Unternehmen, die die oben genannten Voraussetzungen erfüllen, mit der Pflicht zur Nachhaltigkeitsberichterstattung konfrontiert sehen, bleiben kleinere Unternehmen in Deutschland hiervon zunächst noch verschont. In Anbetracht der Brisanz der nachhaltigen Transformation ist es jedoch auch für kleinere KMU unerlässlich, sich möglichst frühzeitig mit dem Thema Nachhaltigkeit und der damit verbundenen Frage, welche Nachhaltigkeitsziele und -kriterien für das Unternehmen im Fokus stehen, zu beschäftigen (Habermann und Schmidt 2024, S. 306 f.).

Unabhängig von der Unternehmensgröße werden hierfür zunächst im Management auf der normativen Ebene die Unternehmensziele und Strategien formuliert, welche dann um nachhaltige Ziele erweitert werden. Zur Realisierung dieser Ziele auf allen Managementebenen – normativ, strategisch und operativ – können Lösungsansätze und Handlungsempfehlungen entwickelt werden. Die Erwartungshaltung ist hierbei, dass die Realisierung dieser Ziele vom Management vorgelebt wird, damit sich die Mitarbeiter daran orientieren können und sich folglich auch damit identifizieren können (Wellbrock et al. 2020, S. 19 ff.).

Als Ausgangspunkt für diese nachhaltige Unternehmenstransformation empfiehlt es sich zunächst, eine unternehmensinterne Statusanalyse durchzuführen und den aktuellen Status der bereits vorhandenen Nachhaltigkeitspraktiken zu ermitteln (Abb. 1.2). Diese Analyse wird durch den methodischen Ansatz der Stakeholder-Dialoge ergänzt. Dabei werden die unterschiedlichen Perspektiven, Erwartungen und Vorstellungen aller externen Stakeholder wie z. B. Kunden, Banken, Investoren und Lieferanten zusammengetragen, um den unterschiedlichen Erwartungen der Gesellschaft und der Wirtschaft gerecht zu werden. Basierend auf den Ergebnissen dieser Analysen legt das Management eines Unternehmens individuelle Nachhaltigkeitsrichtlinien fest. Diese dienen dann als Grundlage für die Umsetzung in den einzelnen Abteilungen, Produkten, Dienstleistungen sowie in unternehmensinternen Projekten. Für eine erfolgreiche nachhaltige Transformation ist es dabei unabdingbar, dass eine crossfunktionale Zusammenarbeit über die gesamte Unternehmensstruktur hinweg stattfindet. Häufig ist in Unternehmen, die schon sehr fortgeschritten mit der nachhaltigen Transformation sind, eine eigene Nachhaltigkeitsabteilung implementiert, die eine koordinierende Rolle der einzelnen Aktivitäten und Maßnahmen übernimmt und die zahlreichen Verantwortlichkeiten des Nachhaltigkeitsmanagements bündelt. In der Regel ist dieses Team auch für die Nachhaltigkeitsberichterstattung zuständig, wofür es eng mit der Unternehmenskommunikation, der Personalabteilung sowie der Finanzabteilung zusammenarbeitet (Engelien et al. 2023).

Die Nachhaltigkeitsberichterstattung sollte hierbei transparent und aussagekräftig sein, um die Fortschritte eines Unternehmens im Bereich der Nachhaltigkeit darzustellen. Dabei ist es wichtig, die Daten regelmäßig zu überprüfen und gegebenenfalls anzupassen, um eine kontinuierliche Optimierung der Nachhaltigkeitstransformation sicherzustellen (Sudau et al. 2021, S. 10 ff.).

Es ist offensichtlich, dass die strategische Implementierung von Nachhaltigkeitszielen, deren operative Umsetzung sowie die Berichterstattung darüber eine ressourcenintensive und damit kostentreibende Herausforderung für Unternehmen jeder Größe darstellt. Jedoch ergeben sich hieraus auch existenzielle Chancen für Unternehmen.

Die Stakeholder können die Einhaltung der gesetzlichen Vorgaben nachvollziehen und bei Bedarf nachprüfen. Dies ist von besonderer Relevanz, falls Unternehmen bspw. Kreditverhandlungen mit Kreditinstituten aufnehmen möchten. Nachdem die

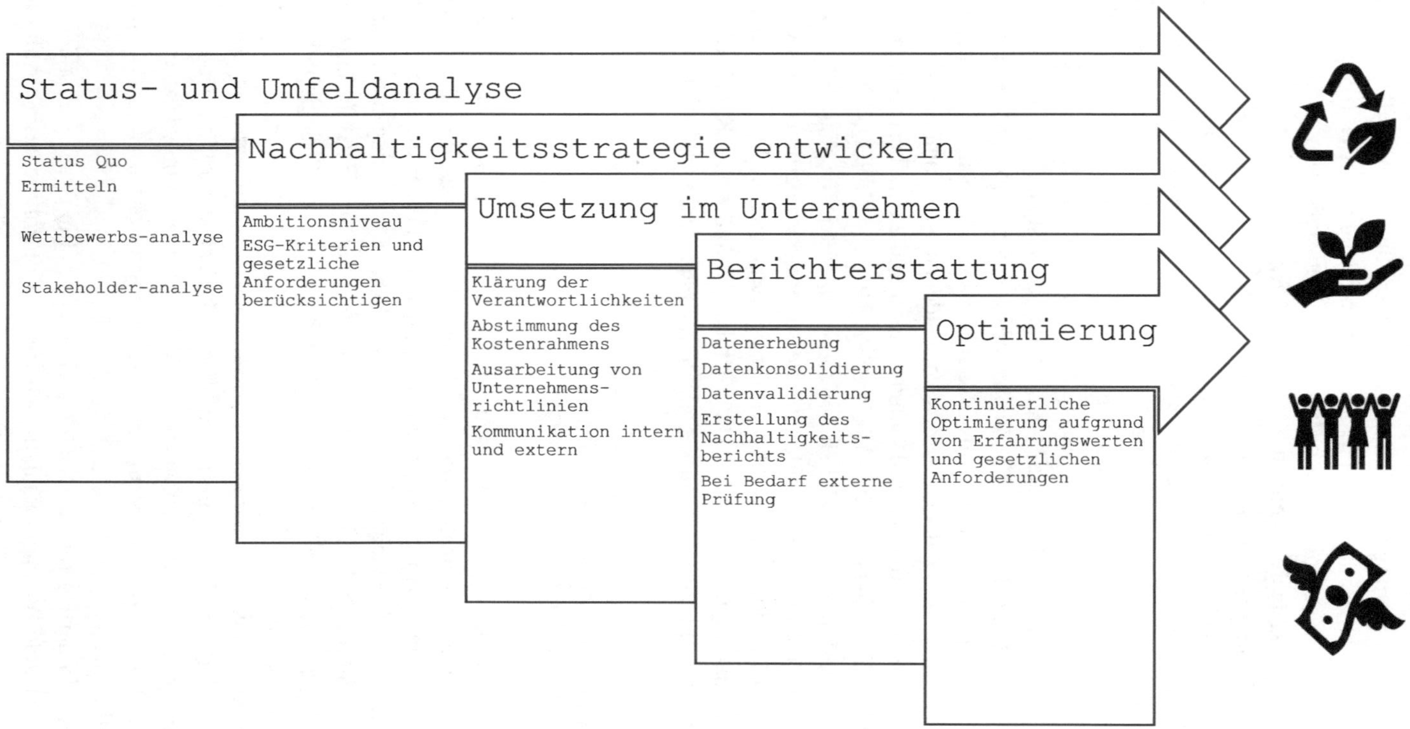

Abb. 1.2 Prozess zur Nachhaltigkeitstransformation. (Eigene Darstellung in Anlehnung an Sudau et al. 2021)

ESG-Kriterien in den Kreditvergabeprozesse integriert sind, prüfen Kreditinstitute die Informationen zur Umsetzung der Nachhaltigkeit ihrer Kunden. Wird die Einhaltung der ESG-Kriterien positiv bewertet, kann dies zu einem monetären Vorteil (i.S.v. günstigeren Konditionen) führen, wenn nicht, kann dies im schlimmsten Fall zur Ablehnung eines Kredites führen (Kiszka und Hastenteufel 2024, S. 36 f.).

Die Veröffentlichung von Informationen zu Nachhaltigkeitspraktiken trägt dazu bei, Vertrauen zu den Stakeholdern aufzubauen, wodurch das Risiko des Verdachts Green Washing und/oder Pink Washing zu betreiben, abnimmt. Green Washing bezieht sich dabei auf das Phänomen, dass Unternehmen sich durch Marketing ein nachhaltiges Image verleihen, ohne tatsächlich nachhaltig zu sein (Wendland 2023, S. 9). Pink Washing bezieht sich hingegen auf das Ausnutzen von sozialen Themen für Marketingzwecke, ohne tatsächlich substanzielle Unterstützung zu leisten.

Die zunehmende Bedeutung der Nachhaltigkeitstransformation und Berichterstattung wird auch in den Finanzabteilungen als zukunftsweisend erkannt. Hier kann speziell in der Controllingabteilung auf den bereits vorhandenen Kernkompetenzen des Datenmanagements sowie der vorhandenen Dokumentation und einem bestehenden Reporting aufgebaut werden (Engelien et al. 2023).

Für die Koordination und Korrektheit der zu berichtenden Nachhaltigkeitsaktivitäten, die in allen Bereichen der Wertschöpfungskette stattfinden, übernimmt das Controlling eine zentrale Funktion. Im operativen Controlling findet dabei die Überwachung der laufenden Prozesse und Aktivitäten eines Unternehmens mithilfe von Kennzahlen und Indikatoren statt, um sicherzustellen, dass ein Unternehmen „auf Kurs bleibt".

1.3 Instrumente des strategischen Nachhaltigkeitscontrollings

Die Kompetenzanforderungen im Bereich des Controllings haben sich in den letzten Jahren stark verändert. Controller sind nicht mehr nur für das Reporting von Unternehmenszahlen zuständig, sondern übernehmen zunehmend die Rolle eines strategischen Businesspartners für das Management. Dabei wird das Controlling nicht nur mit den Herausforderungen der Digitalisierung und künstlichen Intelligenz konfrontiert (Hastenteufel et al. 2022, S. 6 ff.), sondern auch mit dem Reporting der ökologischen und sozialen Nachhaltigkeitsaktivitäten.

Die häufig verwendeten Bezeichnung Umwelt- bzw. Green Controlling wird der Berücksichtigung aller drei ESG-Kriterien im Nachhaltigkeitscontrolling jedoch nicht gerecht, weshalb es nach Colsmann auch mit Colorful Controlling bezeichnet werden kann (Colsman 2016, S. 46). Allerdings bleibt derzeit abzuwarten, ob sich dieser Begriff durchsetzen wird.

Es ist nicht erforderlich für das Nachhaltigkeitscontrolling neue Leitbilder und Instrumente zu entwickeln. Vielmehr kann das klassische Controlling um die Anforderungen und Aufgaben des Nachhaltigkeitscontrollings erweitert werden (Abb. 1.3).

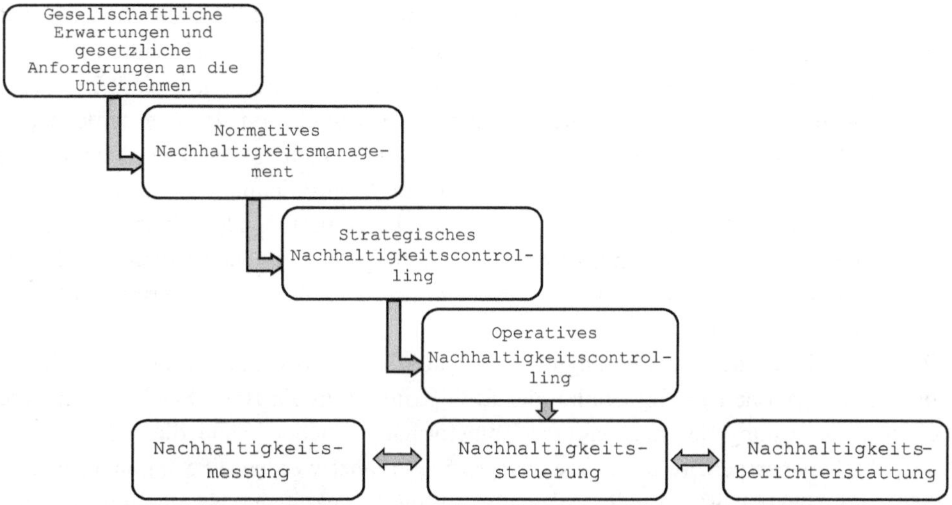

Abb. 1.3 Struktur des Nachhaltigkeitscontrollings. (Eigene Darstellung in Anlehnung an Sailer 2020, S. 48)

Das strategische Controlling unterstützt dabei vor allem die Umsetzung der Nachhaltigkeitsziele, indem es die unternehmensrelevanten Nachhaltigkeitsfaktoren in die bekannten Controllinginstrumente integriert und sicherstellt, dass diese mit den bereits formulierten Unternehmenszielen in Einklang stehen.

So kann die PESTEL-Analyse dazu eingesetzt werden, um die politischen, ökonomischen, sozialen, technologischen, ökologischen und rechtlichen Einflüsse auf ein Unternehmen zu analysieren. Durch die Identifizierung dieser Faktoren können Unternehmen besser verstehen, wie sich externe Rahmenbedingungen auf ihre Nachhaltigkeitsstrategie auswirken und entsprechende Maßnahmen ergreifen (Sailer 2020, S. 126 f.).

Auf der einen Seite können potenzielle Chancen und Risiken von geplanten Nachhaltigkeitsaktivitäten, z. B. mithilfe einer SWOT-Analyse, identifiziert werden, indem die unternehmensrelevanten ökologischen und sozialen Faktoren in die bewährte SWOT-Matrix integriert werden. Durch die Analyse der internen Stärken und Schwächen findet das Unternehmen heraus, welche Ressourcen und Fähigkeiten es besitzt, um nachhaltige Maßnahmen umzusetzen und bei welchen Themen noch Optimierungsbedarf besteht. Auf der anderen Seite ermöglicht die Analyse externer Chancen und Risiken eine Einschätzung der Markt- und Wettbewerbssituation sowie gesellschaftlicher Trends, die sich auf die Nachhaltigkeitsstrategie eines Unternehmens auswirken können.

Mithilfe von Benchmarking kann hingegen die Effektivität eines Unternehmens im Bereich der Nachhaltigkeit mit Wettbewerbern oder Branchenstandards verglichen werden. Dies ermöglicht es einem Unternehmen, sich mit anderen zu messen und Best Practices zu identifizieren, um seine eigene Nachhaltigkeitsperformance kontinuierlich zu verbessern (Wellbrock et al. 2020, S. 27).

Aufbauend auf den Erkenntnissen dieser Instrumente kann die Balanced Scorecard (BSC) eingesetzt werden. Grundidee dieses Konzeptes ist es, aus der Unternehmensvision des normativen Managements strategische Ziele abzuleiten, um diese in operative Maßnahmen zu überführen. Die Verknüpfung der Ziele mit deren grundlegenden Ursache-Wirkungs-Beziehungen ermöglicht es dem Management das Unternehmen mit relevanten Kennzahlen zu steuern. Für die modifizierte Sustainable Balanced Scorecard (SBSC) werden meist Umwelt- und Sozialkriterien in die bestehenden Finanz-, Kunden-, Prozess- und Potenzialperspektiven integriert, um eine ganzheitliche Sicht auf die Nachhaltigkeitsaktivitäten und deren Außenwirkungen für die Stakeholder zu ermitteln (Wellbrock et al. 2020, S. 29).

In Abhängigkeit der Entwicklung der Nachhaltigkeitstransformation im Unternehmen gibt es zwei Optionen zur Integration der ESG-Kriterien in die BSC. Für Unternehmen, die noch am Anfang der nachhaltigen Transformation stehen, kann die BSC um die Nachhaltigkeitsperspektive als fünfte Perspektive ergänzt werden. Die Inkludierung als separate Perspektive ist vorteilhaft, um die Aufmerksamkeit der Nachhaltigkeitstransformation innerhalb der Organisation zu steigern, sollte jedoch auf deren Einführung beschränkt werden. Ist die Umsetzung der ESG-Kriterien jedoch schon fortgeschritten, so können innerhalb der klassischen vier Perspektiven neben den ökonomischen Zielen jeweils auch ökologische und soziale Ziele ermittelt werden (Abb. 1.4).

Für jede Perspektive werden ökonomische, ökologische und soziale Ziele bei der Ableitung von Kennzahlen und Maßnahmen berücksichtigt, wodurch vermieden wird, dass die ökologischen und sozialen Aspekte als eine separate Aufgabe angesehen werden. Damit werden die traditionellen, meist vergangenheitsorientierten, monetären

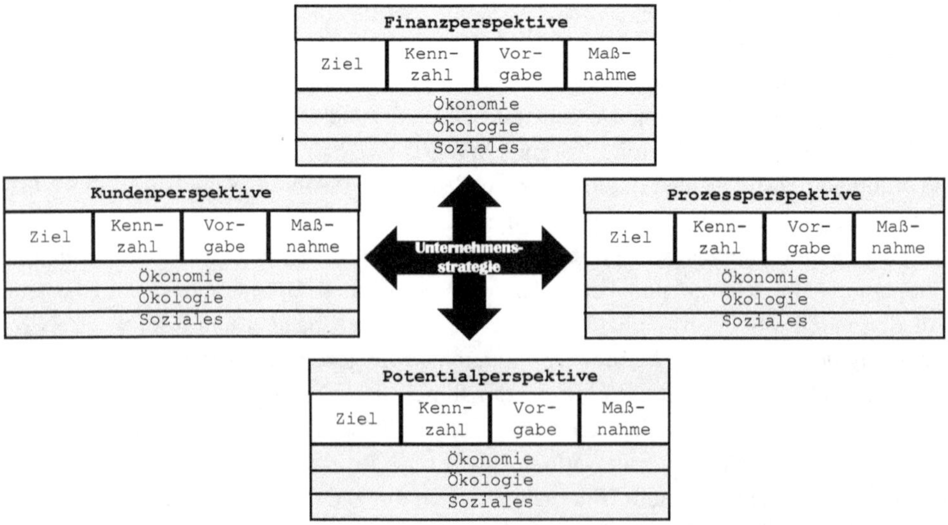

Abb. 1.4 Balanced Scorecard mit integrierten ESG-Kriterien. (Eigene Darstellung in Anlehnung an Sailer 2020, S. 132)

Kennzahlen durch ein Kennzahlensystem mit Nachhaltigkeitsrelevanz ersetzt (Sailer 2020, S. 131 f.).

Insgesamt bildet die strukturierte Herangehensweise mit den erweiterten Instrumenten des strategischen Nachhaltigkeitscontrollings die Basis für fundierte Unternehmensentscheidungen, um unternehmensrelevante Nachhaltigkeitsziele, Maßnahmen und Vorgaben zu entwickeln sowie diese zu überprüfen und kontinuierlich anzupassen.

1.4 Nachhaltigkeit im operativen Controlling

Nachdem die relevanten Nachhaltigkeitsziele, Kennzahlen und Maßnahmen ermittelt wurden, steht im Fokus des klassischen operativen Controllings deren kurz- und mittelfristige Steuerung mithilfe permanenter Kontrollen und Abweichungsanalysen. Die wesentlichen Herausforderungen dabei sind, die Vielzahl an möglichen Kennzahlen, komplexe Berechnungsmethoden sowie mangelnde Datenqualität und Digitalisierung (Wellbrock et al. 2020, S. 33).

Nachhaltigkeitskennzahlen können in

- monetärer (z. B. Energiekosten),
- nicht-monetärer quantitativer (z. B. $C0_2$-Emissionen in Tonnen) und
- qualitativer Form (z. B. Kundenzufriedenheit)

abgebildet werden. Eine Herausforderung birgt die Monetarisierung der ökologischen und sozialen Kennzahlen, weil diese aufgrund der getroffenen Annahmen mit Diskrepanzen behaftet sein können (Klein und Kämmler-Burrak 2021, S. 150). Bei der Bewertung der nicht monetären Kennzahlen ist vom operativen Controlling abzuwägen, in welchem Kosten-Nutzen-Verhältnis dies steht, um bei Bedarf alternative Beurteilungskriterien zu entwickeln (Colsman 2016, S. 49).

Zur Sicherstellung eines homogenen Verständnisses dieser teilweise sehr komplexen Kennzahlen ist es erforderlich, diese präzise mit Messeinheiten und Datenquellen zu beschreiben. Dabei ist auf eine objektive und transparente Ermittlung der Werte sowie auf deren Aktualität zu achten. Kennzahlen müssen dabei in einer Weise definiert werden, dass deren Berechnung mit gleichbleibenden Ergebnissen replizierbar ist (Klein und Kämmler-Burrak 2021, S. 149). Damit wird auch eine konsistente Vergleichbarkeit der Kennzahlen über die Zeit sowie innerhalb des Unternehmens ermöglicht (Engelien et al. 2023, S. 59).

Die Identifikation von Nachhaltigkeitskennzahlen ist ein komplexer Prozess, der anhand freiwilliger Best-Practice-Regelungen, wie z. B. die GRI-Standards oder UN Global Compact, sowie verpflichtender gesetzlicher Regulierungen, wie z. B. die CSRD, erfolgen kann (Engelien et al. 2023, S. 58). Ein pragmatischer Ansatz ist es in diesem Kontext, die Nachhaltigkeitskennzahlen anhand der beiden Kriterien Relevanz und Datenverfügbarkeit auszuwählen. Die Kennzahlen sollten relevant für ein Unternehmen und seine

Stakeholder sein und die wesentlichen Auswirkungen des Unternehmens auf Umwelt, Gesellschaft und Wirtschaft abbilden. Dafür ist es erforderlich, dass die gewählten Kennzahlen aktiv durch nachhaltigere Unternehmensprozesse beeinflusst werden können. Aus einer operativen Controllerperspektive sollte der Aufwand der Datenerhebung in einem angemessenen Verhältnis zum erwarteten Informationsnutzen stehen und die Daten sollten zeitnah zur Verfügung stehen (Klein und Kämmler-Burrak 2021, S. 48 ff.).

Die Auswahl der ökologischen Nachhaltigkeitskennzahlen hängt stark von der Branche, der das Unternehmen angehört, ab. Z.B. sind die ökologischen Kennzahlen in der Automobilindustrie stark von CO_2-Emissionen und vom Energieverbrauch geprägt, während in der Lebensmittelbranche der Wasserverbrauch und das Abfallmanagement im Vordergrund stehen. Als erste Orientierung für die Ermittlung ökologischer Kennzahlen hat das Bundesministerium für Umwelt, Naturschutz und Reaktorsicherheit einen Leitfaden zur Anwendung von Umweltkennzahlen in Umweltmanagementsystemen mit dem Schwerpunkt auf EMAS entwickelt (Bundesministerium für Umwelt, Naturschutz, nukleare Sicherheit und Verbraucherschutz 2013, S. 9 ff.).

Auch soziale Nachhaltigkeitskennzahlen können branchenabhängig sein, so stehen in der Textilindustrie Themen wie Arbeitsbedingungen und Menschenrechte im Fokus, während in den Technologiebranchen Diversität und Inklusion eine größere Rolle spielen. Angesichts des zunehmenden Fachkräftemangels ist es für Unternehmen aus allen Branchen von zunehmender Relevanz als divers und vielfältig wahrgenommen zu werden, um möglichst alle potenziellen Bewerber anzusprechen (Engelien et al. 2023, S. 68). Ebenso trägt die Umsetzung von DEI (Diversität, Equity, Inclusion) auch zur Steigerung der Innovationsfähigkeit und Produktivität bei. Unternehmen sind gefordert, die entsprechenden Kennzahlen in ihre Steuerung zu integrieren, damit auch die soziale Nachhaltigkeit aktiv gemessen und kommuniziert werden kann (Engelien et al. 2023, S. 68). In Anlehnung an die Sustainable Balanced Scorecard können beispielhaft folgende Kennzahlen für eine adäquate Informationsversorgung relevant sein (Tab. 1.1).

Die Ermittlung und Analyse von unterschiedlichen Kennzahlen für die adäquate Informationsversorgung kann als die wesentliche Aufgabe des operativen Controllings bezeichnet werden. Die größte Herausforderung besteht hierbei darin, die wesentlichen Kennzahlen zu identifizieren, die einerseits eine zielführende und realistische Messung und Analyse ermöglichen und deren Ermittlung und Aufbereitung andererseits nicht zu aufwendig ist.

Im operativen Controlling werden zudem die Daten für die ausgewählten Kennzahlen gewonnen, aufbereitet, analysiert und dann entsprechend dokumentiert. Die Berichterstattung findet in Abhängigkeit der Empfänger statt und es wird zwischen den internen Berichten für die Unternehmensleitung und den externen Berichten für weitere Stakeholder unterschieden (Wellbrock et al. 2020, S. 40 f.). Für die interne Berichterstattung wird in Anlehnung an das Monatsreporting im Rechnungswesen empfohlen, die Nachhaltigkeitsberichterstattung auch im monatlichen Rhythmus zu erstellen. Die zeitnahe Bereitstellung der relevanten Kennzahlen trägt dazu bei, dass Ursache-Wirkungs-Zusammenhängen zur Steuerung von nachhaltigen Aktivitäten frühzeitig erkannt werden und

Tab. 1.1 Beispiele zur Kennzahlenauswahl

	Finanzperspektive	Kundenperspektive	Prozessperspektive	Lern- und Entwicklungs-perspektive
Ökonomie	• Gewinn • Rentabilität • Cashflow	• Kundenzufriedenheit • Kundenbindung • Neukunden	• Produktivität • Ausschussquote • Reklamationen	• Weiterbildungskosten • Mitarbeiterqualifikation • Fluktuation
Ökologie	• Sozialleistungen • Gewinnbeteiligung • Spenden	• Produktsicherheit • Unternehmensimage	• Arbeitssicherheit • Betriebliches Gesundheitsmanagement	• Homeoffice • Flexible Arbeitszeiten
Soziales	• Umweltschutzinvestitionen • Kosten für Abfallentsorgung	• Recycling • Reparatur • Rücknahme	• Ressourcen- und Energieeffizienz • Logistik	• Mitarbeiterschulungen zu ökologischen Themen

Eigene Darstellung in Anlehnung an Sailer (2020, S. 133)

Gegenmaßnahmen seitens der Verantwortlichen eingeleitet werden können (Sailer 2020, S. 250).

Für die externe Nachhaltigkeitsberichterstattung werden die Kennzahlen konsolidiert für das Gesamtunternehmen oder für einzelne Unternehmenseinheiten ausgewiesen. Die Häufigkeit der Berichterstattung kann dabei je nach Unternehmensgröße, Branche und Nachhaltigkeitsstrategie variieren. Es empfiehlt sich in der Regel mindestens einmal im Jahr einen Nachhaltigkeitsbericht zu veröffentlichen. Im Dialog mit den Stakeholdern kann das Unternehmen so zum Ausdruck bringen, dass die sozialen und ökologischen Ziele mit den ökonomischen Zielen gleichgewichtet werden, wodurch das Vertrauen in das Unternehmen gestärkt wird. Eine externe Prüfung der Berichterstattung erhöht zudem die Integrität und Verlässlichkeit der enthaltenen Informationen, was besonders für Kunden, Investoren sowie Ratingagenturen von Bedeutung ist (Sailer 2020, S. 255 ff.). Eine Herausforderung für das Controlling stellt dabei die Abstimmung der externen und internen Kennzahlen dar, um den Datenerhebungsaufwand so gering wie möglich zu halten und die Konsistenz der Daten zu gewährleisten.

Zusammenfassend betrachtet besteht sowohl im strategischen als auch im operativen Bereich die Aufgabe des Controllings darin, die zunehmende Komplexität, die aus dem Nachhaltigkeitskomplex resultiert, zu bewältigen. Die steigende Vernetzung von technischen und digitalen Indikatoren und die daraus resultierende Menge an Daten erfordern ein hohes Maß an analytischem Denken und die Fähigkeit, komplexe Zusammenhänge zu verstehen und richtig zu kombinieren. Die Kenntnis und das Einhalten der gesetzlichen Regelungen sind im Controlling von hoher Priorität, damit das Unternehmen den sich schnell verändernden Anforderungen gerecht wird.

1.5 Fazit

Um für den Trend der Neo-Ökologie (Zukunftsinstitut 2024) vorbereitet zu sein, ist es für Unternehmen daher zwingend erforderlich, nachhaltige Chancen und Risiken abzuwägen und diese in einen Wettbewerbsvorteil zu transformieren. Bei einem Großteil der 250 weltweit größten Unternehmen findet die nachhaltige Transformation und damit einhergehend eine entsprechende Berichterstattung bereits statt, wie die Survey of Sustainability Reporting 2022 von KPMG (Mazar et al. 2022) zeigt. Jedoch besteht immer noch Handlungsbedarf für kleine und mittlere Unternehmen bei der Implementierung von Nachhaltigkeitsaspekten in ihre Unternehmensstrategie und Berichterstattung.

Die Sensibilisierung und Bewusstseinsbildung für die unternehmensspezifischen Nachhaltigkeitsthemen zu konkretisieren und mit relevanten Kennzahlen zu belegen, stellt dabei eine wesentliche Aufgabe es Controllings in seiner Funktion als Business Partner dar. Eine Beteiligung des Controllings bei der Ergänzung der finanziellen Steuerung um ökologische und soziale Aspekte sowie bei ihrer konkreten operativen und strategischen Ausgestaltung trägt wesentlich zum Erfolg der Nachhaltigkeitstransformation eines Unternehmens bei (Wellbrock et al. 2020, S. 46).

Die Sicherstellung einer prüfungsfähigen Qualität von Nachhaltigkeitskennzahlen gemäß den o.g. regulatorischen Anforderungen und die zukünftige Bewertung von finanziellen Auswirkungen der Nachhaltigkeitstransformation stellen weitere Herausforderungen für Unternehmen dar.

Das Aufgabenprofil des Controllings wird somit umfassend erweitert. Ebenso sind ein positives Mindset sowie ein fachliches Grundverständnis der ökologischen Auswirkungen der eigenen unternehmerischen Tätigkeiten wichtige Voraussetzungen, die im Controlling vorhanden sein sollen (Bernatzky et al. 2018, S. 11 f.).

Wie in diesem Beitrag aufgezeigt wurde, können zur Bewältigung der zunehmenden Komplexität die vorhandenen klassischen Controllinginstrumente auf die neuen Nachhaltigkeitsthemen übertragen werden. Durch eine prozessuale Anpassung an die aktuellen Anforderungen und eine Weiterentwicklung von vorhandenen Kompetenzen kann das Controlling somit einen wichtigen Beitrag zum Erfolg einer nachhaltigen Unternehmenstransformation leisten.

Literatur

Bernatzky S, Endenich C, Wömpener A (2018) Zur Integration von Nachhaltigkeit in das Controlling – Eine empirische Analyse. Betriebswirtschaftliche Forschung und Praxis 70:202–226

Bundesministerium für Arbeit und Soziales Referat „CSR" (2024a) Corporate Social Responsibility. Corporate Sustainability Reporting Directive (CSRD). https://www.csr-in-deutschland.de/DE/CSR-Allgemein/CSR-Politik/CSR-in-der-EU/Corporate-Sustainability-Reporting-Directive/corporate-sustainability-reporting-directive-art.html. Zugegriffen: 22. Mai 2024

Bundesministerium für Arbeit und Soziales Referat "CSR" (2024b). Gesellschaftliche Verantwortung von Unternehmen. https://www.csr-in-deutschland.de/DE/CSR-Allgemein/CSR-Grundlagen/Historie/historie.html. Zugegriffen: 22. Mai 2024

Bundesministerium für Umwelt, Naturschutz, nukleare Sicherheit und Verbraucherschutz (2024) EU-Taxonomie und die rechtliche Grundlage. https://www.bmuv.de/faqs/taxonomie-und-die-rechtliche-grundlage. Zugegriffen: 22. Mai 2024

Bundesministerium für Umwelt, Naturschutz, nukleare Sicherheit und Verbraucherschutz; Umweltbundesamt (2013) Umweltkennzahlen in der Praxis. Ein Leitfaden zur Anwendung von Umweltkennzahlen in Umweltmanagementsystemen mit dem Schwerpunkt auf EMAS. https://www.umweltbundesamt.de/sites/default/files/medien/376/publikationen/umweltkennzahlen_in_der_praxis_leitfaden_barrierefrei.pdf. Zugegriffen: 22. Mai 2024

Bundesministerium für Wirtschaft und Klimaschutz (2024) Abkommen von Paris. https://www.bmwk.de/Redaktion/DE/Artikel/Industrie/klimaschutz-abkommen-von-paris.html. Zugegriffen: 22. Mai 2024

Bundesministerium für wirtschaftliche Zusammenarbeit und Entwicklung (2024) UN-Konferenz für Umwelt und Entwicklung (Rio-Konferenz 1992). https://www.bmz.de/de/service/lexikon/un-konferenz-fuer-umwelt-und-entwicklung-rio-konferenz-1992-22238. Zugegriffen: 22. Mai 2024

Carlowitz HC von (1713) Sylvicultura oeconomica, Hausswirthliche Nachricht und Naturmäßige Anweisung zur Wilden Baum-Zucht. Braun, Leipzig

Colsman B (2016) Nachhaltigkeitscontrolling: Strategien, Ziele, Umsetzung. Springer Gabler, Wiesbaden

Deutsche Gesellschaft CLUB OF ROME (2024) Der Club of Rome von 1969 bis heute. https://clubofrome.de/historie/. Zugegriffen: 22. Mai 2024

Engelien A, Kämmler-Burrak A, Kruck F, Sattler P (2023) Nachhaltigkeit im Unternehmen: So gelingt der Einstieg. Haufe, Freiburg

Europäische Kommission (2023) Der europäische Grüne Deal Erster klimaneutraler Kontinent werden. https://commission.europa.eu/strategy-and-policy/priorities-2019-2024/european-green-deal_de. Zugegriffen: 22. Mai 2024

Habermann M, Schmidt K (2024) Nachhaltigkeitsberichterstattung für KMU: Relevanz und Ansatzpunkte für deren Gestaltung. In: Knoppe M (Hrsg) Unternehmerische Wertschöpfung neu aufstellen. Springer Gabler, Wiesbaden, S 305–328

Hamberger J (2021) HANS CARL VON CARLOWITZ – Sylvicultura oeconomica. oekom, München

Hastenteufel J, Schuster H, Kiszka S (2022) Controlling 4.0 – Herausforderungen der Digitalisierung für das Controlling und daraus resultierende Veränderungen des Berufsbilds von Controller: innen. In: Hastenteufel J, Weber S, Röhm T (Hrsg) Digitale Transformation im Controlling. Praxisorientierte Lösungsansätze und Chancen für Unternehmen. Springer Gabler, Wiesbaden, S 1–12

Kiszka S (2023) Die Steuerung von Nachhaltigkeitsrisiken und -chancen in Kreditinstituten. Eine Betrachtung des regulatorischen Rahmens, der aufsichtlichen und marktseitigen Erwartungshaltungen sowie praxisbezogener Umsetzungsanregungen. Nomos, Baden-Baden

Kiszka S, Hastenteufel J (2024) Praxiseinschätzungen zur Nachhaltigkeit in der Bankenbranche. Auswirkungen auf Geschäftsmodell, Gesamtbanksteuerung und ausgewählte Geschäftsfelder. Springer Gabler, Wiesbaden

Klein A, Kämmler-Burrak A (Hrsg) (2021) Nachhaltigkeit in der Unternehmenssteuerung: Grundlagen, Instrumente, Praxis Beispiele. Haufe, Freiburg

Mazar G, Gnändiger JH, Schnabel J, Cho EH (2022) Richtlinien zur Nachhaltigkeitsberichterstattung (CSRD). KPMG. https://assets.kpmg.com/content/dam/kpmg/de/pdf/Themen/2022/11/Thought-Paper-ESG-CSRD-Reporting-DE.pdf. Zugegriffen: 22. Mai 2024

Sailer U (2020) Nachhaltigkeitscontrolling, 3. Aufl. UVK, München

Stockmann F, Wisniewski N (2023) Von der Nische in die Mitte der Gesellschaft: Nachhaltigkeit in den sozialen Milieus. Springer Fachmedien, Wiesbaden

Sudau C, Heller C, Kleber N, Schäfer T (2021) In 5 Schritten zum Erfolg. Nachhaltigkeitsberichterstattung für KMUs. Sustainability und Sustainable Finance Anforderungen für die Realwirtschaft. https://www.ihk-muenchen.de/ihk/documents/CSR-Ehrbarer-Kaufmann/Leitfaden-Nachhaltigkeitsberichterstattung.pdf. Zugegriffen: 22. Mai 2024

Umweltbundesamt (2024) Geschichte des UBA und des Umweltschutzes. https://www.umweltbundesamt.de/das-uba/geschichte-des-uba-des-umweltschutzes. Zugegriffen: 22. Mai 2024

Wellbrock W, Ludin D, Krauter S (2020) Nachhaltigkeitscontrolling. Instrumente und Kennzahlen für die strategische und operative Unternehmensführung. Springer Gabler, Wiesbaden

Wendland L (2023) Nachhaltigkeit grüner Geldanlagen gemäß der EU Green Taxonomy Kritische Bestandsaufnahme, Greenwashing und Analyse der Grenzen bei der Zertifizierung. Springer Gabler, Wiesbaden

Wirtschaftsprüfungskammer (2024a) Anwendungszeitpunkte der Regularien. https://www.wpk.de/fileadmin/images/45_Nachhaltigkeit/nachhaltigkeit_zeitplan_uebersicht_gross.png. Zugegriffen: 22. Mai 2024

Wirtschaftsprüfungskammer (2024b) Regulatorische Anforderungen. https://www.wpk.de/nachhaltigkeit/kompass/regulatorische-anforderungen/#c18161. Zugegriffen: 22. Mai 2024

Zukunftsinstitut GmbH (2024) Megatrend Neo Ökologie. https://www.zukunftsinstitut.de/zukunftsthemen/megatrend-neo-oekologie. Zugegriffen: 22. Mai 2024

Prof. Dr. Susanne Theresia Weber ist Professorin für Allgemeine Betriebswirtschaftslehre an der IU Internationale Hochschule am Campus in München. Sie verfügt über langjährige Berufserfahrung in den Bereichen Finance und Management in internationalen Unternehmen und übernimmt Lehrveranstaltungen zu finanzwirtschaftlichen und interdisziplinären Themen.

Prof. Dr. habil. Jessica Hastenteufel ist Professorin für Corporate Finance & Controlling an der IU Internationale Hochschule im Fernstudium. Sie verfügt über eine langjährige Forschungs- und Lehrerfahrung in den Bereichen Bank- und Versicherungsbetriebslehre, Corporate Finance und Controlling sowie über berufspraktische Erfahrungen in der Bankenbranche.

2 Die Rolle der Nachhaltigkeit in einer integrierten Berichterstattung – eine Kritische Analyse

Jörn Littkemann, Matthias Pfister und Anna Carduck

2.1 Einleitung

In den letzten Jahren konnten zwei Trends in der Unternehmensberichterstattung beobachtet werden. Zum einen nehmen Nachhaltigkeitsthemen aufgrund des steigenden Bewusstseins der Gesellschaft für die Auswirkungen des Klimawandels einen immer höheren Stellenwert ein (Colsman 2016, S. 7). Gleichzeitig werden finanzielle und nicht-finanzielle Informationen zunehmend in einem Bericht gebündelt, um Klarheit und Prägnanz der bereitgestellten Informationen zu fördern und die Kosten der Unternehmenskommunikation zu senken (Kajüter 2015, S. 29 f.). In diesem Zusammenhang hat sich die integrierte Berichterstattung (Integrated Reporting (IR)) in Anlehnung an das Rahmenwerk des International Integrated Reporting Councils (IIRC) als jüngste Form der Unternehmensberichterstattung entwickelt (Kajüter 2015, S. 30). Im Rahmenwerk des IIRC ist IR definiert als die prägnante quantitative und qualitative Kommunikation über die Faktoren, die kurz-, mittel- und langfristig zu Wertschaffung, -erhaltung oder -vernichtung führen (IFRS Foundation 2021, S. 10).

J. Littkemann (✉) · M. Pfister
FernUniversität in Hagen, Hagen, Deutschland
E-Mail: joern.littkemann@fernuni-hagen.de

M. Pfister
E-Mail: matthias.pfister@fernuni-hagen.de

A. Carduck
Grünenthal Pharma GmbH & Co. KG, Aachen, Deutschland

S. Weber und J. Hastenteufel (Hrsg.), *Nachhaltigkeit im Controlling*,
https://doi.org/10.1007/978-3-658-45769-3_2

Jüngste empirische Forschungen sprechen IR außerdem die Möglichkeit zu, die langfristige Wertschöpfung von Unternehmen zu verbessern, die Investorenattraktivität, Kundenzufriedenheit und Reputation zu erhöhen sowie Kapitalkosten zu senken und somit letztendlich auch den Unternehmenswert zu steigern (Dhaliwal et al. 2012, S. 70; Bal 2018, S. 49; Reimsbach et al. 2018, S. 575 ff.; Cosmulese 2020, S. 133; Gerwanski 2020, S. 2314; Rabaya und Saleh 2022, S. 2041 f.). Diese Studien erzielten jedoch z. T. kontroverse Ergebnisse, insb. in Bezug auf den Zusammenhang von Nachhaltigkeit und IR (Du Toit 2017, S. 15; Mmako und Jansen van Rensburg 2017, S. 47; Malola und Maroun 2019, S. 121; Maroun und Prinsloo 2020, S. 3709; Omran et al. 2021, S. 639). Aus diesem Grund wird in diesem Beitrag untersucht, welchen Einfluss Nachhaltigkeit auf die Qualität von IR im internationalen Kontext ausübt. Konkret wird aufgezeigt, welche Nachhaltigkeitsprädiktoren die Qualität integrierter Berichte in welchem Ausmaß beeinflussen.

2.2 Nachhaltigkeit und Berichterstattung

Der gegenwärtige Begriff der Nachhaltigkeit findet seinen Ursprung im Brundtland-Bericht von 1987, auch als „Our Common Future“ bekannt. Dieser Bericht, veröffentlicht von der von den Vereinten Nationen beauftragten Kommission „World Commission on Environment and Development“, definiert Nachhaltigkeit als die Erfüllung der Bedürfnisse der aktuellen Generation, ohne die Fähigkeit zukünftiger Generationen zu gefährden, ihre eigenen Bedürfnisse zu erfüllen (World Commission on Environment and Development 1987, Abs. 27; Colsman 2016, S. 7; Sailer 2020, S. 25). Nachhaltigkeit erstreckt sich dabei über drei Dimensionen: Ökonomie, Ökologie und Soziales. Diese sind miteinander verbunden und können zu Zielkonflikten führen. Ökonomische Nachhaltigkeit bezieht sich auf langfristige finanzielle Wertschöpfung, ökologische Nachhaltigkeit zielt auf die Minimierung negativer Umweltauswirkungen und die Förderung positiver Umweltbeiträge ab und soziale Nachhaltigkeit konzentriert sich auf den gesellschaftlichen Wertzuwachs (Colsman 2016, S. 8 f.; Sailer 2020, S. 26 f.).

Die Entwicklung der Berichterstattung von Unternehmen hat sich aufgrund regulatorischer Anforderungen und steigender Erwartungen der Stakeholder verändert. Neben der finanziellen Berichterstattung gewinnen nicht-finanzielle Themen, insb. im Bereich der Nachhaltigkeit, an Bedeutung. Diese Informationen werden oft in separaten Berichten präsentiert, was zu einer gewissen Kritik bezüglich der fehlenden Beziehung zu den finanziellen Nachhaltigkeitsdimensionen führt. Infolgedessen gewinnt die kombinierte Berichterstattung in Form von Geschäftsberichten und Integrated Reporting an Relevanz (Kajüter 2015, S. 29 f.). Während ökonomische Aspekte ausführlich im klassischen Geschäftsbericht behandelt werden, bleiben Lücken in Bezug auf die Messung und Offenlegung von ökologischen und sozialen Aktivitäten. Unternehmen veröffentlichen oft separate Nachhaltigkeitsberichte, um diese Aktivitäten aufzuzeigen (Benn und Bolton 2011, S. 51; Breitbarth et al. 2010, S. 238; Global Sustainability Standards Board (GSSB) 2016, Standard 101, S. 3; Theis 2018, S. 34; Duffe 2020, S. 55). Die

Berücksichtigung von Nachhaltigkeitsstandards (z. B. Deutscher Nachhaltigkeitskodex, EMAS, GRI und ISO 26000) erhöht die Transparenz und Vergleichbarkeit (Herzig und Schaltegger 2007, S. 73; Duffe 2020, S. 60 f.; Sopp et al. 2021, S. 192 ff.). Die Notwendigkeit einer kombinierten Unternehmensberichterstattung, die finanzielle und nichtfinanzielle Aspekte berücksichtigt, wird global zunehmend erkannt (Müller und Stawinoga 2015, S. 15; Theis 2018, S. 62 f.).

2.3 Aktueller Forschungsstand

Zur Erhebung des aktuellen Forschungsstands zur Rolle der Nachhaltigkeit in integrierten Berichten wurde eine systematische Literaturrecherche durchgeführt. Dafür wurden verschiedene wissenschaftliche Datenbanken, z. B. Ebsco Business Source Ultimate oder Scopus, mithilfe von Schlagwörtern durchsucht. Nach Anwendung von qualitativen und quantitativen In- und Exklusionskriterien wurden von insgesamt 687 Treffern am Ende 51 relevante Studien identifiziert.

Es lässt sich festhalten, dass IR als innovatives Berichtsinstrument von Unternehmen wächst und so zunehmend Umwelt- und soziale Aspekte in die Unternehmensberichterstattung integriert werden (Bal 2018, S. 48; Vaz et al. 2016, S. 577 f.; Vitolla et al. 2019, S. 1558; Constantinescu 2021, S. 459). Viele Länder haben bereits Initiativen zur Implementierung von IR gestartet, wie Südafrika, Japan und einige Europäische Länder (Bal 2018, S. 49), sodass sich das relativ neue Berichtsmodell zwischenzeitlich zu einer weltweit verbreiteten Berichtspraxis in verschiedenen Branchen entwickelt hat (Constantinescu 2021, S. 459). Die Verpflichtung von Integrated Reporting für börsennotierte Unternehmen in Südafrika seit dem Jahr 2010 und die Integration des IR-Rahmenwerks in lokale Vorgaben haben die Jahresberichte dieser Unternehmen zu einem internationalen Maßstab für IR gemacht. Diese südafrikanischen Berichte werden in der Literatur intensiv diskutiert, was die Forschung zu IR maßgeblich auf südafrikanische Unternehmen fokussiert (Mmako und Jansen van Rensburg 2017, S. 45 f.). Trotz der weltweiten Verbreitung von IR zeigt eine Studie von Havlová (2015) anhand einer internationalen Stichprobe von IR-Frühanwendern, dass die Anzahl der veröffentlichten Berichte pro Unternehmen nach der Einführung von IR abnimmt, jedoch weiterhin mehr als ein Bericht veröffentlicht wird. Eine weitere Untersuchung von Constantinescu (2021) mit 315 ausgewerteten Unternehmensberichten bestätigt, dass die Mehrheit der Unternehmen nach wie vor separate Nachhaltigkeitsberichte erstellt, anstatt integrierte Berichte zu veröffentlichen.

Studien von Lipunga (2015), Okaro et al. (2019), Lueg und Lueg (2021) zeigen, dass viele Unternehmen für ihre Nachhaltigkeitsberichte die GRI-Standards und die ISO 26000-Richtlinie verwenden, wobei fast alle integrierten Berichte extern geprüft werden. In Bezug auf die externe Prüfung von IR haben Maroun und Prinsloo (2020) dargelegt, dass dies bei börsennotierten Unternehmen in Südafrika mittlerweile üblich ist, obwohl die Ausgestaltung umfassender kombinierter Prüfungsmodelle noch Verbesserungspotenzial aufweist. Trotzdem haben Befragungen von Tilt (2018) bei den großen

Wirtschaftsprüfungsgesellschaften ergeben, dass Wirtschaftsprüfer IR nicht immer als vollständigen Ersatz für die Nachhaltigkeitsberichterstattung betrachten.

Die Forschungen von Herbert/Graham aus den Jahren 2019, 2020 und 2022 fokussierten sich auf die Verbindung zwischen Nachhaltigkeit und integriertem Reporting bei börsennotierten südafrikanischen Unternehmen. Die Untersuchung von Berichten aus den Jahren 2011 und 2015 legt offen, dass die betrachteten Unternehmen das IR-Rahmenwerk überwiegend konsistent anwenden und die Nachhaltigkeitsberichterstattung in der Regel Teil des IR ist. Die Autoren stellten ebenfalls fest, dass die Integration von Nachhaltigkeitsangaben in IR signifikant zugenommen hat, wobei Arbeitspraktiken, Umwelt und Gesellschaft die hauptsächlichen Fokusbereiche waren (Herbert und Graham 2019, S. 121 f., 2022, S. 151 ff.). Die Gesamtanzahl der Nachhaltigkeitsangaben korrelierte signifikant mit der Anwendung von Leistungskennzahlen (Herbert und Graham 2022, S. 165). Obwohl die Integration von Nachhaltigkeitsangaben in die integrierten Berichte südafrikanischer Unternehmen als üblich gilt, hebt eine Fallstudie von Mio et al. (2020) bei einem großen italienischen Unternehmen hervor, dass es eine konzeptionelle Unvereinbarkeit zwischen Nachhaltigkeitsberichten und integrierten Berichten geben kann. Dies resultiert aus Faktoren wie Leistungsmessung, Stakeholder-Engagement und dem Zweck der Berichterstattung. Andere Studien von De Villiers und Sharma (2017) und Dorin et al. (2020) betonen ebenfalls, dass es unwahrscheinlich ist, dass ein integrierter Bericht die Finanz- und Nachhaltigkeitsberichterstattung aufgrund unterschiedlicher Informationsbedürfnisse vollständig ersetzen kann (De Villiers und Sharma 2017, S. 2; Dorin et al. 2020, S. 125 f.).

Die Forschung zur Qualität von integrierten Berichten (IR) und der Nachhaltigkeitsberichterstattung hat in den letzten Jahren zugenommen, dennoch besteht weiterer Bedarf an Untersuchungen. So legen Songini et al. (2020) und Minutiello und Tettamanzi (2022) nahe, dass die Fragen zur IR-Qualität und ihren Determinanten wichtiger sind als die reine Quantität der IR. Der IIRC bietet keine direkte Definition oder Messung der IR-Qualität, aber sein Bericht von 2014 deutet darauf hin, dass externe Prüfungen die Zuverlässigkeit und Glaubwürdigkeit integrierter Berichte fördern können (International Integrated Reporting Council 2014, S. 5). Aufgrund des Mangels an global akzeptierten Bewertungsstandards nutzen Forscher verschiedene Modelle und Ansätze zur Bewertung der IR-Qualität (Ahmed Haji 2015, S. 773; Melloni et al. 2017, S. 235 ff.; Malola und Maroun 2019, S. 120 f.). Das 2018 von Pistoni/Songini/Bavagnoli entwickelte IR-Scoreboard (IRS) wird am häufigsten verwendet und misst die IR-Qualität in den Dimensionen Hintergrund, Sicherheit und Glaubwürdigkeit, Inhalt und Form auf einer quantitativen Bewertungsskala.

2.4 Qualitätsdeterminanten integrierter Berichterstattung

In der Forschung zu den allgemeinen Unternehmensmerkmalen im Zusammenhang mit der IR-Qualität werden Unternehmensgröße, Branche, Unternehmensstandort und nationale Kontexte als entscheidende Faktoren betrachtet. Untersuchungen von verschiedenen Autoren bestätigen eine signifikante Beziehung zwischen Unternehmensgröße und IR-Qualität, wobei größere Unternehmen tendenziell hochwertigere integrierte Berichte erstellen (Ahmed Haji 2015, S. 775; Vitolla et al. 2020a, S. 1159, b, S. 438). Herbert und Graham (2022) haben zudem festgestellt, dass Unternehmensgröße und -alter mit der Wesentlichkeit, der Ausgewogenheit und dem Integrationsgrad der Berichte von börsennotierten südafrikanischen Unternehmen korrelieren. Dies wird auf die zunehmende Erfahrung von Unternehmen zurückgeführt, die es ihnen ermöglicht, wesentliche Probleme zu erkennen und darüber zu berichten. Ein positiver Zusammenhang zwischen Profitabilität und IR-Qualität wurde ebenfalls herausgestellt, wobei Unternehmen mit starker finanzieller Leistung prägnantere Berichte erstellen (Ahmed Haji 2015, S. 775; Melloni et al. 2017, S. 223; Vitolla et al. 2020b, S. 438). Bezüglich des Unternehmensstandorts oder nationalen Kontexts zeigen Studien, dass die IR-Qualität in Europa und in Ländern, in denen IR obligatorisch ist, tendenziell höher ist (Songini et al. 2020, S. 191).

In Bezug auf die Kapitalstruktur lässt sich belegen, dass institutionelles Eigentum einen positiven Effekt auf die IR-Qualität hat, während Eigentumskonzentration, Managementeigentum und staatliches Eigentum einen negativen Einfluss ausüben (Raimo et al. 2020, S. 2246 f.). Ferner wurde festgestellt, dass es einen negativen Zusammenhang zwischen den Eigenkapitalkosten und der IR-Qualität gibt, wobei hochwertige integrierte Berichte die Eigenkapitalkosten signifikant senken können (Vitolla et al. 2020c, S. 525). Die Literatur zeigt uneinheitliche Ansichten über die Beziehung zwischen dem Verschuldungsgrad und der IR-Qualität. Während Songini et al. (2022) einen negativen Zusammenhang feststellen, also eine bessere IR-Qualität bei geringerem Fremdkapital im Verhältnis zum Eigenkapital, weisen Mans-Kemp und van der Lugt (2020) und Vitolla et al. (2020a, b, c) auf einen positiven Zusammenhang hin.

Die Rolle von Nachhaltigkeitsaspekten als Determinanten der IR-Qualität wird ebenfalls kontrovers diskutiert. Melloni et al. (2017) betonen einen positiven Zusammenhang zwischen der Nachhaltigkeitsleistung und der IR-Qualität, während Omran et al. (2021) einen positiven Einfluss der Umweltleistung auf die IR-Qualität herausarbeiten. Mans-Kemp und van der Lugt (2020) stellen einen positiven Zusammenhang zwischen der IR-Qualität und den Einzelbewertungen für Umwelt- und Sozialleistungen fest, jedoch einen negativen Zusammenhang zwischen der IR-Qualität und dem Gesamt-ESG-Score.

Unternehmen, die hochwertige integrierte Berichte erstellen, neigen dazu, diese um einen separaten Nachhaltigkeitsbericht zu ergänzen, wie von Malola und Maroun (2019) und Dorin et al. (2020) festgestellt. Diese Ergänzung beeinflusst die IR-Qualität positiv, da Unternehmen, die sich intensiv mit Nachhaltigkeitsaspekten auseinandersetzen, bereits die notwendigen Systeme, Kontrollen und Prüfprozesse für nicht-finanzielle Informationen implementiert haben. Wang et al. (2020) identifizierten einen weiteren positiven Einfluss, indem sie feststellten, dass die Einbeziehung nicht-finanzieller Leistungskennzahlen in die Vergütungsverträge von Führungskräften zu erhöhter Transparenz in den Berichten führt. In Bezug auf die Eigenschaften von integrierten Berichten herrscht weitgehende Einigkeit über die positive Wirkung der externen Prüfung und der

Effektivität des internen Prüfungsausschusses auf die IR-Qualität (Pflugrath et al. 2011, S. 251; García-Sánchez et al. 2019, S. 845; Gerwing et al. 2022, S. 546).

Festzuhalten bleibt: Die bisherige Forschung zur IR-Qualität und ihren Determinanten ist begrenzt und zeigt teilweise kontroverse Ergebnisse, insb. im Bereich der Nachhaltigkeitsmerkmale. Es besteht Bedarf an weiteren Forschungen mit größeren und globaleren Stichproben, um den Zusammenhang zwischen IR-Qualität und einzelnen Nachhaltigkeitsprädiktoren genauer zu verstehen. Unklar bleibt, ob IR in der Lage ist, Nachhaltigkeitsberichte vollständig zu ersetzen. Zudem gibt es noch offene Fragen bezüglich der Anwendung des IR-Rahmenwerks und der Nachhaltigkeitsstandards in integrierten Berichten (De Villiers und Sharma 2017, S. 2; Dorin et al. 2020, S. 125 f.; Mio et al. 2020, S. 317). Im kommenden Kapitel soll diese Forschungslücke durch eine detaillierte Untersuchung des Einflusses von Nachhaltigkeit auf die IR-Qualität geschlossen werden.

2.5 Empirische Analyse: Beziehung von Nachhaltigkeit und IR-Qualität

2.5.1 Forschungsdesign

2.5.1.1 Grundlagen und IR-Qualität

In Anbetracht der dargestellten Forschungslücken und Schwierigkeiten bei der Interpretation der bisherigen Forschungsergebnisse zur Beziehung von Nachhaltigkeit und IR-Qualität, sollen die bereits festgestellten Zusammenhänge zwischen Nachhaltigkeit und IR-Qualität anhand einer einheitlichen Stichprobe und einheitlichen Methoden untersucht werden. Zudem soll zusätzlich ein möglicher Zusammenhang zwischen der IR-Qualität und der gleichzeitigen Anwendung von IR-Rahmenwerk und Standards zur Nachhaltigkeitsberichterstattung analysiert werden. Es soll sowohl der Einfluss der verschiedenen Nachhaltigkeitsprädiktoren auf die IR-Qualität einzeln untersucht werden als auch im Gesamtzusammenhang, um die Forschungsfrage, welchen Einfluss Nachhaltigkeit auf die Qualität integrierter Berichte ausübt, zu beantworten. In Anlehnung an die Studie von Constantinescu (2021) wurden in die empirische Analyse, die auf den Unternehmenswebsites der Derwent Top 100 Global Innovators 2021 veröffentlichten jüngsten integrierten Berichte einbezogen (Constantinescu 2021, S. 464 f.). Aus der Grundgesamtheit von 100 Unternehmen haben zuletzt 31 Unternehmen integrierte Berichte veröffentlicht. Eine weitere Eingrenzung der untersuchten Unternehmen wurde anhand der Heterogenität der Standorte durchgeführt, sodass keine einseitige Repräsentation einer Nationalität vorliegt. Somit wurden insgesamt 22 Unternehmen in die Analyse aufgenommen.

Die IR-Qualität stellt die abhängige Variable IRQ der statistischen Analyse dar. Aufgrund der unterschiedlichen Messansätze der individuellen Bewertungsschemata wird in dieser Untersuchung auf das am häufigsten in der bisherigen Forschung angewandte Bewertungsmodell, das IR-Scoreboard von Pistoni et al. (2018), zurückgegriffen (Vitolla et al. 2019, S. 1563 f.; Raimo et al. 2020, S. 2242 f.; Songini et al. 2020, S. 185; Vitolla et al. 2020a, S. 1156 f., c, S. 522 f.; Songini et al. 2022, S. 592 ff.). Dieses berücksichtigt alle wesentlichen Aspekte und Grundsätze des IR-Rahmenwerks und wendet eine Bewertungsmethodik an, die bereits bei früheren einschlägigen Studien zur Bewertung der Offenlegungsqualität verwendet wurde und kann daher als eines der vollständigsten Bewertungssysteme für die IRQ angesehen werden (Songini et al. 2022, S. 582).

Das IRS bewertet die IRQ in den vier Kategorien (I) Hintergrund, (II) Sicherheit und Glaubwürdigkeit, (III) Inhalt und (IV) Form. In jeder Kategorie werden verschiedene Variablen auf Basis einer Punkteskala bewertet (Pistoni et al. 2018, S. 492 ff.). Obwohl Pistoni et al. (2018) auf die Berechnung einer Maximalpunktzahl für die IRQ verzichtet haben, wird hier aufgrund der Notwendigkeit einer eindeutigen Y-Variable für die Regressionsanalyse eine Gesamtpunktzahl für die IRQ ermittelt. In Anlehnung an bestehende Studien, die ebenfalls auf dem IRS aufbauen, wird die Gesamtpunktzahl durch einfache Addition der einzelnen Kategoriebewertungen gebildet (Vitolla et al. 2019, S. 1563; Raimo et al. 2020, S. 2243; Vitolla et al. 2020a, S. 1157, c, S. 523).

2.5.1.2 (Nachhaltigkeits-)Prädiktoren des statistischen Modells

Für die Regressionsanalyse wurden sieben erklärende Variablen ausgewählt:

1. Nachhaltigkeitsleistung (N_RAT),
2. separater Nachhaltigkeitsbericht (N_BER),
3. gleichzeitige Anwendung von IR-Rahmenwerk und Standards zur Nachhaltigkeitsberichterstattung im integrierten Bericht (IRN_PRINZ),
4. Nachhaltigkeitsausschuss (N_AUSS),
5. Nachhaltigkeitseinstellung der Unternehmensleitung (N_EINST),
6. Diversität der Unternehmensleitung (UL_DIV) und
7. Vergütung der Unternehmensleitung anhand nicht-finanzieller Leistungsindikatoren (UL_VERG).

Frühere Studien zur Beziehungsforschung von Nachhaltigkeit und der IRQ definierten Nachhaltigkeitsleistung wurden oft auf Basis externer Ratings wie Dow Jones Sustainability Index, Bloomberg ESG-Score oder Thomson Reuters ASSET4 durchgeführt. In dieser Analyse wurde der ESG-Risiko-Score von Sustainalytics als Maßstab für die Nachhaltigkeitsleistung verwendet (Christensen et al. 2022, S. 153). Die Anwesenheit eines separaten Nachhaltigkeitsberichts wurde durch Überprüfung der Internetauftritte der 22 Stichprobenunternehmen ermittelt, wobei die Variable die Werte 0 (Abwesenheit) oder 1 (Anwesenheit) annehmen kann. Die Variable IRN_PRINZ wurde eingeführt, um die gleichzeitige Anwendung von IR-Rahmenwerk und Standards zur Nachhaltigkeitsberichterstattung in integrierten Berichten zu untersuchen. Die Variable nimmt den Wert 1 an, wenn mindestens ein auf die Nachhaltigkeitsberichterstattung fokussierter Standard neben dem IR-Rahmenwerk verwendet wurde, andernfalls hat sie den Wert 0. Die

Variable Nachhaltigkeitsausschuss wurde durch eine visuelle Inhaltsanalyse der separaten Nachhaltigkeitsberichte erhoben, um festzustellen, ob der Bericht Angaben zum Vorliegen eines Nachhaltigkeitsausschusses enthält. N_AUSS kann die Werte 0 (Abwesenheit) oder 1 (Anwesenheit) annehmen. Die Nachhaltigkeitseinstellung der Unternehmensleitung wurde anhand des Umfangs an Nachhaltigkeitsangaben in den Stellungnahmen der Unternehmensleitung gemessen. Das Verhältnis der Wortanzahl zu Umwelt- und Sozialangaben in den Stellungnahmen zur Gesamtwortanzahl wurde ermittelt, wobei Text, Abbildungen und Tabellen einbezogen wurden. Bei verschiedenen Stellungnahmen der Unternehmensführung wurde ein einfacher Durchschnittswert gebildet. Die Diversität der Unternehmensleitung wurde als Frauenquote im Vorstand definiert, entsprechend dem Vorgehen in vorangegangenen Studien. Die Variable UL_VERG nimmt den Wert 1 an, wenn Informationen zu nicht-finanziellen Leistungskennzahlen in den Vergütungsverträgen des Vorstands in den integrierten Berichten vorhanden sind, andernfalls hat sie den Wert 0.

Im Forschungsdesign wurden nachhaltigkeitsunabhängige Prädiktoren als Kontrollvariablen berücksichtigt, die in mindestens zwei unabhängigen Studien signifikante Zusammenhänge zur IRQ aufweisen. Dazu gehören der Standort bzw. der nationale Kontext (STANDORT) (Vitolla et al. 2019, S. 1566 ff.; Songini et al. 2020, S. 191; Vitolla et al. 2020b, S. 438), die Unternehmensgröße (SIZE) (Ahmed Haji 2015, S. 775; Vitolla et al. 2020a, S. 1159; Herbert und Graham 2022, S. 165; Songini et al. 2022, S. 610), die Profitabilität (ROE) (Melloni et al. 2017, S. 221 ff.; Vitolla et al. 2020b, S. 436 ff.), der Verschuldungsgrad (LEV) (Mans-Kemp und van der Lugt 2020, S. 8; Songini et al. 2022, S. 606 ff.) und die Aktivität der Unternehmensleitung (Vitolla et al. 2020a, S. 1159; Udofia et al. 2021, S. 41).

Die STANDORT-Informationen wurden aus der Veröffentlichung der Derwent Top 100 Global Innovators übernommen und kodifiziert. Die Variable SIZE wurde als Gesamtvermögen in Millionen Euro zum Ende des letzten Geschäftsjahres definiert. ROE, die Profitabilität, wurde als Eigenkapitalrendite berechnet, während LEV den Quotienten aus Fremd- und Eigenkapital darstellt. Die Daten für diese Variablen wurden aus den integrierten Berichten oder den Jahresabschlüssen der betrachteten Unternehmen entnommen. Die Aktivität der Unternehmensleitung wurde nicht einbezogen, da Informationen über die Anzahl der Vorstandssitzungen nicht für alle Stichprobenunternehmen öffentlich verfügbar sind. Alle Variablen der statistischen Analyse sind zusammengefasst in Tab. 2.1 dargestellt.

2.5.2 Forschungsergebnisse

2.5.2.1 Deskriptive Analyse

Die Ergebnisse zeigen, dass die Qualität der untersuchten integrierten Berichte mit durchschnittlich 39 von 75 möglichen Punkten mittelmäßig ist. Der integrierte Bericht von schlechtester Qualität weist eine Punktzahl von 20 auf und der Bericht von höchster

Tab. 2.1 Definition und Beschreibung der Variablen

Variablen	Definition
Abhängige Variable:	
IR-Qualität (IRQ)	Summe der einzelnen Kategoriebewertungen des IRS von Pistoni/Songini/Bavagnoli (2018)
Nachhaltigkeitsprädiktoren:	
Nachhaltigkeitsleistung (N_RAT)	Sustainalytics-ESG-Rating
Separater Nachhaltigkeitsbericht (N_BER)	Anwesenheit eines separaten Nachhaltigkeitsberichts = 1; sonst 0
Anwendung IIRC- + Nachhaltigkeits-Rahmenwerke im IR (IRN_PRINZ)	Gleichzeitige Anwendung von IR-Rahmenwerk und Nachhaltigkeitsrahmenwerk = 1; sonst 0
Nachhaltigkeitsausschuss (N_AUSS)	Angaben zum Nachhaltigkeitsausschuss im IR oder im separaten Nachhaltigkeitsbericht = 1; sonst 0
Nachhaltigkeitseinstellung der Unternehmensleitung (N_EINST)	Durchschnittswert aus dem Verhältnis der Wortanzahl zu Umwelt- und Sozialangaben zur Gesamtwortanzahl der verschiedenen Stellungnahmen der Unternehmensleitung
Diversität der Unternehmensleitung (UL_DIV)	Frauenanteil im Vorstand
Vergütung der Unternehmensleitung (UL_VERG)	Angabe über nicht-finanzielle Leistungsindikatoren als Teil der Vorstandsvergütung im Bericht enthalten = 1; sonst 0
Weitere Prädiktoren:	
STANDORT	Land, in dem das Unternehmen ansässig ist; *Klassifizierung: 1 = Deutschland; 2 = Frankreich; 3 = Japan; 4 = Niederlande; 5 = USA*
Unternehmensgröße (SIZE)	Gesamtvermögen zum Ende des letzten Geschäftsjahres in Millionen Euro
Profitabilität (ROE)	Eigenkapitalrendite (=Jahresüberschuss/Eigenkapital)
Verschuldungsgrad (LEV)	Verhältnis von Fremdkapital zu Eigenkapital

Quelle: Eigene Darstellung

Qualität 56 Punkte. Ausschlaggebend für die nur mittelmäßige Qualität der Berichte ist primär der Inhalt der integrierten Berichte. Durchschnittlich wurden die Berichte hier lediglich mit 25 von 50 möglichen Punkten bewertet. Ausbaufähig ist zudem die IRQ-Kategorie Sicherheit und Glaubwürdigkeit, in der die Berichte durchschnittlich nur 0,6 von 3 möglichen Punkten erzielt haben.

Im Bereich der Nachhaltigkeitsleistung sind die betrachteten Unternehmen durchschnittlich mit einem Sustainalytics Risko-Score von 23 Punkten bewertet, was einem mittleren ESG-Risiko entspricht. Das Unternehmen mit der besten

Nachhaltigkeitsleistung weist ein Sustainalytics Risiko-Score von 11 auf, was einem niedrigen Risiko entspricht. Die schlechteste Nachhaltigkeitsleistung beträgt 34 Punkte und entspricht einer hohen Risikobewertung durch Sustainalytics (Sustainalytics 2022). Die betrachteten Unternehmen stellen in 64 % der Fälle separate Nachhaltigkeitsberichte auf. Ebenso wird bei 64 % der Unternehmen gleichzeitig das IR-Rahmenwerk sowie ein Standard zur Nachhaltigkeitsberichterstattung bei der Erstellung der integrierten Berichte berücksichtigt. Zudem ist bei 82 % der Unternehmen ein Nachhaltigkeitsausschuss eingerichtet. Die Nachhaltigkeitseinstellung der Unternehmensleitung, gemessen am Verhältnis der nachhaltigkeitsbezogenen Aussagen in den einleitenden Berichten der Unternehmensleitung, beträgt im Durchschnitt 41 %. Der Minimalwert beträgt hier 9 % und der Maximalwert 99 %. Der Frauenanteil im Vorstand beträgt im Durchschnitt 19,5 %, wobei das Minimum 0 % und das Maximum 50 % beträgt. In 59 % der betrachteten Berichte sind Informationen zur nicht-finanziellen Vergütung des Vorstands enthalten. Die Unternehmen weisen durchschnittlich einen Bilanzwert von 48 Mrd. Euro auf, mit einem Minimalwert von 3 Mrd. Euro und einem Maximalwert von 226 Mrd. Euro. Gemäß § 267 Abs. 3 HGB werden folglich größtenteils große Kapitalgesellschaften betrachtet. Die Profitabilität der Unternehmen, gemessen an der Eigenkapitalrendite, weist ein Minimum von -118 %, ein Maximum von 58 % sowie einen Mittelwert von 9 % auf, was darauf hindeutet, dass die Stichprobenunternehmen einen höchst unterschiedlichen Grad an Rentabilität aufweisen. Auch der Verschuldungsgrad deutet mit einem Minimum von -603 %, einem Maximum von 430 % sowie einem Mittelwert von 134 % auf eine heterogene Kapitalstruktur der betrachteten Unternehmen hin.

2.5.2.2 Regressionsanalysen und Ergebnisinterpretation

Im Rahmen der durchgeführten multiplen Regressionsanalysen wurde die Rückwärtselimination angewendet, um mögliche statistisch signifikante Einflüsse der untersuchten Nachhaltigkeitsfaktoren auf die Qualität Integrierter Berichte (IRQ) nachweisen zu können (Schendera 2008, S. 206; Backhaus et al. 2021, S. 148). Das Modell 7 erklärt knapp 40 % der Gesamtvarianz der IRQ (Abb. 2.1).

Überraschenderweise musste bei diesem Vorgehen zunächst die Variable Nachhaltigkeitsleistung aufgrund mangelnder signifikanter Einflüsse ausgeschlossen werden. Dies steht im Widerspruch zu früheren Studien, die einen positiven Einfluss der Nachhaltigkeitsleistung auf die Qualität Integrierter Berichte festgestellt haben. Insb. die Studien von Melloni et al. (2017) und Mans-Kemp und van der Lugt (2020) hatten eine solche Wirkung betont. Ein wie hier vorliegendes vergleichbares Ergebnis wurde nur in der Studie von Gerwanski et al. (2019) gefunden. Insgesamt bietet das dort entwickelte Modell einen hilfreichen Einblick in die IRQ und hebt die Notwendigkeit weiterer Forschung hervor, um die Wirkungsbeziehungen zwischen Nachhaltigkeitsleistung und Integrierten Berichten besser verstehen zu können. Oftmals wird argumentiert, dass eine positive Nachhaltigkeitsleistung die Offenlegungsbereitschaft von Unternehmen steigert und dadurch die Qualität integrierter Berichte erhöht (Melloni et al. 2017, S, 234 f.; Mans-Kemp und van der Lugt 2020, S. 7; Omran et al. 2021, S. 434). Allerdings zeigt eine

	Modell 1				Modell 2				Modell 3				Modell 4			
R²	0.527				0.527				0.526				0.526			
Korrigiertes R²	0.096				0.171				0.235				0.289			
Signifikanz	0.371				0.258				0.165				0,097*			
Variablen	**Beta**	**Std-Fehler**	**Std. Beta**	**p-Wert**	**Beta**	**Std-Fehler**	**Std. Beta**	**p-Wert**	**Beta**	**Std-Fehler**	**Std. Beta**	**p-Wert**	**Beta**	**Std-Fehler**	**Std. Beta**	**p-Wert**
Konstante	32.623	14.746		0,049**	32.505	32.505	32.505	32.505	32.882	10.786		0,009*	32.546	9.637		0,005*
N_RAT	-0.101	0.421	-0.067	0.814	-0.095	0.36	-0.063	0.796	-0.101	0.328	-0.066	0.764	-0.095	0.31	-0.063	0.763
N_BER	-9.974	5.946	-0.493	0.122	-10	5.646	-0.495	0.102	-9.946	5.313	-0.492	0,084*	-9.807	4.862	-0.485	0,063*
IRN_PRINZ	3.062	5.385	0.151	0.581	30.099	5.049	0.153	0.551	3.12	4.833	0.154	0.53	3.175	4.614	0.157	0.503
N_AUSS	10.46	6.639	0.415	0.143	10.531	6.027	0.418	0.106	10.545	5.784	0.418	0,091*	10.63	5.141	0.411	0,064*
N_EINST	0.38	11.274	0.01	0.974	-	-	-	-	-	-	-	-	-	-	-	-
UL_DIV	10.849	21.701	0.12	0.627	11.005	20.299	0.122	0.598	11.33	18.374	0.125	0.548	11.242	17.681	0.124	0.535
UL_VERG	-0.491	5.401	-0.025	0.929	-0.447	5.017	-0.023	0.93	-0.388	4.67	-0.02	0.935	-	-	-	-
STANDORT	0.141	3.007	0.012	0.963	0.137	2.879	0.012	0.963	-	-	-	-	-	-	-	-
SIZE	7.20E-05	0	0.448	0.15	7.20E-05	0	0.45	0.116	7.30E-05	0	0.455	0,077*	7.30E-05	0	0.458	0,063*
ROE	-14.374	8.356	-0.45	0.113	-14.125	7.872	-0.451	0,092*	-14.512	7.359	-0.454	0,070*	-14.341	6.812	-0.449	0,054*
LEV	-	-	-	-	-	-	-	-	-	-	-	-	-	-	-	-

	Modell 5				Modell 6				Modell 7				Modell 8			
R²	0.523				0.509				0.497				0.365			
Korrigiertes R²	0.332				0.356				0.379				0.259			
Signifikanz	0,053*				0,030**				0,015**				0,039**			
Variablen	**Beta**	**Std-Fehler**	**Std. Beta**	**p-Wert**	**Beta**	**Std-Fehler**	**Std. Beta**	**p-Wert**	**Beta**	**Std-Fehler**	**Std. Beta**	**p-Wert**	**Beta**	**Std-Fehler**	**Std. Beta**	**p-Wert**
Konstante	30.989	7.949		0,001***	34.294	6.056		<0,001***	36.632	4.687		<0,001***	44.131	3.34		<0,001***
N_RAT	-	-	-	-	-	-	-	-	-	-	-	-	-	-	-	-
N_BER	-9.936	4.696	-0.491	0,051*	-10.438	4.551	-0.516	0,036**	-11.939	3.801	-0.59	0,006***	-10.35	4.068	-0.512	0,020**
IRN_PRINZ	3.044	4.454	0.151	0.505	2.727	1.349	0.135	0.539	-	-	-	-	-	-	-	-
N_AUSS	9.874	4.742	0.391	0,055*	9.44	4.612	0.374	0,057*	9.558	4.526	0.379	0,050**	-	-	-	-
N_EINST	-	-	-	-	-	-	-	-	-	-	-	-	-	-	-	-
UL_DIV	11.293	17.138	0.125	0.52	-	-	-	-	-	-	-	-	-	-	-	-
UL_VERG	-	-	-	-	-	-	-	-	-	-	-	-	-	-	-	-
STANDORT	-	-	-	-	-	-	-	-	-	-	-	-	-	-	-	-
SIZE	7.00E-05	0	0.44	0,056*	6.60E-05	0	0.415	0,060*	7.40E-05	0	0.465	0,023**	5.80E-05	0	0.366	0,079**
ROE	-14.121	6.567	-0.442	0,048**	-14.376	6.438	-0.45	0,040**	-15.925	5.838	-0.498	0,014**	-15.003	6.357	-0.469	0,030**
LEV	-	-	-	-	-	-	-	-	-	-	-	-	-	-	-	-

Abb. 2.1 Ergebnisse der multiplen linearen Regressionsmodelle nach Rückwärtselimination (eigene Darstellung). *(Hinweise: N=22; R=Bestimmtheitsmaß *** Signifikant bei auf dem 1 %-Level, ** Signifikant auf dem 5 %-Level, * Signifikant auf dem 10 %-Level Abhängige Variable: IRQ)*

genaue Analyse der Inhaltselemente integrierter Berichte, dass Nachhaltigkeit nicht explizit als eigenständiges Element aufgeführt wird. Stattdessen wird sie lediglich als Teil des Wertschöpfungsprozesses in Form von sozialem und natürlichem Kapital berücksichtigt. Dies lässt Zweifel an einem signifikanten Einfluss der Nachhaltigkeitsleistung und der damit verbundenen Transparenzbereitschaft aufkommen. Externe Stakeholder üben verstärkt Druck auf Unternehmen aus, ihre Nachhaltigkeitsleistung zu offenbaren. Dieser Druck zeigt sich bspw. durch die Zunahme grüner Finanzierungsformen und die Einführung der Taxonomie-Verordnung der Europäischen Union im Jahr 2020, die Standards für die Berichterstattung über ökologisch nachhaltige Investitionen festlegt (Schütze et al. 2020, S. 980; Bremus et al. 2021, S. 368; Mustaffa et al. 2021, S. 66).

Die Ergebnisse des Regressionsmodells 7 zeigen, dass die Erstellung eines separaten Nachhaltigkeitsberichts nicht die Qualität integrierter Berichte steigert. Obwohl ein statistisch signifikanter, jedoch negativer Einfluss auf dem 1 %-Niveau festgestellt wurde, widerspricht dies den Ergebnissen früherer Studien von Malola und Maroun (2019) und Dorin et al. (2020). Dorin et al. (2020) argumentieren, dass ein separater Nachhaltigkeitsbericht einen positiven Einfluss auf die Integrierte Berichtsqualität habe, da die bereits implementierten nicht-finanziellen Datenerhebungs-, -kontroll- und -prüfverfahren, die als Grundlage für integrierte Berichte dienen, die Einführung von IR erleichtern und deren Qualität steigern würden (Dorin et al. 2020, S. 125). Diese Argumentation erscheint für die Einführung von integrierten Berichten plausibel, aber für fortgeschrittenes IR gibt es hieran Zweifel. Wenn bereits in den Vorjahren integrierte Berichte erstellt wurden, sind die erforderlichen Berichtsprozesse und -mechanismen spätestens bei der Erstellung des ersten integrierten Berichts implementiert worden. Daher könnte die vollständige Integration von Nachhaltigkeitsinformationen und die Abschaffung eines separaten Nachhaltigkeitsberichts möglicherweise zu einer höheren Berichtsqualität führen, indem Vollständigkeit und Verknüpfung der Informationen verbessert werden.

Die Regressionsanalyse in Modell 6 zeigt keinen signifikanten Einfluss der gleichzeitigen Anwendung von IR-Rahmenwerk und Standards auf die Nachhaltigkeitsberichterstattung. Dieses bisher unerforschte Ergebnis deutet darauf hin, dass die kombinierte Anwendung der Rahmenwerke und Standards keine maßgebende Determinante der Integrierten Berichtsqualität ist, möglicherweise aufgrund der fehlenden expliziten Berücksichtigung von Nachhaltigkeit als Inhaltselement in integrierten Berichten.

Im Gegensatz dazu bestätigen die hier vorliegenden Ergebnisse ähnlich wie frühere Untersuchungen von Stubbs und Higgins (2014) und Wang et al. (2020), Omran et al. (2021), dass die Einrichtung eines Nachhaltigkeitsausschusses einen mittelstarken positiven Einfluss auf die IRQ aufweist. Somit kommt dem Nachhaltigkeitsausschuss eine tragende Rolle bei der Verwaltung der Nachhaltigkeitsaktivitäten zu. Der Ausschuss trägt zur Sammlung von relevanten Informationen für integrierte Berichte bei, insb. hinsichtlich Chancen, Risiken und der Gesamtstrategie des Unternehmens (IFRS Foundation 2021, S. 25 ff.). Diese Erkenntnisse deuten darauf hin, dass Unternehmen mit einem etablierten Nachhaltigkeitsausschuss dazu neigen, umfassendere und bedeutsamere integrierte Berichte zu erstellen.

In Bezug auf den möglichen Einfluss der Nachhaltigkeitseinstellung der Unternehmensleitung auf die Qualität integrierter Berichte lassen sich keine signifikanten Ergebnisse nachweisen. Dies könnte darauf hindeuten, dass die Ausrichtung auf Nachhaltigkeit in der Führungsebene nicht unmittelbar die Aspekte beeinflusst, die im Fokus integrierter Berichte stehen. Möglicherweise liegt dies daran, dass IR sich vorrangig auf den Wertschöpfungsprozess konzentriert, wobei die Bedeutung von Nachhaltigkeit je nach Branchenkontext unterschiedlich ist (Wöbkenberg 2020, S. 251).

Die Ergebnisse der Regressionsanalysen zeigen zudem, dass kein signifikanter Einfluss der Geschlechtervielfalt in der Unternehmensleitung auf die IRQ vorliegt. Dieses Ergebnis trägt zur aktuellen Diskussion über den Frauenanteil in Führungspositionen bei, insb. im Kontext der jüngsten Forderungen der Europäischen Kommission (Europäische Kommission 2020, S. 17). Es steht im Einklang mit einer Studie von Udofia et al. (2021) und widerspricht gleichzeitig den Ergebnissen anderer Studien von Gerwanski et al. (2019), Vitolla et al. (2020a, b, c) und Omran et al. (2021).

Darüber hinaus üben nicht-finanzielle Leistungskennzahlen in den Vergütungsverträgen der Unternehmensleitung keinen signifikanten Einfluss auf die IRQ aus. Diese Erkenntnis steht im Widerspruch zu den Ergebnissen von Wang et al. (2020). Der fehlende signifikante Einfluss könnte darauf zurückzuführen sein, dass die Veröffentlichung nicht-finanzieller Kennzahlen zunehmend obligatorisch wird. Unternehmen könnten solche Kennzahlen unabhängig von ihrer Auswirkung auf die Vergütung der Führungskräfte veröffentlichen.

Des Weiteren deuten die vorliegenden Befunde darauf hin, dass die Größe und Profitabilität von Unternehmen entscheidende Faktoren für die Qualität ihrer Integrierten Berichterstattung sind. Größere Unternehmen haben offenbar mehr Ressourcen und ein stärkeres Stakeholder-Engagement, was sich positiv auf die Qualität ihrer Berichte auswirkt. Andererseits könnte die abnehmende IRQ bei steigender Profitabilität darauf hinweisen, dass hochprofitable Unternehmen möglicherweise weniger Anreize haben, ausführliche nicht-finanzielle Informationen bereitzustellen. Dieses Ergebnis steht in Einklang mit der wachsenden Verpflichtung zur nicht-finanziellen Berichterstattung, die unabhängig von der finanziellen Performance erfolgt (Colsman 2016, S. 45 ff.; Kumar et al. 2021, S. 999).

Der insgesamt geringe statistische Einfluss der untersuchten Nachhaltigkeitsfaktoren auf die IRQ deutet darauf hin, dass Nachhaltigkeit in Integrierten Berichten möglicherweise eine untergeordnete Rolle spielt. Dies wird zusätzlich durch das Fehlen von Nachhaltigkeit als explizitem Inhaltselement im IR-Rahmenwerk gestützt.

2.6 Schlussbetrachtung

Die vorliegende Studie hat sich mit der Forschungsfrage beschäftigt, welchen Einfluss Nachhaltigkeit auf die IR-Qualität ausübt. Dazu wurde untersucht, welche Nachhaltigkeitsfaktoren die IR-Qualität in welchem Ausmaß beeinflussen. Hierzu wurde zunächst der aktuelle Forschungsstand ermittelt, um auf dieser Basis maßgebende Nachhaltigkeitsfaktoren für die empirische Analyse abzuleiten.

Durch multiple lineare Regressionsanalysen konnte anhand von 22 großen Unternehmen festgestellt werden, dass folgende Determinanten die IR-Qualität positiv beeinflussen:

1. Vorliegen eines separaten Nachhaltigkeitsberichts,
2. Einrichtung eines Nachhaltigkeitsausschusses,
3. zunehmende Unternehmensgröße und
4. sinkende Profitabilität des Unternehmens.

Diese vier Determinanten weisen einen mittelstarken signifikanten Einfluss auf die IR-Qualität auf.

Keine signifikanten statistischen Wirkungen konnten für die Einflussfaktoren

- externes Nachhaltigkeitsrating,
- Ausprägung der Nachhaltigkeitseinstellung der Unternehmensleitung,
- Höhe des Frauenanteils im Vorstand,
- Einbeziehung nicht-finanzieller Leistungskennzahlen in die Vorstandsvergütung und
- der gleichzeitigen Anwendung von IR-Rahmenwerk und Standards zur Nachhaltigkeitsberichterstattung im integrierten Bericht

nachgewiesen werden.

Die Ergebnisse der Studie legen nahe, dass Unternehmen, die in ihre Nachhaltigkeitsberichterstattung investieren und diese strategisch in ihre integrierte Berichterstattung einbinden, in unterschiedlichem Maße ihre Transparenz und Glaubwürdigkeit gegenüber Stakeholdern verbessern sowie ihre interne Entscheidungsfindung und Strategieentwicklung stärken können. Es kann daher für Unternehmen sinnvoll sein, die Entwicklung und Implementierung von Nachhaltigkeitsstrategien als Bestandteil der Unternehmensführung und -berichterstattung zu betrachten. Darüber hinaus fördert die integrierte Berichterstattung eine Kultur der Verantwortlichkeit und des strategischen Denkens, indem sie sicherstellt, dass Entscheidungsträger die langfristigen Auswirkungen ihrer Entscheidungen auf die Nachhaltigkeitsziele des Unternehmens berücksichtigen.

Abschließend kann festgehalten werden, dass die Integration von Nachhaltigkeit in integrierte Berichte keine großen Auswirkungen auf deren Qualität hat. Deshalb sollten Unternehmen genau prüfen, ob die möglicherweise anfallenden Mehrkosten in dem individuellen Szenario gerechtfertigt sind oder nicht.

Literatur

Ahmed Haji A (2015) The role of audit committee attributes in intellectual capital disclosures: evidence from Malaysia. Manag Audit J 30:756–784

Backhaus K, Weiber R, Weiber T, Erichson B, Gensler S (2021) Multivariate Analysemethoden: eine anwendungsorientierte Einführung, 16. Aufl. Springer Gabler, Wiesbaden

Bal T (2018) Integrated reporting: literature review and its practice in India and abroad. Srusti Manage Rev 11:48–54

Benn S, Bolton D (2011) Key concepts in corporate social responsibility. Sage, Los Angeles

Breitbarth T, Harris P, Insch A (2010) Pictures at an exhibition revisited: reflections on a typology of images used in the construction of corporate social responsibility and sustainability in non-financial corporate reporting. J Public Aff 10:238–257

Bremus F, Schütze F, Zaklan A (2021) EZB-Politik erleichtert Unternehmen Finanzierung am Markt grüner Anleihen. DIW-Wochenbericht 88:368–375

Christensen DM, Serafeim G, Sikochi A (2022) Why is corporate virtue in the eye of the beholder? The case of ESG ratings. Account Rev 97:147–175

Colsman B (2016) Nachhaltigkeitscontrolling: Strategien, Ziele, Umsetzung, 2. Aufl. Springer Gabler, Wiesbaden

Constantinescu D (2021) The development of integrated reporting: Evidence from global innovators. In Proceedings of the European conference on management, leadership & governance, 459–466

Cosmulese CG (2020) Theoretical insights on integrated reporting. USV Ann Econ Publ Adm 20:129–139

De Villiers C, Sharma U (2017) A critical reflection on the future of financial, intellectual capital, sustainability and integrated reporting. Crit Perspect Account 70:1–26

Dhaliwal DS, Radhakrishnan S, Tsang A, Yang YG (2012) Nonfinancial disclosure and analyst forecast accuracy: International evidence on corporate social responsibility disclosure. Account Rev 87:723–759

Dorin I, Roşca I, Costea DA, Suciu C (2020) Integrated reporting for public sector in EU. A case study. Acad J Econ Stud 6:121–126

Duffe M (2020) Nachhaltigkeitsberichterstattung in Deutschland: eine empirische Untersuchung der Transparenz in der sozialen und ökologischen Dimension. Dr. Kovac, Hamburg

Du Toit E (2017) The readability of integrated reports. Meditari Accountancy Research, 1–37

Europäische Kommission (2020) Eine Union der Gleichheit: Strategie für die Gleichstellung der Geschlechter 2020–2025. Mitteilung der Europäischen Kommission an das Europäische Parlament, den Rat, den Europäischen Wirtschafts- und Sozialausschuss und den Ausschuss der Regionen. https://eur-lex.europa.eu/legal-content/DE/TXT/PDF/?uri=CELEX:52020DC0152&from=DE. Zugegriffen: 22. Mai 2024

García-Sánchez IM, Hussain N, Martínez-Ferrero J, Ruiz-Barbadillo E (2019) Impact of disclosure and assurance quality of corporate sustainability reports on access to finance. Corp Soc Responsib Environ Manag 26:832–848

Gerwanski J (2020) Does it pay off? Integrated reporting and cost of debt: European evidence. Corp Soc Responsib Environ Manag 27:2299–2319

Gerwanski J, Kordsachia O, Velte P (2019) Determinants of materiality disclosure quality in integrated reporting: empirical evidence from an international setting. Bus Strateg Environ 28:750–770

Gerwing T, Kajüter P, Wirth M (2022) The role of sustainable corporate governance in mandatory sustainability reporting quality. J Bus Econ 92:517–555

Global Sustainability Standards Board (GSSB) (2016) GRI 101: Grundlagen. https://www.globalreporting.org/standards/media/1671/german-gri-101-foundation-2016.pdf. Zugegriffen: 22. Mai 2024

Havlová K (2015) What integrated reporting changed: the case study of early adopters. Procedia Econ Financ 34:231–237

Herbert S, Graham M (2019) The effect of the IIRC's Framework and G4 on sustainability disclosures in integrated reports. S Afr J Account Audit Res 21:111–126

Herbert S, Graham M (2022) Applying legitimacy theory to understand sustainability reporting behaviour within South African integrated reports. S Afr J Account Res 36:147–169

Herzig C, Schaltegger S (2007) Nachhaltigkeitsberichterstattung von Unternehmen. In: Michelsen G, Godemann J (Hrsg) Handbuch Nachhaltigkeitskommunikation: Grundlagen und Praxis, 2. Aufl. Oekom, München, S 577–587

IFRS Foundation (2021) International <IR> framework. https://www.integratedreporting.org/wp-content/uploads/2021/01/InternationalIntegratedReportingFramework.pdf. Zugegriffen: 22. Mai 2024

International Integrated Reporting Council (IIRC) (2014) assurance on <IR>. An exploration of issues. https://www.integratedreporting.org/wp-content/uploads/2014/07/Assurance-on-IR-an-exploration-of-issues.pdf. Zugegriffen: 22. Mai 2024

Kajüter P (2015) Integrated Reporting nach dem Rahmenkonzept des IIRC: Implikationen für Rechnungslegung und Controlling. In: Gleich R, Grönke K, Leyk J, Kirchmann M (Hrsg) Integrated Reporting: externe Berichterstattung und interne Steuerung nachhaltig verbessern. Haufe, Freiburg, S 27–40

Kumar K, Batra R, Boesso G (2021) Difference in stakeholder engagement approach of small & medium enterprises and large companies and its performance implications. Corp Soc Responsib Environ Manag 28:992–1001

Lipunga AM (2015) Integrated reporting in developing countries: evidence from Malawi. J Manag Res 7:130–156

Lueg K, Lueg R (2021) Deconstructing corporate sustainability narratives: a taxonomy for critical assessment of integrated reporting types. Corp Soc Responsib Environ Manag 28:1785–1800

Malola A, Maroun W (2019) The measurement and potential drivers of integrated report quality: evidence from a pioneer in integrated reporting. S Afr J Account Res 33:114–144

Mans-Kemp N, van der Lugt CT (2020) Linking integrated reporting quality with sustainability performance and financial performance in South Africa. S Afr J Econ Manage Sci 23:1–11

Maroun W, Prinsloo A (2020) Drivers of combined assurance in a sustainable development context: evidence from integrated reports. Bus Strateg Environ 29:3702–3719

Melloni G, Caglio A, Perego P (2017) Saying more with less? Disclosure conciseness, completeness and balance in integrated reports. J Account Public Policy 36:220–238

Minutiello V, Tettamanzi P (2022) The quality of nonfinancial voluntary disclosure: a systematic literature network analysis on sustainability reporting and integrated reporting. Corp Soc Responsib Environ Manag 29:1–18

Mio C, Fasan M, Costantini A (2020) Materiality in integrated and sustainability reporting: a paradigm shift? Bus Strateg Environ 29:306–320

Mmako N, Jansen van Rensburg M (2017) Towards integrated reporting: the inclusion of content elements of an integrated annual report in the chairmen's statements of JSE-listed companies. S Afr J Bus Manage 48:45–54

Müller S, Stawinoga M (2015) Entwicklungslinien des Integrated Reportings. In: Freidank CC, Müller S, Velte P (Hrsg) Handbuch Integrated Reporting: Herausforderungen für Steuerung, Überwachung und Berichterstattung. Schmidt, Berlin, S 3–28

Mustaffa AH, Ahmad N, Bahrudin NZ (2021) A systematic literature review on barriers to green financing participation worldwide. Glob Bus Manage Res 13:66–79

Okaro S, Okafor G, Nnabuife E (2019) From sustainability to integrated reporting: a paradigm shift for Nigeria's global competitiveness. ICAN J Account Financ 8:38–49

Omran MSY, Zaid MAA, Dwekat A (2021) The relationship between integrated reporting and corporate environmental performance: a green trial. Corp Soc Responsib Environ Manag 28:427–445

Pflugrath G, Roebuck P, Simnett R (2011) Impact of assurance and assurer's professional affiliation on financial analysts' assessment of credibility of corporate social responsibility information. Audit J Pract Theory 30:239–254

Pistoni A, Songini L, Bavagnoli F (2018) Integrated reporting quality: an empirical analysis. Corp Soc Responsib Environ Manag 25:489–507

Rabaya AJ, Saleh NM (2022) The moderating effect of IR framework adoption on the relationship between environmental, social, and governance (ESG) disclosure and a firm's competitive advantage. Environ Dev Sustain 24:2037–2055

Raimo N, Vitolla F, Marrone A, Rubino M (2020) The role of ownership structure in integrated reporting policies. Bus Strateg Environ 29:2238–2250

Reimsbach D, Hahn R, Gürtürk A (2018) Integrated reporting and assurance of sustainability information: an experimental study on professional investors' information processing. Eur Account Rev 27:559–581

Sailer U (2020) Nachhaltigkeitscontrolling, 3. Aufl. UVK, München

Schendera CFG (2008) Regressionsanalyse mit SPSS. De Gruyter, München

Schütze F, Stede J, Blauert M, Erdmann K (2020) EU-Taxonomie stärkt Transparenz für nachhaltige Investitionen. DIW-Wochenbericht 87:974–981

Songini L, Pistoni A, Bavagnoli F, Minutiello V (2020) Integrated reporting quality: an analysis of key determinants. In: Songini L, Pistoni A, Baret P, Kunc MH (Hrsg) Non-financial disclosure and integrated reporting: practices and critical issues. Emerald Publishing, Bingley, S 175–196

Songini L, Pistoni A, Tettamanzi P, Fratini F, Minutiello V (2022) Integrated reporting quality and BoD characteristics: an empirical analysis. J Manage Governance 26:579–620

Sopp K, Baumüller J, Scheid O (2021) Die nichtfinanzielle Berichterstattung: Berichtspflichten und -inhalte. NWB, Herne

Stubbs W, Higgins C (2014) Integrated reporting and internal mechanisms of change. Acc Audit Account J 27:1068–1089

Sustainalytics (2022) Overview of sustainalytics' ESG risk ratings. https://www.sustainalytics.com/corporate-solutions/esg-risk-ratings. Zugegriffen: 22. Mai 2024

Theis JC (2018) Nachhaltigkeitsberichterstattung in der Praxis: Anwendung im DAX 30. IDW, Düsseldorf

Tilt CA, Xydias-Lobo M, Rodricks F, Reynolds G (2018) Integrated reporting and sustainability: a note on perceptions of the accounting profession. Manage Account Front 1:45–64

Udofia IE, Adeyemi SB, Ogunleye OJ (2021) Corporate governance and integrated reporting: evidence from selected listed companies in Nigeria. J Account Financ 10:23–48

Vaz N, Fernandez-Feijoo B, Ruiz S (2016) Integrated reporting: an international overview. Bus Ethics Eur Rev 25:577–591

Vitolla F, Raimo N, Rubino M, Garzoni A (2019) The impact of national culture on integrated reporting quality: a stakeholder theory approach. Bus Strateg Environ 28:1558–1571

Vitolla F, Raimo N, Rubino M (2020a) Board characteristics and integrated reporting quality: an agency theory perspective. Corp Soc Responsib Environ Manag 27:1152–1163

Vitolla F, Raimo N, Rubino M, Garzoni A (2020b) The determinants of integrated reporting quality in financial institutions. Corp Gov 20:429–444

Vitolla F, Salvi A, Raimo N, Petruzzella F, Rubino M (2020c) The impact on the cost of equity capital in the effects of integrated reporting quality. Bus Strateg Environ 29:519–529

Wang R, Zhou S, Wang T (2020) Corporate governance, integrated reporting and the use of credibility-enhancing mechanisms on integrated reports. Eur Account Rev 29:631–663
Wöbkenberg P (2020) Wie lange noch bis Zukunft? In: Panschar M, Slopinski A, Berding F, Rebmann K (Hrsg) Zukunftsmodell: Nachhaltiges Wirtschaften. wbv, Bielefeld, S 241–262
World Commission on Environment and Development (1987) Our common future. https://sustainabledevelopment.un.org/content/documents/5987our-common-future.pdf. Zugegriffen: 22. Mai 2024

Prof. Dr. Jörn Littkemann ist Inhaber des Lehrstuhls für Betriebswirtschaftslehre, insb. Unternehmensrechnung und Controlling, FernUniversität in Hagen.

Matthias Pfister M.Sc. ist wissenschaftlicher Mitarbeiter am Lehrstuhl für Betriebswirtschaftslehre, insb. Unternehmensrechnung und Controlling, FernUniversität in Hagen.

Anna Carduck M.Sc. ist Investor Relations Managerin.

ESG-Controlling

3

Robert C. Schmidt

3.1 Einleitung

Environmental, Social und Governance (ESG) ist seit einigen Jahren nicht nur in der wirtschaftswissenschaftlichen Literatur omnipräsent und stellt vor allem in der Finanzwelt einen echten Megatrend dar. Neben der allgemeinen gesellschaftlichen Tendenz zu mehr Nachhaltigkeit lässt sich dies vor allem mit der akuten Relevanz für Unternehmen begründen – denn ESG ist inzwischen nicht nur für die normativen Unternehmensziele und die Unternehmensreputation von Belang, sondern gewinnt auch durch vorhandene oder kommende Publizitätspflichten gegenüber diversen Stakeholdern zunehmend an Bedeutung.

Sowohl internationale (Diligent Institute und SpencerStuart 2023) als auch nationale Studien (KPMG AG Wirtschaftsprüfungsgesellschaft 2023; PricewaterhouseCoopers GmbH, Institut für Management und Innovation 2023) zeigen, dass die meisten Unternehmen das Thema ESG als Chance betrachten und ihnen die Integration von ESG in Reporting, Unternehmensstrategie und Unternehmensentscheidungen wichtig ist. Zugleich zeigen die Studien aber auch, dass es hierfür noch einige Hürden zu nehmen gilt: Vor allem die fehlende oder schwierige Verknüpfung von ESG-Faktoren mit anderen Unternehmenszielen bzw. der Unternehmensstrategie, die mangelnde Datenverfügbarkeit und nicht ausreichende Kapazitäten für ESG-relevante Themen werden als größte Herausforderungen genannt.

R. C. Schmidt (✉)
IU Internationale Hochschule, Erfurt, Deutschland
E-Mail: robert.schmidt@iu.org

S. Weber und J. Hastenteufel (Hrsg.), *Nachhaltigkeit im Controlling*,
https://doi.org/10.1007/978-3-658-45769-3_3

Controlling hat grundsätzlich die Aufgabe bei der Erreichung von Unternehmenszielen zu unterstützen. Dies schließt ESG-Ziele – sofern vom Management als solche definiert – explizit mit ein. ESG-Controlling und damit vor allem die Informationsbereitstellung als auch die Integration von ESG-Kriterien in das Analyse- und Steuerungsinstrumentarium werden daher auch als ein wesentliches Zukunftsthema im Controlling angesehen (Eisl et al. 2023, S. 44).

Was theoretisch logisch und einfach klingt, stellt die Controllingpraxis vor große Herausforderungen. Selbst wenn die ESG-Kriterien eindeutig definiert wären (*was sie nicht sind*) und die Erreichung dieser Kriterien problemlos messbar wäre (*was sie nicht ist*) stellt sich die Frage, wie die ESG-Zielkriterien untereinander und in Bezug zu finanziellen Zielen zu gewichten sind. Damit entsteht das klassische Problem bei mehrdimensionalen Zielkriterien. Zwar lässt sich eine Aussage zur Zielerreichung von einzelnen Kriterien treffen (z. B. Reduktion von Emissionen), aber eine Beurteilung der relativen oder absoluten Vorteilhaftigkeit ist nicht oder nicht ohne Weiteres möglich (ist bspw. die Reduktion von Emissionen oder die Minimierung der dafür notwendigen Investitionen das prioritäre Ziel?). Hierfür fehlt es an einem eindimensionalen Zielkriterium, welches eine eindeutige Bewertung erlauben würde.

Aktuelle Forschungsbeiträge deuten auf einen Zusammenhang zwischen der Erfüllung von ESG-Zielen und dem Wert eines Unternehmens hin. Sofern dieser Zusammenhang messbar und nachvollziehbar wäre, würde damit eine eindimensionale Bewertung von ESG-Maßnahmen anhand der distalen Zielgröße des Unternehmenswerts möglich sein – und somit auch die (mittelbare) Integration von ESG in das Analyse- und Steuerungsinstrumentarium des Unternehmens. Im Folgenden soll gezeigt werden, wie ein solches ESG-Controlling bzw. dessen Instrumentarium ausgestaltet sein könnte. Hierfür werden im ersten Schritt zunächst die Grundlagen zu ESG und die Wirkung von ESG auf den Unternehmenswert gelegt. Aus diesen Überlegungen wird dann im dritten Abschnitt auf formal-analytischer Basis eine Integration von ESG-Wirkungszusammenhängen in das Controllinginstrumentarium vorgenommen und beispielhaft angewendet.

3.2 Grundlagen: ESG und Unternehmensziele

3.2.1 Environmental, Social, Governance

Das Akronym ESG wurde erstmals in einem Bericht der United Nations (The Global Compact 2004) erwähnt und steht für die Faktoren Environmental (Umwelt), Social (Soziales) und Governance (Unternehmensführung). Ziel von ESG ist es, die Beurteilung und Abgrenzung nachhaltiger Unternehmensaktivitäten bzw. Finanzanlagen anhand von festgelegten Faktoren zu ermöglichen. Damit handelt es sich letztlich um ein Faktorenkonzept (Institut der Wirtschaftsprüfer 2021, S. 3 ff.), welches das Triple-Bottom-Line-Konzept im finanzwirtschaftlichen Bereich operationalisiert (Koch et al. 2022, S. 55).

Tab. 3.1 Beispielhaft Übersicht ESG-Kriterien

Environmental (Umwelt)	Social (Soziales)	Governance (Unternehmensführung)
• Klima • Ressourcenknappheit • Wasserverbrauch • Artenvielfalt	• Mitarbeiter • Sicherheit und Gesundheit • Demografischer Wandel • Ernährungssicherheit	• Risiko- und Reputations-management • Aufsichtsstrukturen • Compliance • Korruption

Quelle: Eigene Darstellung in Anlehnung an Haberstock (2019)

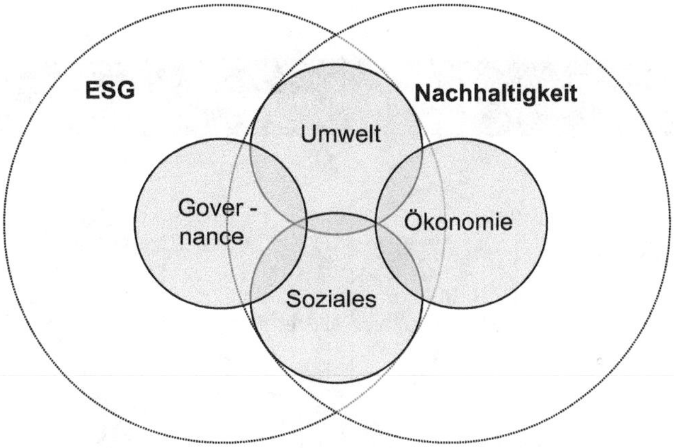

Abb. 3.1 Schnittmenge von ESG und Nachhaltigkeit. (Eigene Darstellung in Anlehnung an Vanini und Sönnichsen 2023, S. 44)

Obschon das Konzept selbst inzwischen als etabliert und als wesentliches Kriterium bei (Finanzmarkt-)Transaktionen gilt, mangelt es immer noch an einem gemeinsamen Verständnis zu der Definition der konkret zu betrachtenden Aspekte (OECD 2022). Üblicherweise umfassen die Faktoren aber die in Tab. 3.1 dargestellten Themenbereiche.

Betrachtet man die dargestellten Themen, so wird deutlich, dass der ESG-Begriff und der Nachhaltigkeitsbegriff eine Schnittmenge besitzen – womit Erkenntnisse aus dem einen Bereich auch für den anderen Bereich gültig sein können. Die nachfolgende Abb. 3.1 verdeutlicht, dass dies insb. für die Themen Umwelt und Soziales der Fall ist.

3.2.2 ESG und Unternehmenswert

Bereits bei der Auswahl der Faktoren (Umwelt, Soziales, Unternehmensführung) fällt auf, dass die ökonomische Perspektive bei ESG nicht betrachtet wird. Umso mehr stellt sich die Frage, welcher Wirkungszusammenhang zwischen ESG und der finanziellen

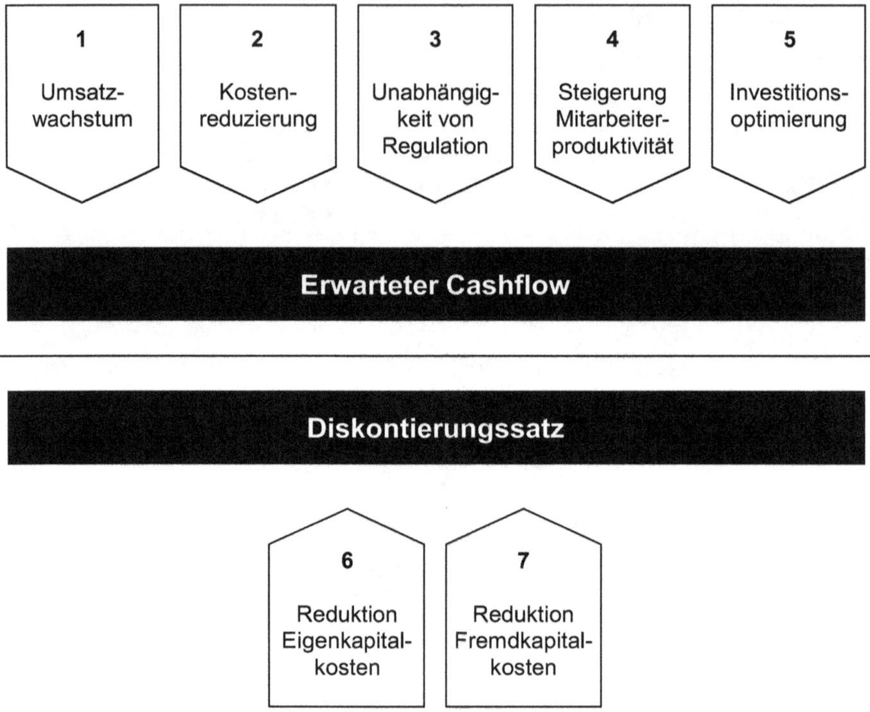

Abb. 3.2 ESG-Wirkung auf das DCF-Modell. (Quelle: Schmidt 2023, S. 123)

Performance von Unternehmen bzw. deren Unternehmenswert existiert. Seit Mitte der 2000er Jahre haben unzählige Studien diesen Zusammenhang untersucht, meist basierend auf der Korrelation zwischen ESG-Rating und Ergebnisgrößen oder Börsenkursen eines Unternehmens (vgl. statt vieler Friede et al. 2015; Whelan et al. 2021). Allerdings kommen die Studien zu keiner eindeutigen Aussage. Manche Erhebungen zeigen keinen Zusammenhang, andere zeigen einen negativen Effekt. Letzterer wird meist damit begründet, dass mit der Erfüllung von ESG-Zielen Kosten bzw. Investitionen einhergehen, die sich (zunächst) negativ auf die finanzielle Performance auswirken.

Die Mehrzahl der Studien identifiziert aber einen positiven Zusammenhang zwischen ESG und finanzieller Performance bzw. Unternehmenswerten (Gillan et al. 2021, S. 10 ff.). Dieser wird gewöhnlich mit dem Discounted-Cashflow-Kalkül (DCF) begründet und argumentiert, dass eine bessere ESG-Performance mit einem höheren Cashflow bzw. mit geringeren Kapitalkosten einhergeht (Cornell und Damodaran 2020; Koczar et al. 2023; Stein 2023). Die entsprechenden Wirkungszusammenhänge von ESG auf den Unternehmenswert zeigt Abb. 3.2.

Die Hebel eins bis fünf wirken direkt auf den erwarteten Cashflow (Koller et al. 2020, S. 117 ff.):

1. **Umsatzwachstum** durch Erschließung neuer Märkte, verbesserte Unternehmensreputation, höhere Zahlungsbereitschaft für nachhaltige Produkte sowie ein besseres Netzwerk in Gesellschaft etc.
2. **Kostenreduzierungen** durch effizienteren Ressourcenverbrauch und Vermeidung von Ressourcenverschwendung.
3. **Unabhängigkeit von regulativer Einflussnahme**, da durch bereits durchgeführte ESG-Maßnahmen das Risiko von Einflussnahmen begrenzt wird.
4. **Steigerung der Mitarbeiterproduktivität**, da mit einer höheren Mitarbeiterzufriedenheit (durch Maßnahmen im Bereich S (Soziales) und G (Unternehmensführung)) eine bessere Produktivität einhergeht.
5. **Optimierung der Investitions- und Anlagestrategie** durch ESG-Fokussierung bei der Kapitalallokation, was durch die nachhaltige und langfristige Perspektive mit höheren Renditen einhergehen sollte. Die Hebel sechs und sieben wirken hingegen auf die Kapitalkosten des Unternehmens:
6. **Reduktion der Eigenkapitalkosten**, da ein besseres ESG-Profil zu einem geringeren systematischen Risiko führen sollte und damit den Betafaktor im Capital Asset Pricing Model (CAPM) reduziert (Gregory et al. 2014). Zudem führen veränderte Investmentpräferenzen dazu, dass Investoren solche Unternehmen mit einem besseren ESG-Rating bevorzugen – womit die Nachfrage steigt und die Eigenkapitalkosten entsprechend sinken sollten (Pástor et al. 2021).
7. **Reduktion der Fremdkapitalkosten,** da ein verbessertes ESG-Profil zu einem besseren Risikoprofil und einer besseren finanziellen Performance führen sollte – was wiederum den Risikoaufschlag bei Fremdkapitalgebern reduziert. Zudem fokussieren auch Fremdkapitalgeber das Thema ESG, womit der Zugang zu Krediten für Unternehmen mit schlechteren ESG-Ratings reduziert und die Fremdkapitalkosten damit erhöht werden (Ratajczak und Mikołajewicz 2021). Zudem enthalten immer mehr Kreditverträge sogenannte ESG-Margin-Ratchets (Sustainability Linked Loan (SLL)) – also eine direkte Reduzierung der Zinskosten bei Erreichung zuvor definierter ESG-Ziele (Kim et al. 2021).

Zusätzlich zu den auf die Unternehmensbewertung wirkenden Hebeln können negative ESG-Nachrichten (z. B. die Veröffentlichung eines ESG-Verstoßes) auch einen deutlichen Effekt auf Börsenkurse und Analystenempfehlungen haben und somit den Unternehmenswert ebenfalls beeinflussen (Derrien et al. 2021).

3.2.3 ESG-Ratings

Spricht man von einer *„Erfüllung der ESG-Ziele"*, *„Durchführung von ESG-Maßnahmen"* oder *„einer guten ESG-Performance"*, so stellt sich die Frage, wie hier eine konkrete (absolute) und vor allem auch eine vergleichbare (relative) Beurteilung vorgenommen werden kann. In Ermangelung einer einheitlichen Definition von ESG-Kriterien wird in der Praxis dafür auf ESG-Ratings von spezialisierten Anbietern zurückgegriffen. Diese beurteilen die ESG-Erfüllung der Unternehmen mittels definierter ESG-Kriterien im Rahmen eines Scorings und machen die ESG-Performance messbar und vergleichbar. Allerdings existieren inzwischen mehr als 600 Ratinganbieter (SustainAbility 2020, S. 6), welche alle eigene Messmethoden, Kriteriengewichtungen, Datenquellen und Vorgehensweisen haben – womit die Bewertungen verschiedener Ratinganbieter sehr unterschiedlich ausfallen und nicht oder nicht ohne Weiteres miteinander verglichen werden können (Berg et al. 2022). Obgleich ESG-Ratings immer wieder kritisiert werden, sind sie das wesentliche Informationsinstrument zur Beurteilung von ESG in Unternehmen geworden. Dies gilt für Investoren bei ihren Investitionsentscheidungen, für Unternehmen und deren interne Entscheidungen aber auch für Wissenschaftler, welche die Ratings als Grundlage zur Untersuchung des Zusammenhangs von ESG und finanzieller Performance, Kapitalkosten etc. eines Unternehmens nutzen (The SustainAbility Institute 2023).

3.3 ESG-Controlling

3.3.1 Status-Quo des ESG-Controllings

Bereits seit den 2000er Jahren ist Nachhaltigkeit bzw. die Integration von Nachhaltigkeitsaspekten ein relevantes Thema für das Controlling. Das Themengebiet wird inzwischen oft als Green-Controlling bezeichnet und wurde um die zusätzlichen Perspektiven Soziales und Unternehmensführung erweitert (Rötzel und Joeris 2023, S. 45). Mittlerweile wurde zwar ein umfangreiches Instrumentarium entwickelt, um die entsprechenden Sachverhalte mit den betriebswirtschaftlichen Auswirkungen und Zielen zu verknüpfen (Umweltaudit, Checklisten, Ökobilanzen, Stoff- und Energiebilanzen etc.), dennoch werden diese in der Unternehmenspraxis meist von spezialisierten Abteilungen (z. B. Nachhaltigkeitsmanagement) und weniger vom Controlling selbst eingesetzt (Internationaler Controller Verein e. V. 2022, S. 18 ff.). Laut einer Studie liegt dies vor allem darin begründet, dass Controller eher die kurzfristig operativen Auswirkungen auf Kennzahlen betrachten und weniger die langfristigen Auswirkungen von Vorhaben auf Reputation, Markenwert etc. Zudem wird es als schwierig erachtet, ESG- bzw. Nachhaltigkeitsinformationen zu erfassen und zu verdichten, da die Kausalketten unklar seien und relevante Daten für eine ökonomische Beurteilung damit fehlen würden. So ist es dann auch wenig verwunderlich, dass einige Controller gar davon ausgehen, dass ESG-Maßnahmen ökonomisch irrelevant seien und letztlich nur Kosten verursachen würden (Petersen et al. 2021, S. 11).

Hier werden die mit ESG verbundenen Schwierigkeiten für das Controlling – verstanden als zielorientierte Koordination auf Planung und Informationsversorgung basierend (Horváth et al. 2024, S. 51) – deutlich. Denn selbst wenn ESG-Kriterien als zu erreichende Unternehmensziele definiert werden sollen, stellt sich die Frage, wie diese Ziele adäquat in das Zielsystem eines Unternehmens integriert werden können. Denkbar ist bspw. eine mehrzielorientierte Ausrichtung (also ökonomische Ziele gleichrangig mit ESG-Zielen) – dann stellt sich jedoch die Frage, wie unterschiedliche Ziele gewichtet werden sollten und wie die Zieldimensionen untereinander vergleichbar wären (insb. Wertziele vs. Sachziele). Ebenfalls denkbar wäre ein ökonomisches Oberziel mit einer Integration von ESG-Zielen als Nebenbedingungen – hier entsteht allerdings ein Zirkelschluss, sofern ESG-Maßnahmen das ökonomische Ziel (z. B. durch Investitionen) und gleichzeitig andere Ziele beeinflussen und dieser Zusammenhang nicht eindeutig quantifizierbar ist. Am Beispiel der Einführung eines Compliancesystems lässt sich dies verdeutlichen: So entstehen für die Implementierung unstrittig Kosten, welche das ökonomische Ziel negativ beeinflussen. Gleichzeitig wird unstrittig ein ESG-Ziel erreicht (Verbesserung der Unternehmensführung), welches aber nicht in der gleichen Dimension gemessen werden kann und höchstens als „Ziel erreicht“ in die Bewertung einfließt. Zudem ist ein Rückschluss vom Compliancesystem auf das Wertziel nicht möglich (Erhöht es den Unternehmenswert/die Rendite?) – eine eindimensionale Kosten-/Nutzenanalyse ist damit nur schwer durchführbar. Aus diesem Grund bleiben oft die Kosten der Maßnahme als einziger Beurteilungsmaßstab übrig.

3.3.2 Konzeption eines unternehmenswertorientierten ESG-Controllings

Die zuvor genannte Problematik vermag ein unternehmenswertorientiertes ESG-Controlling zu lösen, insb. bei Entscheidungs- bzw. Auswahlproblemen bezüglich durchzuführender ESG-Maßnahmen. Denn wie zuvor gezeigt wurde (Abschn. 3.2.2) hat die Durchführung von ESG-Maßnahmen und die damit einhergehende Erreichung von ESG-Zielen einen unmittelbaren oder mittelbaren Effekt auf den Unternehmenswert. Sofern dieser Zusammenhang zumindest ansatzweise messbar wäre, könnte ein ESG-Controlling damit rein auf den Unternehmenswert abstellen – die ESG-Kriterien und deren Erfüllung würden sich mindestens mittelbar auf diese Zielgröße auswirken. Neben der reduzierten Komplexität aufgrund der Einzielorientierung hätte das auch den Vorteil, dass der Input von ESG-Maßnahmen (Kosten/Investitionen) und deren Output (Veränderung des Unternehmenswerts) in der gleichen Dimension vorliegen und damit absolute und relative Vorteilhaftigkeitsbeurteilungen erlauben.

Modellhaft würde der Beitrag einer ESG-Maßnahme zum Unternehmenswert (W^{ESG}) einer ESG-Maßnahme entsprechend berechnet werden können:

$$W^{ESG} = UW^{ESG} - UW = \sum_{t=1}^{T} \frac{EZÜ^{ESG}}{\left(1 + i^{ESG}\right)^{t}} - \sum_{t=1}^{T} \frac{EZÜ}{(1+i)^{t}} \tag{3.1}$$

Die Berechnung folgt dem DCF-Kalkül der Unternehmensbewertung: Der Subtrahend entspricht dabei den mit dem Diskontierungssatz (i) diskontierten Einzahlungsüberschüssen (EZÜ) vor Durchführung der Maßnahme für den Betrachtungszeitraum T. Der Minuend dagegen spiegelt die Einzahlungsüberschüsse nach Durchführung der Maßnahme ($EZÜ^{ESG}$) wider, welche mit dem Diskontierungszinssatz nach Durchführung der ESG-Maßnahme (i^{ESG}) abgezinst werden. Die Differenz der beiden Teile ergibt mithin den Wertbeitrag – positiv oder negativ – der ESG-Maßnahme.

Diese Form der Beurteilung ist für einige ESG-Maßnahmen weder neu noch überraschend: Sofern eine ESG-Aktivität einen absehbaren Einfluss auf die Einzahlungsüberschüsse eines Unternehmens (bspw. die Senkung des Ressourcenverbrauchs und damit einhergehende Implementierungsauszahlungen und Einsparungen aus Ressourcenbezug) und damit auf die ersten fünf Hebel der Abb. 3.2 hat, so wäre der Wertbeitrag stets im Sinne einer Investitionsbetrachtung herleitbar. Spannender jedoch ist die Betrachtung, sofern kein direkter (positiver) Bezug zu Einzahlungsüberschüssen vorhanden ist: So würde die zuvor erwähnte Einführung eines Compliancesystems die Einzahlungsüberschüsse (Implementierungsaufwand) zunächst nur senken – ein positiver Einfluss wäre dagegen nicht oder nicht ohne Weiteres darstellbar. Da die Verbesserung eines Compliancesystems aber zu einem besseren ESG-Rating und damit zu geringeren Kapitalkosten (für das gesamte Unternehmen!) führt (Hebel sechs und sieben der Abb. 3.2), wäre der Unternehmenswert hierdurch folgerichtig positiv beeinflusst und würde steigen. Mithin würden sich auch mittelbare Effekte von ESG-Maßnahmen ableiten lassen und eine unkomplizierte Vorteilhaftigkeitsbetrachtung erlauben.

Der Vorteil des unternehmenswertorientierten ESG-Controllings besteht folglich darin, dass neben den direkten Cashflow-Auswirkungen von ESG-Maßnahmen auch diese Effekte inkludiert werden, die üblicherweise nicht monetär messbar sind. Letztere lassen sich unmittelbar über den Einfluss auf die Kapitalkosten (im Falle von SLLs) oder den mittelbaren Einfluss durch ein besseres Rating ableiten (Abb. 3.3).

Der errechnete Unternehmenswertbeitrag ermöglicht es also, die *absolute Vorteilhaftigkeit* einer ESG-Maßnahme zu bestimmen, und kann damit die Frage beantworten, ob eine einzeln betrachtete ESG-Maßnahme vorteilhaft im Sinne der Unternehmensziele ist oder nicht. Darüber hinaus wird aber auch die Beurteilung der *relativen Vorteilhaftigkeit* ermöglicht. Wenn die Unternehmensführung also bereits entschieden hat, eine ESG-Maßnahme durchzuführen, aber unsicher ist, welche Maßnahme die zielführendste ist, so ermöglicht der errechnete Wertbeitrag die Auswahl der optimalen Maßnahme, welche den Unternehmenswert also größtmöglich steigert. So würde sich die Auswirkung verschiedener ESG-Maßnahmen bspw. in Form einer Matrix darstellen lassen, welche die Höhe der Investition und die Auswirkung auf den Unternehmenswert gegenüberstellt. Vorteilhaft sind dann insb. solche Maßnahmen, die bei einem geringen Implementierungsaufwand eine hohe Steigerung des Unternehmenswerts versprechen.

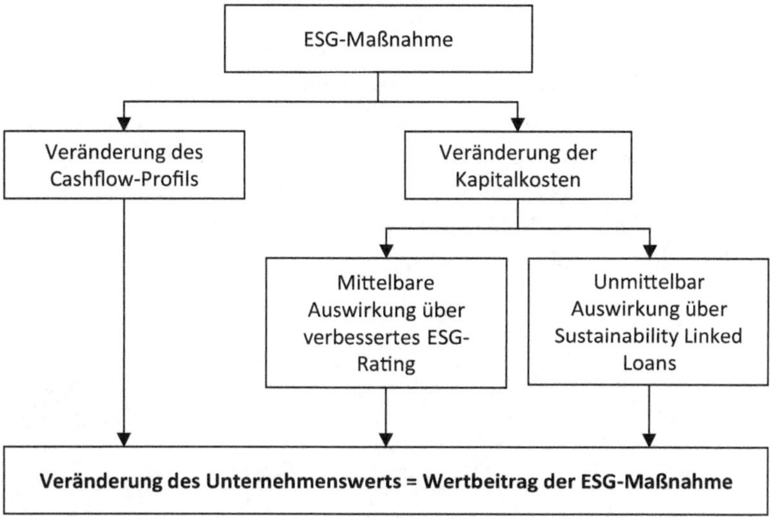

Abb. 3.3 Unternehmenswertorientiertes ESG-Controlling. (Eigene Darstellung)

3.3.3 Illustrative Anwendung

Die bisher rein modellhaften Überlegungen zu einem unternehmenswertorientierten ESG-Controlling sollen im Folgenden einmal beispielhaft angewendet werden. Dafür sei ein Produktionsunternehmen gegeben, mit einem stetigen Free-Cashflow (EZÜ) von 15.000, einem Eigenkapital (EK) von 100.000 sowie einem Fremdkapital (FK) von 50.000[1]. Bei vorhandenen Eigenkapitalkosten (i_{EK}) von 10,0 % und Fremdkapitalkosten (i_{FK}) von 5,0 % errechnen sich somit durchschnittliche, gewichtete Kapitalkosten (i) in Höhe von (gerundet) 8,33 %[2]. Aus den gegebenen Werten lässt sich der Unternehmenswert (UW) nach dem Free-Cashflow-Verfahren folgendermaßen bestimmen (aufgrund der konstanten EZÜ kann die vereinfachte Berechnung einer ewigen Rente genutzt werden):

$$UW = \sum_{t=1}^{T} \frac{EZÜ_t}{(1+i)^t} = \frac{EZÜ}{i} = \frac{15.000}{0{,}0833} = 180.072 \tag{3.2}$$

Nun sei angenommen, dass das Unternehmen im Rahmen einer ESG-Maßnahme seine Produktionsmaschinen umrüsten möchte. Zweck der Maßnahme ist es, die Maschinen

[1] Für die Komplexitätsreduktion der illustrativen Rechnung werden die Werte für FK und EK als fix angenommen, statt diese mit Marktwerten zu bewerten.

[2] Für die Komplexitätsreduktion der illustrativen Rechnung wird das Tax-Shield vernachlässigt.

zukünftig mit umweltverträglicheren Schmiermitteln zu betreiben. Dafür müssen die Maschinen zunächst umgerüstet werden (Umrüstungsaufwand ($EZÜ_0^{ESG}$) einmalig 500), zudem führen der höhere Preis der Schmiermittel und zusätzlich erforderliche Wartungsarbeiten zu jährlichen (stetigen) Auszahlungen von 100. Ein direkter Effekt auf die Einzahlungen ist nicht zu erwarten – denn für die Kunden ändert sich das Endprodukt nicht, womit keine Preiserhöhung gerechtfertigt werden kann.

Der Wertbeitrag der ESG-Maßnahme, unter reiner Betrachtung der Auszahlungseffekte, errechnet sich nun folgendermaßen:

$$UW^{ESG} = EZÜ_0^{ESG} + \sum_{t=1}^{T} \frac{EZÜ_t^{ESG}}{(1+i)^t} = EZÜ_0^{ESG} + \frac{EZÜ^{ESG}}{i} \tag{3.3}$$

$$= -500 + \frac{14.900}{0{,}0833} = 178.372$$

Wenig überraschend führt die reine Betrachtung von Auszahlungen zu einer Verringerung des Unternehmenswerts und damit einem negativen Wertbeitrag der Maßnahme in Höhe von 1.700 ($UW^{ESG} - UW$). Diese typische Betrachtung ist letztlich auch der Grund, warum oft von einem reinen Kosteneffekt von ESG-Maßnahmen gesprochen wird (Abschn. 3.3.1).

Nun wird die Betrachtung um die Auswirkungen auf die Kapitalkosten erweitert. So sei angenommen, dass das Fremdkapital im Rahmen eines SLL (Abschn. 3.2.2) aufgenommen wurde und die Verbesserung der ESG-Performance durch die Maßnahme über den mittelbaren Weg eines ESG-Ratings oder den unmittelbaren Weg der Zieldefinition im Kreditvertrag honoriert wird. Die Fremdkapitalkosten für das Unternehmen würden entsprechend sinken – hier sei unterstellt, dass die Fremdkapitalkosten um 5 Basispunkte verringert werden (damit $i_{FK}^{ESG} = 0{,}0495$). Zusätzlich sollte ein besseres ESG-Profil auch zu geringeren Eigenkapitalkosten führen – illustrativ sei angenommen, dass diese um 10 Basispunkte sinken, womit die Eigenkapitalkosten nach der ESG-Maßnahme (i_{EK}^{ESG}) 9,9 % betragen. Bei der vereinfachenden Annahme einer konstanten Kapitalstruktur würden sich somit geringere Kapitalkosten errechnen[3]:

$$\begin{aligned} i^{ESG} = WACC^{ESG} &= i_{EK}^{ESG} \cdot \frac{EK}{EK+FK} + i_{FK}^{ESG} \cdot \frac{FK}{EK+FK} \\ &= 0{,}0990 \cdot \frac{100.000}{150.000} + 0{,}0495 \cdot \frac{50.000}{150.000} = 0{,}0825 \end{aligned} \tag{3.4}$$

Mit diesen reduzierten Kapitalkosten nach der ESG-Maßnahme (i^{ESG}) lässt sich der Unternehmenswert nach der ESG-Maßnahme (Gl. 3.3) nun um die indirekten Effekte der Maßnahme erweitern:

[3] Wiederum wurde das Tax-Shield aus Vereinfachungsgründen vernachlässigt.

$$UW^{ESG} = EZÜ_0^{ESG} + \sum_{t=1}^{T} \frac{EZÜ_t^{ESG}}{\left(1 + i^{ESG}\right)^t} = EZÜ_0^{ESG} + \frac{EZÜ^{ESG}}{i^{ESG}} \tag{3.5}$$

$$= -500 + \frac{14.900}{0{,}0825} = 180.106$$

Aufgrund der positiven Effekte der ESG-Maßnahme auf die Kapitalkosten zeigt sich insgesamt auch ein positiver Effekt auf den Unternehmenswert: Die Maßnahme hat für sich betrachtet also einen positiven Wertbeitrag ($UW^{ESG} - UW$) in Höhe von 34 und ist damit absolut vorteilhaft. Soll nicht nur eine Maßnahme betrachtet, sondern mehrere ESG-Maßnahmen miteinander verglichen werden (relative Vorteilhaftigkeit), so könnten mit dem gezeigten Vorgehen jeweils die Wertbeiträge der Maßnahmen berechnet und miteinander verglichen werden – vorteilhaft ist dann entsprechend diejenige Maßnahme mit dem höchsten Wertbeitrag.

3.4 Fazit und kritische Würdigung

Das unternehmenswertorientierte ESG-Controlling ist ein (zunächst) konzeptioneller Ansatz, um ESG-Maßnahmen mittels ihrer Auswirkungen auf den Unternehmenswert bewerten zu können. Durch dieses Konzept ist die sonst schwierige Monetarisierung des Outputs dieser Maßnahmen möglich, was eine einfache Integration in das Steuerungsinstrumentarium ermöglicht und die Beurteilung von absoluter und relativer Vorteilhaftigkeit von ESG-Maßnahmen erlaubt. Während der Ansatz bei Maßnahmen mit direkten (positiven) Cashflowauswirkungen oder bei Auswirkungen auf eine SLL-Verzinsung direkt umsetzbar wäre, besteht es für die Operationalisierung bei einer mittelbaren Ableitung aus ESG-Ratings allerdings noch weiterer Forschungsbedarf. Hierfür müsste der direkte und quantifizierte Zusammenhang von Ratingveränderungen auf die Höhe der Kapitalkosten bekannt sein. Doch auch hier würde sich eine Vereinfachung nutzen lassen: Üblicherweise sind ESG-Ratings des eigenen Unternehmens bekannt (oder es könnte ein eigenes ESG-Rating als Entscheidungsbasis zugrunde gelegt werden). Würde man nun eine Annahme bzgl. des Zusammenhangs treffen (bspw. Veränderung um 3 Punkte im Rating = Veränderung von 0,5 %-Punkte bei den Kapitalkosten), so würde man bereits durch diesen bestehenden Bewertungsmechanismus eine Objektivierung von Entscheidungen sowie eine Vorteilhaftigkeitsbewertung ermöglichen.

Der Ansatz besitzt allerdings auch einige Schwächen, denen sich der Anwender stets bewusst sein muss. So ist der Ansatz finanzmathematisch recht komplex, was die Kommunikation in der Unternehmenspraxis durchaus erschweren könnte. Zudem basiert er auf vielen Annahmen (Prognose der ESG-relevanten Veränderungen der Einzahlungsüberschüsse, Zusammenhang von ESG und Unternehmenswert, ceteris paribus Betrachtung der Unternehmensbewertung etc.), welche den Aussagegehalt deutlich beeinträchtigen können. Am schwersten wiegt jedoch die Aussagekraft des Wirkungszusammenhangs von ESG und Kapitalkosten. Zwar ermöglicht er die Quantifizierung der ESG-Auswirkungen – er trifft selbst aber eine rein kapitalmarktorientierte Aussage und damit keine Aussage zur Güte der Auswirkungen in Bezug auf ökologische oder soziale Aspekte. So mag bspw. ein eingeführtes Compliancesystem vom Kapitalmarkt mit geringeren Kapitalkosten honoriert werden – ob es aber tatsächlich zu einer besseren Unternehmensführung (oder -performance) führt, kann nicht abschließend beurteilt werden.

Trotz der genannten Kritik steht mit dem Ansatz aber erstmals ein praktikables Instrumentarium zur Verfügung, um ESG-Aspekte adäquat sowohl in das Zielsystem als auch das Analyse- und Steuerungsinstrumentarium eines Unternehmens zu integrieren.

Literatur

Berg F, Kölbel JF, Rigobon R (2022) Aggregate confusion: the divergence of ESG ratings. Rev Financ 26:1315–1344

Cornell B, Damodaran A (2020) Valuing ESG: doing good or sounding good? SSRN Electron J. https://doi.org/10.2139/ssrn.3557432

Derrien F, Krueger P, Landier A, Yao T (2021) How do ESG incidents affect firm value? SSRN Electron J. https://doi.org/10.2139/ssrn.3903274

Diligent Institute, SpencerStuart (2023) Sustainability in the spotlight: has ESG lost momentum in the boardroom? https://www.diligentinstitute.com/wp-content/uploads/2023/09/2023-Sustainability-in-the-Spotlight-Report.pdf. Zugegriffen: 22. Mai 2024

Eisl C, Rockenschaub T, Mitterlehner D (2023) Die Top-Zukunftsthemen des Controllings. Control Manage Rev 67:42–47

Friede G, Busch T, Bassen A (2015) ESG and financial performance: aggregated evidence from more than 2000 empirical studies. J Sustain Finance Invest 5:210–233

Gillan SL, Koch A, Starks LT (2021) Firms and social responsibility: a review of ESG and CSR research in corporate finance. J Corp Finan 66:101889

Gregory A, Tharyan R, Whittaker J (2014) Corporate social responsibility and firm value: disaggregating the effects on cash flow, risk and growth. J Bus Ethics 124:633–657

Haberstock P (2019) ESG-Kriterien. https://wirtschaftslexikon.gabler.de/definition/esg-kriterien-120056/version-369280. Zugegriffen: 22. Mai 2024

Horváth P, Gleich R, Seiter M (2024) Controlling, 15. Aufl. Vahlen Verlag, München

Institut der Wirtschaftsprüfer (2021) Fragen und Antworten zur Berücksichtigung von ESG-bezogenen Aspekten in IFRS Abschlüssen. https://www.idw.de/IDW/Medien/Arbeitshilfen-oeffentlich/Support-Dokumente-oeffentlich/IDW-ESG-IFRS.pdf. Zugegriffen: 22. Mai 2024

Internationaler Controller Verein e. V. (2022) Green Controlling Studie 2022. https://www.icv-controlling.com/fileadmin/Verein/VereinOnline/2022_ICV_Studienbericht_Green_Controlling_2022.pdf. Zugegriffen: 22. Mai 2024

Kim S, Kumar N, Lee J, Oh J (2021) ESG lending. SSRN Electron J. https://doi.org/10.2139/ssrn.3865147

Koch R, Kleiner M, Erchinger R (2022) Anwendung von ESG-Kennzahlen im DAX 30. Controlling 34:55–61

Koczar J, Zakhmatov D, Vagizova V (2023) Tools for considering ESG factors in business valuation. Procedia Comp Sci 225:4245–4253

Koller T, Goedhart M, Wessels D (2020) Valuation: measuring and managing the value of companies, 7. Aufl. Wiley, Hoboken

KPMG AG Wirtschaftsprüfungsgesellschaft (2023) Nachhaltig steuern. Studie zum ESG Management & Steering 2023. https://hub.kpmg.de/hubfs/Nachhaltig-steuern_Studie_ESG-Management-Steering_2023.pdf. Zugegriffen: 22. Mai 2024

OECD (2022) Policy guidance on market practices to strengthen ESG investing and finance a climate transition. OECD Publishing, Paris. https://www.oecd-ilibrary.org/finance-and-investment/policy-guidance-on-market-practices-to-strengthen-esg-investing-and-finance-a-climate-transition_2c5b535c-en. Zugegriffen: 22. Mai 2024

Pástor Ľ, Stambaugh RF, Taylor LA (2021) Sustainable investing in equilibrium. J Financ Econ 142:550–571

Petersen H, Lühn M, Nuzum A-K, Schaltegger S, Wenzig J (2021) Controller als Partner im Nachhaltigkeits-Management. Control Manage Rev 65:8–15

PricewaterhouseCoopers GmbH, Institut für Management und Innovation (2023) ESG-Strategie und -Berichterstattung. Status und Umsetzung im deutschen Mittelstand. https://www.pwc.de/de/content/757dbf44-9be5-44b8-b6ae-39d430c83c53/pwc-studie-esg-im-mittelstand.pdf. Zugegriffen: 22. Mai 2024

Ratajczak P, Mikołajewicz G (2021) The impact of environmental, social and corporate governance responsibility on the cost of short- and long-term debt. Econ Bus Rev 7:74–96

Rötzel PG, Joeris S (2023) Trends im Nachhaltigkeitscontrolling. Controlling 35:44–52

Schmidt RC (2023) ESG in der Unternehmensbewertung. In: Behringer S, Follert F (Hrsg) Unternehmensbewertung und ökonomische Analyse. Springer Fachmedien, Wiesbaden, S 115–132

Stein P (2023) Auswirkungen von ESG-Maßnahmen auf Verfahren der Unternehmensbewertung – Herausforderungen bei der Berücksichtigung von ESG-Effekten und praktische Lösungsansätze. Der Betrieb 70:2833–2838

SustainAbility (2020) Rate the raters 2020: investor survey and interview results. https://www.sustainability.com/globalassets/sustainability.com/thinking/pdfs/sustainability-ratetheraters2020-report.pdf. Zugegriffen: 22. Mai 2024

The Global Compact (2004) Who cares wins. Connecting financial markets to a changing world. Recommendations by the financial industry to better integrate environmental, social and governance issues in analysis, asset management and securities brokerage. https://documents1.worldbank.org/curated/en/280911488968799581/pdf/113237-WP-WhoCaresWins-2004.pdf. Zugegriffen: 22. Mai 2024

The SustainAbility Institute (2023) Rate the raters 2023: ESG ratings at a crossroads. https://www.sustainability.com/globalassets/sustainability.com/thinking/pdfs/2023/rate-the-raters-report-april-2023.pdf. Zugegriffen: 22. Mai 2024

Vanini U, Sönnichsen J (2023) Klimarisiken – Begriff, Abgrenzung und Integration in das Risikomanagement. In RMA Risk Management & Rating Association e.V. (Hrsg), Erich Schmidt Verlag, Berlin, S 37–51

Whelan T, Atz U, Van Holt T, Clarc C (2021) ESG and financial performance. Uncovering the relationship between ESG and financial performance through meta-analysis of 1,000+ studies. NYU Stern Center for Sustainable Business; Rockefeller Asset Management. https://www.stern.nyu.edu/sites/default/files/assets/documents/ESG%20Paper%20Aug%202021.pdf. Zugegriffen: 22. Mai 2024

Prof. Dr. Robert C. Schmidt ist Professor für allgemeine Betriebswirtschaftslehre, insb. Management & Finance an der IU Internationale Hochschule, Erfurt, sowie Industriepartner der Deutsche Beteiligungs AG, Frankfurt, Deutschland.

ESG-Engagement durch aktive Eigentümerschaft – Case Study zu Daten und Erfolgsfaktoren

4

Timo Heroth, Florian Follert, Nadine Berchtold und Stefan Behringer

4.1 Vorbemerkungen

Dieser Beitrag ist das Ergebnis eines Forschungsprojekts des Instituts für Finanzdienstleistungen Zug IFZ an der Hochschule Luzern in Zusammenarbeit mit der Professur für Betriebswirtschaftslehre, insb. betriebswirtschaftliche Entscheidungslehre, an der Privatuniversität Schloss Seeburg. Das Projekt „Sustainability Data Analysis Using Unstructured Data and NLP" wurde zusammen mit dem Projektpartner EUROFIMA und dem ESG-Insight Provider Equintel GmbH durchgeführt, um den ESG-Engagementprozess und die Datenanforderungen von Investoren im Hinblick auf die auch für den Kapitalmarkt bedeutsame Nachhaltigkeitsthematik zu untersuchen (vgl. etwa Rothermel und Follert 2022). Die Schweizer Forschungsförderungsgesellschaft Innosuisse hat das Projekt finanziert. Die Case-Study basiert auf Interviews, die mit der EUROFIMA geführt wurden unter Einbezug weiterer Publikationen der Organisation (siehe EUROFIMA 2021, EUROFIMA 2022).

T. Heroth (✉) · N. Berchtold · S. Behringer
Hochschule Luzern, Institut für Finanzdienstleistungen Zug IFZ, Rotkreuz, Schweiz
E-Mail: timo.heroth@hslu.ch

N. Berchtold
E-Mail: nadine.berchtold@hslu.ch

S. Behringer
E-Mail: stefan.behringer@hslu.ch

F. Follert
Privatuniversität Schloss Seeburg, Seekirchen am Wallersee, Österreich
E-Mail: Florian.Follert@uni-seeburg.at

S. Weber und J. Hastenteufel (Hrsg.), *Nachhaltigkeit im Controlling*,
https://doi.org/10.1007/978-3-658-45769-3_4

4.2 Von Nachhaltigkeitsdaten zu ESG-Engagements

Engagementprozesse in Bezug auf Umwelt, Soziales und Governance (ESG) sind ein Prinzip des Swiss Stewardship Code, der sich neben grundlegenden Prinzipien der Governance – bspw. hinsichtlich kollektiver Entscheidungsfindung und Aufsichtsfunktionen – auf einen Dialog zwischen einer aktiven Eigentümerschaft, d. h. dem Investor, und seinen Investitionsobjekten bezieht. Die Intention ist es dabei, gesellschaftliche Nachhaltigkeitsziele zu fördern (Brunner und Fäh 2023). Die daraus abgeleiteten Ziele auf Unternehmensebene werden Gegenstand des Dialogs zwischen Eigentümer und Unternehmensleitung und in der Folge hinsichtlich ihrer Messbarkeit und Nachvollziehbarkeit auch für das Controlling ein Teil des operativen Geschäfts. Das Controlling hat in seiner Rolle als Rationalitätssicherung der Führung (Weber und Schäffer 1999) eine herausgehobene Position in der Erstellung von Entscheidungsgrundlagen für die Unternehmensführung. Damit verbunden ist die Erkenntnis, dass nur, wenn Controlling sich mit Nachhaltigkeit befasst, tatsächlich Nachhaltigkeit Teil der Unternehmenstätigkeit wird.

Die praktische Umsetzung von Engagementprozessen steht vor mehreren zentralen Herausforderungen: Zunächst gilt es, den komplexen Nachhaltigkeitsbegriff (von Carlowitz 1713; Brundtland 1987; Gleißner et al. 2021) entsprechend den relevanten Themen auf das im Fokus stehende Unternehmen anzuwenden. Überdies geht es um die Berücksichtigung der Risiken und Chancen, die aufgrund der Exponiertheit eines Unternehmens gegenüber bestimmten Nachhaltigkeitsthemen existieren. Die Qualität der Entscheidungen ist wiederum in vielen Fällen von den verfügbaren Informationen und der Nutzbarkeit der zugrunde liegenden Daten abhängig. Das Controlling von Unternehmen ist dabei gefordert, vor allen Dingen finanziell wesentliche Nachhaltigkeitsthemen bezüglich vorhandener und zu entwickelnder Kennzahlen (KPIs) zu analysieren und intern, oftmals im Zusammenspiel mit anderen Abteilungen wie einer Nachhaltigkeitsabteilung, zu verifizieren.

Rahmenwerke wie die Materialitätsmatrix des Sustainability Accounting Standards Board (SASB) oder Materialitätsbewertungen auf der Grundlage der Standards der Global Reporting Initiative (GRI) helfen zu erörtern, welche ESG-Themen für ein spezifisches Unternehmen wesentlich sind. Sie bieten eine übergreifende Struktur zur Bewertung der Relevanz eines ESG-Themas für eine bestimmte Industrie oder einen Sektor (Bauer et al. 2023; Mercereau et al. 2022).

In der Literatur wurde die Wirksamkeit des Nachhaltigkeitsengagements auf der Grundlage der Teilnahme von Unternehmen am Global Compact-Programm der Vereinten Nationen (UNGC) und zusätzlicher Risikokennzahlen wie dem RepRisk ESG Issue Monitoring untersucht (Li und Wu 2020). Andere Veröffentlichungen konzentrierten sich auf ESG-Ratings wie Refinitiv Asset 4 (Barko et al. 2022; Mercereau et al. 2022; Semenova 2023) oder MSCI als Bewertungskriterium für Nachhaltigkeitsrisiken (Bauer et al. 2023).

Im Gegensatz zur Einschätzung des Kreditrisikos eines Unternehmens auf Basis von Ratings handelt es sich bei Nachhaltigkeitsratings um unaufgeforderte, sogenannte Unsolicited Ratings (Schäfer 2005). Diese Bewertungen verfolgen das Ziel, die bestehende Informationsasymmetrie im Hinblick auf die Nachhaltigkeitsperformance zu reduzieren und werden daher i.S. eines Screenings von der Investorenseite und nicht vonseiten des Unternehmens in Auftrag gegeben (Schiemann und Sakhel 2018; Drempetic et al. 2020). Insofern zielen Nachhaltigkeitsratings darauf ab, Investoren im Hinblick auf die Bewertung der Nachhaltigkeitsperformance und der durch die entsprechende Ausrichtung des Unternehmens erwachsenden Risiken und Chancen adäquat zu informieren, um Investitionsentscheidungen vorzubereiten. Es ist zu betonen, dass ein entsprechendes Rating der Nachhaltigkeit keine rein objektive Einschätzung vornehmen kann. Unterschiedliche ESG-Ratings kommen je nach Anbieter, Datenauswahl, Methoden und den gewählten Schwerpunkten der Bewertung zu unterschiedlichen Ergebnissen (Berg et al. 2019). Dies ist im Kapitalmarktkontext tendenziell ungewöhnlich, da im Gegensatz zu der Divergenz von Nachhaltigkeitsratings, Kreditratings von verschiedenen Anbietern zu sehr ähnlichen Aussagen gelangen (Kim et al. 2013). Die Heterogenität ist dabei Ausdruck der besonderen Dynamik, die diese noch immer junge Thematik bestimmt. Es existiert bislang eine Vielzahl unterschiedlicher Ansätze zur Nachhaltigkeitsbewertung (Gawenko et al. 2020) und -berichterstattung (Binz et al. 2024).

Ziel der vorliegenden Analyse ist es, auf induktivem Wege Faktoren herauszuarbeiten, die die Effektivität eines ESG-Engagementprozesses bestimmen, um hieraus Erkenntnisse hinsichtlich der Portfoliosteuerung eines Investors mit hoher Präferenz für nachhaltige Investments zu generieren. Bevor der Beitrag sich anhand einer Fallstudie näher mit einem bestehenden Engagementprozess befasst, wird im folgenden Kapitel der Hintergrund des ESG-Engagements von aktiven Eigentümern dargestellt.

4.3 Aktive Eigentümerschaft mit ESG-Fokus

Die Präferenz eines (institutionellen) Investors für Investitionsobjekte mit guter Nachhaltigkeitsperformance lässt die Frage aufkommen, wie man nachhaltigen Zielvorstellungen im Rahmen von Einflussmöglichkeiten Ausdruck verleihen kann.

Neubaum und Zahra (2006) untersuchten die Auswirkungen aktiver Eigentümerschaft, indem sie sich auf relevante Merkmale des Engagements von institutionellen Investoren konzentrierten. Ein Hauptmerkmal ihrer Analyse ist die Art und Weise, wie institutionelle Investoren auf ein Unternehmen einwirken können. Aktive Eigentümerschaft wird in diesem Kontext definiert als „proaktive Maßnahmen und Taktiken, die von institutionellen Eigentümern ergriffen werden, um die Entscheidungsprioritäten und -prozesse von Managern zu beeinflussen“ (David et al. 2001; Neubaum und Zahra 2006,

S. 110).[1] Engagement stellt ein Mittel dar, um spezifische Forderungen zu kommunizieren und Unternehmensverantwortliche dazu zu bringen, stärker auf die in sie gesetzten Erwartungen einzugehen. Dies dürfte zudem im Interesse der Entscheidungsträger sein, hängt doch der Erfolg eines Unternehmens u. a. von der organisatorischen Legitimität ab, die durch die Akzeptanz und die Erwartungen der Stakeholder – bspw. Fremdkapitalgeber, Kunden, Lieferanten, Mitarbeiter, Staat – des Unternehmens geprägt ist (Meyer und Rowan 1977; Suchman 1995).

Die Notwendigkeit, die verschiedenen Stakeholder im Prozess der Identifikation und Bewertung von Nachhaltigkeitsaspekten zu berücksichtigen, wird in der Literatur betont (vgl. Silva et al. 2019). Die Berücksichtigung der Bedürfnisse von Vertragspartnern und unter Umständen auch anderen Interessengruppen muss keinesfalls im Widerspruch zur Steuerung des Unternehmens entsprechend der Zielfunktion der Eigentümer stehen, sondern ist dem langfristigen Gewinnstreben zuträglich und damit Kernmerkmal einer Marktwirtschaft (von Mises 1998 [1949], S. 272; Follert et al. 2023a, b). Zudem ist eine Integration nichtfinanzieller Zielsetzungen – Klingelhöfer (2006) zeigt dies am Beispiel des Umweltschutzes als Ausprägung der ökologischen Dimension – in die eigentümerorientierten Entscheidungsparameter möglich. Mit Blick auf das hier diskutierte Thema kann zudem aufseiten vieler Eigenkapitalinvestoren ohnehin eine wachsende Präferenz für nachhaltiges Wirtschaften in den entsprechenden Investitionsobjekten identifiziert werden, was sich in niedrigeren Kapitalkosten manifestiert (Pellegrini et al. 2019; Ernst und Woithe 2024). Um ihren Zielen Ausdruck zu verleihen, engagieren sich die jeweiligen Investoren aktiv in den Portfoliounternehmen und versuchen, Einfluss auf strategische Managemententscheidungen zu nehmen. Nachhaltigkeit in Form der entsprechenden Dimensionen ist somit zu einer entscheidenden Komponente der Risikobewertung auf den Finanzmärkten geworden (Bolton und Kacperczyk 2021). Der regulatorische Rahmen der Berichterstattung wird zunehmend enger (vgl. etwa die Richtlinie (EU) 2022/2464). Für kapitalsuchende Unternehmen erscheint es nützlich, sich mit der Identifikation und Bewertung ihrer Nachhaltigkeitsleistung auseinanderzusetzen. Es gilt, die entsprechenden Nachhaltigkeitsinformationen inklusive der Chancen und Risiken adäquat zu präsentieren, um so eine positive Wirkung auf die Reduzierung der entsprechenden Informationsasymmetrie (Schiemann und Sakhel 2018; Zhou et al. 2018; Velte et al. 2020) und daraus folgend der Risikoprämien zu erzielen (Dhaliwal et al. 2011; Busch und Lewandowski 2018; Ernst und Woithe 2024).

Hoepner et al. (2024) haben gezeigt, dass aktive Eigentümerschaft die Risiken von Vermögenswerten vor allem bei ökologischen Herausforderungen eines Unternehmens,

[1] Dieser Beitrag fokussiert sich auf den Einfluss einer aktiven Eigentümerschaft und von institutionellen Investments im Rahmen des ESG-Engagementprozesses und grenzt sich folglich ab von dem Begriff und der Analyse aktivistischer Investoren (Gilson und Gordon 2013; DesJardine 2019).

wie durch den Klimawandel hervorgerufenen Risiken, effektiv verringert (Hoepner et al. 2024). Darüber hinaus ist eine höhere Responsivität von Unternehmen auf einen Engagementprozess auch bei Themen wie öffentlicher Gesundheit, Arbeitsnormen, Anpassung der Berichtsstandards und bei Corporate Governance-Fragen zu beobachten (Barko et al. 2022).

Das Wissen über konkrete Merkmale und Prozesse des ESG-Engagements ist bisher nur rudimentär vorhanden. Die vorliegende Fallstudie soll Unternehmen, Eigentümern und Stakeholdern die Möglichkeit bieten, Schwerpunktbereiche, Prozessschritte, Methodiken und Daten eines ESG-Engagementprozesses kennen und verstehen zu lernen. Dies erhöht die Transparenz und liefert praktische Ansatzpunkte, um das komplexe Thema des Einwirkens auf unternehmerische Nachhaltigkeit besser erfassen und umsetzen zu können.

4.4 Case-Study: ESG-Engagement der EUROFIMA

Die EUROFIMA wurde am 20. November 1956 auf der Grundlage eines internationalen Vertrages zwischen 14 souveränen Staaten gegründet. Heute sind 25 Mitgliedsstaaten und 26 Aktionäre an ihr beteiligt. Die EUROFIMA hat den gemeinnützigen Auftrag, die Entwicklung des öffentlichen Schienenpersonenverkehrs in Europa zu fördern und die Eisenbahnunternehmen, die ihre Anteilseigner sind, bei der Erneuerung und Modernisierung ihrer Infrastruktur zu unterstützen. Die EUROFIMA verfügt über zwei Geschäftsbereiche: die Finanzierung von Eisenbahnen durch Kreditvergabe, die das Kerngeschäft darstellt, und die Rolle eines Eigentümers von Vermögenswerten. Die Eisenbahnunternehmen sind die Gesellschafter der EUROFIMA. Dies bedingt eine Verwaltung der Vermögenswerte im Interesse der Eigentümerschaft. Übergeordnetes Ziel der Investments ist die Erneuerung und Modernisierung der Bahninfrastruktur.

4.4.1 Formen des ESG-Engagements

Grundsätzlich lässt sich zwischen einem aktiven, individuellen und einem plattformbasierten Engagement unterscheiden. Individuelles Engagement ist der bevorzugte Ansatz der EUROFIMA, wenngleich er aufgrund der persönlichen Gespräche aus Effizienzgesichtspunkten ressourcenintensiver ist. Dem steht jedoch der Nutzen eines bilateralen Dialogs mit dem Investitionsempfänger zur Erörterung von Fragen mithilfe einer flexiblen Auswahl verschiedener Kommunikationskanäle, wie Treffen und Kommunikation auf persönlicher Ebene, gegenüber. Plattformbasierte Engagements durch organisierte Interessengruppen haben eine größere Einflusskraft, um z. B. eine Gruppe von Unternehmen und eine Gruppe von Investoren in einen Dialog zu bringen. Es fehlt jedoch an direkten persönlichen Interaktionen und erfordert die Orchestrierung von Erwartungen und Forderungen auf der Investorenseite (EUROFIMA 2021, EUROFIMA 2022).

4.4.2 Beurteilung von ESG-Risiken

Das Risikomanagement der Vermögenswerte der EUROFIMA berücksichtigt folgende Risikokategorien:

- Kreditrisiko
- Zinsänderungsrisiko
- Marktrisiko
- ESG-Risiko

In den Jahren 2019 und 2020 wurden bei der EUROFIMA Diskussionen zur Verbesserung des Managements der wesentlichen ESG-Risiken initiiert. Im Jahr 2021 unterzeichnete die EUROFIMA die Grundsätze der Vereinten Nationen für verantwortungsbewusste Investments (UNPRI). Diese spiegeln das Verständnis von ESG-Risiken wieder und können Investoren im Rahmen einer nachhaltigen Anlagestrategie unterstützen. Resultat war die Integration eines aus drei Säulen bestehenden ESG-Rahmens in ihren Anlageprozess (siehe Abb. 4.1).

Säule 1 beschreibt ein normorientiertes Screening von Unternehmen, in die investiert wird, in Bezug auf ESG-Standards und die Einhaltung der Grundsätze des Global Compact der Vereinten Nationen (UNGC). Das ESG-Risikoscreening wird von einer Ratingagentur unterstützt, die die Einhaltung der zehn in Tab. 4.1 aufgeführten UNGC-Prinzipien bewertet.

Ein Verstoß gegen einen oder mehrere UNGC-Grundsätze durch das potenzielle Investitionsobjekt führt zu einem Engagementprozess. Unternehmen, die die UNGC-Grundsätze nicht einhalten, was bedeutet, dass sie für längere Zeit auf der Beobachtungsliste stehen oder mit UNGC-Problemen gekennzeichnet sind, werden unter Umständen aus der Menge möglicher Anlageobjekte entfernt. Zusätzlich zu den von der beauftragten Ratingagentur bereitgestellten Informationen werden weitere Dokumente wie Nachrichten, Unternehmensberichte, Pressemitteilungen oder sonstige Publikationen Dritter manuell berücksichtigt.

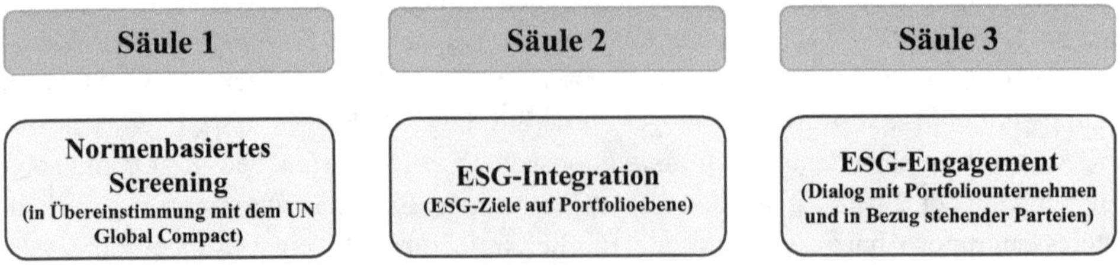

Abb. 4.1 ESG-Rahmen und Prozessschritte bei Investitionsentscheidungen mithilfe der drei Hauptsäulen. (Eigene Darstellung in Anlehnung an EUROFIMA 2021)

Tab. 4.1 Die zehn Prinzipien des Global Compact der Vereinten Nationen

Menschenrechte	***Prinzip 1***	Unternehmen sollen den Schutz der internationalen Menschenrechte unterstützen und achten
	Prinzip 2	Unternehmen sollen sicherstellen, dass sie sich nicht an Menschenrechtsverletzungen mitschuldig machen
Arbeitsnormen	***Prinzip 3***	Unternehmen sollen die Vereinigungsfreiheit und die wirksame Anerkennung des Rechts auf Kollektivverhandlungen wahren
	Prinzip 4	Unternehmen sollen für die Beseitigung aller Formen von Zwangsarbeit eintreten
	Prinzip 5	Unternehmen sollen für die Abschaffung von Kinderarbeit eintreten
	Prinzip 6	Unternehmen sollen für die Beseitigung von Diskriminierung bei Anstellung und Erwerbstätigkeit eintreten
Umweltschutz	***Prinzip 7***	Unternehmen sollen im Umgang mit Umweltproblemen dem Vorsorgeprinzip folgen
	Prinzip 8	Unternehmen sollen Initiativen ergreifen, um größeres Umweltbewusstsein zu fördern
	Prinzip 9	Unternehmen sollen die Entwicklung und Verbreitung umweltfreundlicher Technologien beschleunigen
Korruptionsbekämpfung	***Prinzip 10***	Unternehmen sollen gegen alle Arten der Korruption eintreten, einschließlich Erpressung und Bestechung

Quelle: Eigene Darstellung in Anlehnung an (UNGC o. D.)

Die zweite Säule umfasst eine ESG-Risiko- und Wesentlichkeitsbewertung auf Portfolioebene. Wesentlichkeit bedeutet in diesem Kontext, dass ein Ereignis, eine Information oder ein Faktor als relevant für die Entscheidungsfindung angesehen wird. Es bezieht sich damit einerseits auf die Beurteilung der finanziellen Wesentlichkeit sowie des Einflusses eines Themas auf Natur und Gesellschaft. Unter dem Stichwort der doppelten Materialität werden die unterschiedlichen Nachhaltigkeitsthemen im Detail analysiert (Jebe 2019; Saad und Strauss 2020; SASB 2022; EFRAG 2023). Relevante Datenpunkte stammen von ESG-Ratinganbietern. Beim Einbezug relevanter Daten zielt die EUROFIMA darauf ab, die Informationen auf der Grundlage eines internen Bewertungsprozesses zu erfassen und zu bewerten. In diesem Prozess spielen neben den Daten von Datenprovidern, externe Datenanalysen und zusätzliche manuelle Recherchen eine entscheidende Rolle, um weitere vermögensbezogene ESG-Informationen zu sammeln. Falls ein Unternehmen bspw. in Säule 1 den UNGC einhält, in Säule 2 aber ein hohes ESG-Risiko aufweist, beginnt der ESG-Engagementprozess. Säule 3 beinhaltet schließlich den Prozess des ESG-Engagements als Dialog mit den Vertretern des Investitionsobjekts.

4.4.3 Umfang und Ziele des ESG-Engagements

EUROFIMA sieht die Hauptbereiche des ESG-Engagements in den folgenden Themen, die jedoch nicht abschließend sind und deren Priorisierung nach der Wesentlichkeit für den Sektor variieren kann:

- Umweltfragen/-belange (z. B. CO_2-Fussabdruck),
- Soziale Belange/Bedenken,
- Unternehmensführung,
- Produkt-Governance,
- Geschäftsstrategie und operatives Management,
- Risikomanagement,
- Unternehmensethik sowie
- Compliance.

Das Ziel von EUROFIMA als aktiver Eigentümer ist es, in Anlagen zu investieren, die in finanzieller Hinsicht so erfolgreich wie möglich sind, sprich einen finanziellen Return erwirtschaften, der der eigenen Zielsetzung entspricht. Als logische Konsequenz sieht es EUROFIMA als eine wichtige Verantwortung, sich mit den Investitionsempfängern über Risiken auszutauschen, einschließlich der Risiken im Zusammenhang mit den Nachhaltigkeitsstrategien der Unternehmen. Ein ESG-Engagement ermöglicht einen Dialog, der es beiden Seiten erlaubt, die Erwartungen und die Risikoneigung der Entscheidungsträger kennenzulernen. ESG-Informationen, die nicht in den öffentlichen Verlautbarungen der Unternehmen enthalten sind, aber langfristig die Unternehmensagenda beeinflussen könnten, können im Rahmen eines Engagementprozesses diskutiert werden, um die Pflichten der aktiven Eigentümer zu erfüllen. Es wird Wert daraufgelegt, dass sich ein solcher Prozess durch einen „anregenden und reflektierenden Charakter" (EUROFIMA 2021, S. 6) auszeichnet und das Tagesgeschäft nicht beeinträchtigt.

4.4.4 Herausforderungen im Engagementprozess

Die Qualität und Aufbereitung der nachhaltigkeitsspezifischen Daten bestimmen die Bewertungsqualität von ESG-Risiken und sind die Grundlage für die Vorbereitung eines strukturierten ESG-Engagementprozesses. Zusätzlich zu der bestehenden Richtlinie, die die UNGC und die ESG-Risikobewertung durch einen externen Rating- und Datenanbieter berücksichtigt, leitet EUROFIMA einen ESG-Engagementprozess ein, wenn in den Medien Kontroversen zu einem Investment aufkommen. Da ESG-Informationen oft sektorspezifisch sind, hilft die Durchführung von ESG-Bewertungen auf der Grundlage einer Peer-Group, ein potenzielles Problem bei einem Investment durch Benchmarking zu erkennen und Maßnahmen zu dessen Überwindung anzustoßen. EUROFIMA berücksichtigt bei der Bewertung von Vergleichsgruppen zu eigenen Investments Kriterien wie die Anlagedauer, das Kreditrisiko und das ESG-Risiko. Das ESG-Risiko ist damit den bisherigen Kennzahlen gegenüber gleichwertig.

Unternehmensvertreter und Entscheidungsträger für einen ESG-Dialog zu gewinnen, ist eine weitere Herausforderung aus Sicht des Anlegers. Die Bedeutung dieses Dialogs muss betont werden, ermöglicht er doch einen Einblick in die Motivlage des Unternehmens und eine Beurteilung der Erfolgsaussichten eines Engagementprozesses. Natürlich wird die generelle Bedeutung des ESG-Engagements von verschiedenen Personen auf der Seite der Investitionsempfänger unterschiedlich eingeschätzt. Die Unternehmen sind sich jedoch bewusst, dass die Investorenlandschaft, insb. in einem Land wie der Schweiz, mitunter sehr eng vernetzt ist, sodass sich auch durch informelle Kommunikation Reputationswirkungen ergeben können. Folglich sind 90 % der Dialogpartner in ESG-Engagementdialogen Personen in Managementpositionen oder in leitenden Positionen der Nachhaltigkeitsabteilung, was die generelle Bedeutung von ESG-Engagements für Unternehmen charakterisiert.

4.4.5 Charakteristika des Engagements in der E-, S-, und G-Säule

Die Unterscheidung eines ESG-Engagements im Rahmen der E-, S- und G-Säule hängt stark von der Branche und damit der Wesentlichkeit bestimmter ESG-Themen ab. Darüber hinaus treiben die interne Unternehmenskultur und die Einstellung zur Nachhaltigkeit die ESG-Engagementprozesse voran. Wenn EUROFIMA an das Management eines Investitionsobjekts herantritt, um sich für ein Nachhaltigkeitsthema zu engagieren, resultiert der unternehmensspezifische ESG-Fokus aus einer umfassenden ESG-Wesentlichkeitsanalyse. Welche Methodik zur Beurteilung der Wesentlichkeit in Betracht gezogen wird, hängt von dem jeweiligen Unternehmen ab. Basiert die interne Wesentlichkeitsbewertung bereits auf einem bestimmten Rahmenwerk, wie GRI oder SASB, wird aus Gründen der Vereinfachung des Prozesses auf dieses zurückgegriffen. Existiert aufseiten des Beteiligungsunternehmens hingegen kein Ansatz zur Beurteilung der Wesentlichkeit, zieht EUROFIMA die Wesentlichkeitsanalyse des Ratinganbieters als Entscheidungsgrundlage heran.

Die EUROFIMA geht grundsätzlich davon aus, dass ein erfolgreiches Engagement in Themen, die mit der sozialen oder Governance Säule in Verbindung stehen, einfacher umsetzbar ist als im ökologischen Bereich (E-Säule). Allerdings kann die potenzielle Verringerung von Risiken bei Themen wie dem Klimawandel auch den Nutzen für das Unternehmen und den Investor maßgeblich beeinflussen (Hoepner et al. 2024). Entscheidend für die Lösung eines Nachhaltigkeitsproblems durch Engagements sind die verschiedenen Ressourcen, die ein Unternehmen zur Lösung eines ESG-Problems einsetzt, und wie sehr ein solches Problem eine Dringlichkeit und ein Risiko für ein Unternehmen darstellt. Auch branchen- und unternehmensspezifische Bedingungen können den Erfolg eines Engagementprozesses zusätzlich beeinflussen, etwa welche Erfahrungen, Kompetenzen und Ressourcen ein Sektor oder ein Unternehmen in Bezug auf eine bestimmte Problemstellung aufweist.

Der Erfolg eines ESG-Engagements bedeutet für die EUROFIMA, dass ein Vermögenswert nicht auf der Watchlist verbleibt, wenn eine bessere Bewertungskategorie bzw. ein verbessertes Rating erreicht wird, wenn die Kontroversen in der Diskussion verschwinden oder wenn ein strategischer Prozess für das Management des Risikos eingeleitet und dokumentiert werden kann. Angenommen ein Eisenbahnunternehmen hat Probleme mit dem Lärmmanagement. In diesem Fall kann die Umsetzung einer Lärmschutzpolitik mit klar definierten Meilensteinen für die darin enthaltenen Maßnahmen als Verbesserung eines bestehenden ESG-Problems bezeichnet werden.

Als die EUROFIMA ihre ESG-Engagementstrategie startete, war das vorrangige Ziel, Ergebnisse des Engagementprozesses innerhalb von drei Jahren zu erzielen. Drei Jahre können im Vergleich zu anderen Maßnahmen von aktiven Eigentümern und Mitbewerbern als kurze Zeitspanne eingestuft werden, da die Prozesse von der Initiierung eines spezifischen Anliegens bis zum erfolgreichen Engagement oftmals länger dauern werden (Hoepner et al. 2024). Der konkrete Zeitrahmen hängt jedoch von der Unternehmenspolitik, der Unternehmensgröße, der Struktur und den Abläufen im Unternehmen sowie der lokalen Sichtweise und Priorisierung nachhaltigkeitsbezogener Themen ab. Abb. 4.2 zeigt den typischen Engagementprozess der EUROFIMA, der sich über drei Jahre erstreckt und zu positiven Ergebnissen mit weiteren Investitionen oder zu einem Investitionsstopp an einer bestimmten Stelle führen kann.

Wie die bisherigen Schilderungen anhand der Case Study zeigen, spielen die Qualität und Vielfalt von Nachhaltigkeitsdaten auch für den Engagementprozess eine immer

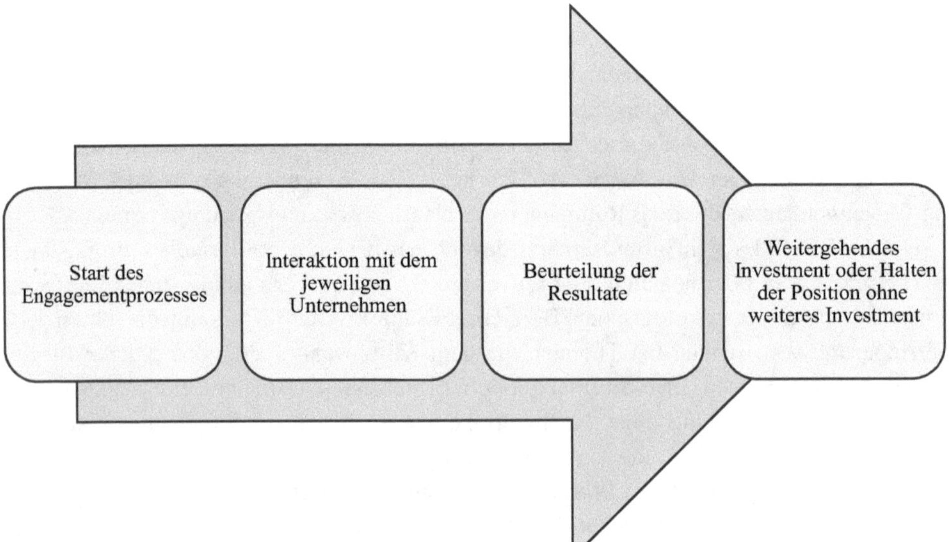

Abb. 4.2 Der ESG-Engagementprozess der EUROFIMA und seine Schlussfolgerungen. (Eigene Darstellung in Anlehnung an EUROFIMA 2021)

wichtiger werdende Rolle bei der Beurteilung der nachhaltigen Performance eines Unternehmens. Der folgende Abschnitt beschäftigt sich folglich mit den im Rahmen des Projektes eingesetzten unstrukturierten Daten und den damit verbundenen Chancen für ein ESG-Engagement.

4.4.6 ESG-Engagement mithilfe unstrukturierter Daten

Mit Blick auf die zeitliche Dimension von ESG-Engagementprozessen wird die Abhängigkeit von der Aktualität der Informationen und den zugrunde liegenden Daten deutlich. Da Daten von Drittanbietern wie Rating-Agenturen nur zu bestimmten Zeitpunkten aktualisiert werden, bestand das Ziel des vorgestellten Projekts bei der EUROFIMA darin, die Vorteile eines unabhängigen, proprietären und automatisierten Datenansatzes, der von einem Drittanbieter erstellt wurde, zu bewerten. Dabei ermöglichen es Algorithmen der Künstlichen Intelligenz (KI) und Natural Language Processing (NLP), auch unstrukturierte Daten wie Nachrichtenquellen, Blogs, Unternehmenspublikationen, Watchdogs und NGO-Kommunikationen zu durchleuchten. Auch in der Analyse finanzieller Informationen kommen diese neuen Technologien bereits seit geraumer Zeit zur Anwendung (Fisher et al. 2016; Moreno und Redondo 2016). Diese Erfahrungen macht man sich auch in Bezug auf nichtfinanzielle Informationen zu Nutze.

Large-Language-Models (LLMs) und generative KI gehen einen Schritt weiter und unterstützen das Verständnis und die Empfehlung, welche Maßnahmen nachhaltiges Handeln fördern und wie diese Informationen in den Engagementprozess einfließen können. Dadurch erhält der Investor nicht nur eine solidere Informationsgrundlage für das Engagement, sondern auch konkrete Beispiele und alternative Szenarien, die zu einem positiven Ergebnis des Engagementprozesses in Bezug auf die verschiedenen Themen der E-, S- und G-Säule führen könnten. KI und NLP bieten Möglichkeiten, die von einer sehr detaillierten Analyse der Exponiertheit gegenüber den drei ESG-Säulen bis hin zu feineren Analysen von Unterthemen, Risiken und Chancen reichen. Da unstrukturierte Daten bis zu ihrem Ursprung und ihren Rohdaten zurückverfolgt werden können, ermöglicht ein geografisches Clustering von Informationen die Analyse der Lokalität bestimmter ESG-Themen. Ein zusätzlicher Vorteil ist die kontinuierliche und dynamische Informationsüberwachung mit einer stabilen Methodik, die es ermöglicht, historische Entwicklungen zu erkennen, Trends zu überprüfen und zu antizipieren sowie Hypes, also momentane Übertreibungen, als solche zu identifizieren und ggf. aus der Betrachtung auszuschließen.

Datenströme oder Dashboards können den Anleger dabei unterstützen, Echtzeitinformationen über ESG-Risiken und -Trends zu erhalten, und die Entwicklung relevanter Themen kontinuierlich zu verfolgen. Die Ergebnisse des Projekts mit der EUROFIMA lassen sich wie folgt zusammenfassen:

- **Integration von Assets und geografischen Regionen in eine Dashboard-Lösung**
  Durch die Definition eines Universums, das sowohl Unternehmen, eine Peergroup, Industrien, Indizes, als auch geographische Einheiten wie Länder oder Kontinente umfassen kann, wird der Fokus der Analyse definiert. Der Blick auf eine Peergroup sowie eine Industrie ermöglicht es, Vergleichswerte zwischen Unternehmen zu ermitteln. Werden ESG-Themen oder Kontroversen in Bezug auf das Zielunternehmen öfter genannt als bei der Analyse von Konkurrenten oder ähnlich im Markt agierender Unternehmen, lässt dies Rückschlüsse zu, die den Fokus des ESG-Engagements beeinflussen können. Das geographische Clustering von Themen ermöglicht es, regionale Erwartungen von Stakeholdern zu erfassen.
- **(Doppelte) Wesentlichkeitsbewertung von Unternehmen**
  Durch die Bestimmung von Schwellenwerten, die sich nach der Häufigkeit der Nennung bestimmter Themen in den vorliegenden Daten richten, lässt sich die Relevanz eines ESG-Themas definieren. Die Themen lassen sich dabei nach den drei ESG-Säulen untergliedern sowie nach Unterthemen kategorisieren. Zudem lassen sich die Themen, wie vermehrt von Regulatoren gefordert in mögliche Risiken und Chancen für ein Unternehmen oder ein Land unterteilen, was für die Perspektive eines aktiven Eigentümers von Relevanz sein kann.
- **Dynamische Überwachung von ESG-Trends und -Themen, um besser auf ein Engagement vorbereitet zu sein.**
  Die Erfassung von Daten mit Hilfe von KI ermöglicht dabei nicht nur, einen rückwärtsgewandten, historischen Blick auf ESG-Themen zu werfen, sondern auch eine dynamische Überwachung von Trends. Sobald gewisse Themen im Datensatz auftauchen, aufgrund ihrer Nennung an Relevanz gewinnen und sich möglicherweise zu einem zentralen Thema eines ESG-Engagements entwickeln, können diese in die Analyse mit einbezogen werden.
- **Benchmarking mit bestehenden ESG-Daten und Informationen, die von Drittanbietern wie ESG-Ratingagenturen bereitgestellt werden.**
  Die mit Hilfe von NLP und KI ermittelten Daten haben sich zudem als nützlich erwiesen, indem sie eine Vergleichsgrundlage für bestehende Daten von Drittanbietern darstellen und folglich in der Vorbereitung des Dialogs sowie im Engagementprozess dem Investor eine breitere Informations- und Argumentationsbasis liefern.
- **Überprüfung der Kommunikation im Vergleich zum Handeln – halten die Unternehmen, was sie versprechen, *„do they walk the talk"*?**
  Die im Zuge des Projekts analysierten Daten ermöglichen einen Vergleich zwischen der Unternehmenskommunikation und der öffentlichen Berichterstattung. Dies bietet Unterstützung bei der Überprüfung, ob Unternehmen auf Ankündigungen und die Nennung von ESG-Zielen auch Maßnahmen folgen lassen. Externe Daten und Informationsquellen stellen dabei eine zentrale Möglichkeit für eine aktive Eigentümerschaft dar, um Informationsasymmetrien zu reduzieren und die Transparenz für den direkten Dialog im Rahmen des Engagementprozesses zu erhöhen.

Die positiven und für die Praxis relevanten Ergebnisse des Projektes ermöglichen weitergehende Analysen, die sich im Kontext der Nachhaltigkeit und aus der Perspektive von Investoren auf die Erhöhung der Transparenz im Engagementprozess sowie die breitere Integration von Stakeholdererwartungen beziehen. Aktuell basiert eine Vielzahl von Einschätzungen zur Nachhaltigkeit von Unternehmen auf sogenannten Self Assessments. Das bedeutet, dass das Unternehmen aus seiner Perspektive die Wesentlichkeit von Themen sowie die damit verbundenen Kennzahlen darstellt. Daher eröffnet die Analyse von externen Daten mithilfe von KI die Möglichkeit, die Objektivität der Beurteilung von Informationen zu erhöhen und mögliche Formen von Green- und Social Washing zu vermeiden.

4.5 Ausblick

Aktive Eigentümer und andere Interessengruppen bauen das Wissen und die Strukturen für ESG-Engagementprozesse kontinuierlich aus. Es hängt davon ab, wie diese Interessengruppen und die Unternehmen, in die sie investieren, die Verantwortung dafür übernehmen, die negativen finanziellen, sozialen und ökologischen Auswirkungen von ESG-Risiken zu begrenzen. Eine einheitliche Empfehlung zum Beginn und Ablauf eines ESG-Engagementprozesses fehlt bislang in Literatur und Praxis. Die hier vorgelegte Fallstudie kann dazu beitragen, Best Practices zu entwickeln und nicht zuletzt wichtige Erkenntnisse für Anleger, Anleiheemittenten, Investitionsempfänger sowie Regulatoren zu generieren. Eine zentrale Rolle nimmt dabei das Controlling ein. Controller sind sowohl bei den Investoren als auch bei den Investments für die Messung der ESG-Performance zuständig. Nur, wenn das Controlling ESG in Entscheidungsvorlagen einbindet, ist gewährleistet, dass ESG ein echter Bestandteil der Unternehmenstätigkeit wird. Wie die Fallstudie zeigt, können Technologien mithilfe von KI und auf die Textanalyse sowie auf unstrukturierte Daten fokussierte Lösungen weiteres theoretisches Wissen und konkrete Ansätze für ESG-Engagements auf dem Weg zur praktischen Umsetzung einer nachhaltigeren Zukunft und Wirtschaft liefern.

Literatur

Barko T, Cremers M, Renneboog L (2022) Shareholder engagement on environmental, social, and governance performance. J Bus Ethics 180:1–36

Bauer R, Derwall J, Tissen C (2023) Private shareholder engagements on material ESG issues. SSRN 4171496

Berg F, Koelbel J, Rigobon R (2019) Aggregate confusion: the divergence of ESG ratings. SSRN Electron J. https://doi.org/10.2139/ssrn.3438533

Binz VN, Follert F, Widmann M (2024) Zum Status Quo der Nachhaltigkeitsberichterstattung: Eine empirische Untersuchung der DAX-40-Unternehmen. Nachhaltigkeit und Reporting, 2(5):33-44

Bolton P, Kacperczyk M (2021) Do investors care about carbon risk? J Financ Econ 142:517–549
Brundtland GH (1987) Report of the World Commission on Environment and Development: Our Common Future. In United Nations General Assembly document A/42/427
Brunner K, Fäh A (2023) Swiss Stewardship Code. Asset Management Association Switzerland and Swiss Sustainable Finance. https://www.sustainable-finance.ch/api/rm/5A7ME29CD6M925N/2023-10-04-swiss-stewardship-code-final.pdf. Zugegriffen: 22. Mai 2024
Busch T, Lewandowski S (2018) Corporate carbon and financial performance. A meta-analysis. J Ind Ecol 22:745–759
von Carlowitz HC (1713) Sylvicultura oeconomica, Hausswirthliche Nachricht und Naturmäßige Anweisung zur Wilden Baum-Zucht. Braun, Leipzig
David P, Hitt MA, Gimeno J (2001) The influence of activism by institutional investors on R&D. Acad Manag J 44:144–157
DesJardine MR (2019). How activist investors influence corporate social responsibility. Academy of Management Proceedings
Dhaliwal DS, Li OZ, Tsang A, Yang YG (2011) Voluntary nonfinancial disclosure and the cost of equity capital: the initiation of corporate social responsibility reporting. Account Rev 86:59–100
Drempetic S, Klein C, Zwergel B (2020) The influence of firm size on the ESG score: corporate sustainability ratings under review. J Bus Ethics 167:333–360
EFRAG (2023) 06-02 Materiality Assessment SRB 230823 (tech. rep.). EFRAG. https://www.efrag.org/Assets/Download?assetUrl=%2Fsites%2Fwebpublishing%2FMeeting%20Documents%2F2307280747599961%2F06-02%20Materiality%20Assessment%20SRB%20230823.pdf. Zugegriffen: 22. Mai 2024
Ernst D, Woithe F (2024) Impact of the environmental, social, and governance rating on the cost of capital. Evidence from the S&S 500. J Risk Financ Manage 17:91
EUROFIMA (2021) EUROFIMA Investee Engagement Guidelines, Treasury & Asset Management, https://www.eurofima.org/sites/default/assets/File/Sustainability/Engagement/Investee_Engagement_Guidelines_PUBLICATION_.pdf. Zugegriffen: 22. Mai 2024
EUROFIMA (2022) Annual Engagement Report 2022, https://www.eurofima.org/sites/default/assets/File/Sustainability/Engagement/EUROFIMA_Annual%20Engagement%20Report_2022_full%20year.pdf. Zugegriffen: 22. Mai 2024
Fisher IE, Garnsey MR, Hughes ME (2016) Natural language processing in accounting, auditing and finance: a synthesis of the literature with a roadmap for future research. Intell Syst Account Financ Manage 23:157–214
Follert F, Klingelhöfer HE, Daumann F (2023a) The dark side of shareholder orientation: a reflection of Rappaport's concept of shareholder value. Manag Decis Econ 44:3277–3288
Follert F, Daumann F, Klingelhöfer HE (2023b) Wohin steuert die Unternehmung? Ein (weiteres) marktwirtschaftliches Plädoyer für die Eigentümerorientierung. Wirtschaftswissenschaftliches Studium 52: 24–28
Gawenko W, Richter F, Hinz M, Götze U (2020) Interne Ansätze zur Nachhaltigkeitsbewertung in der externen Berichterstattung – konzeptionelle und empirische Analyse der DAX-Unternehmen. Die Unternehmung 74:264–284
Gilson RJ, Gordon JN (2013) The agency costs of agency capitalism: activist investors and the revaluation of governance rights. Columbia Law Rev 113:863
Gleißner W, Daumann F, Follert F (2021) „Alles zu seiner Zeit": ein kritischer Diskussionsbeitrag zum Thema Nachhaltigkeit. Zeitschrift für Umweltpolitik und Umweltrecht 44:500–515
Hoepner AG, Oikonomou I, Sautner Z, Starks LT, Zhou X (2024) ESG shareholder engagement and downside risk. Rev Financ 28:483–510

Jebe R (2019) The convergence of financial and ESG materiality: taking sustainability mainstream. Am Bus Law J 56:645–702. https://ssrn.com/abstract=3730792

Kim S, Kraft P, Ryan SG (2013) Financial statement comparability and credit risk. Rev Acc Stud 18:783–823

Klingelhöfer HE (2006) Finanzwirtschaftliche Bewertung von Umweltschutzinvestitionen. DUV, Wiesbaden

Li J, Wu D (2020) Do corporate social responsibility engagements lead to real environmental, social, and governance impact? Manage Sci 66:2564–2588

Mercereau B, Melin L, Lugo MM (2022) Creating shareholder value through ESG-Engagement. J Asset Manag 23:550–566

Meyer JW, Rowan B (1977) Institutionalized organizations: formal structure as myth and ceremony. Am J Sociol 83:340–363

von Mises L (1998 [1949]) Human action. The Scholar's Ed. Ludwig von Mises Institute, Auburn

Moreno A, Redondo T (2016) Text analytics: the convergence of big data and artificial intelligence. IJIMAI 3:57–64

Neubaum DO, Zahra SA (2006) Institutional ownership and corporate social performance: the moderating effects of investment horizon, activism, and coordination. J Manag 32:108–131. https://doi.org/10.1177/0149206305277797

Pellegrini BC, Caruso R, Mehmeti N (2019) The impact of ESG scores on cost of equity and firm's profitability. In New challenges in corporate governance: theory and practice, S 38–40. https://doi.org/10.22495/10.22495/ncpr_9

Rothermel A, Follert F (2022) Nachhaltigkeitskonzept: Umsetzung durch öffentliche Kapitalmarktteilnehmer. Zeitschrift für das gesamte Kreditwesen 75:1252–1257

Saad AI, Strauss D (2020) A new "reasonable investor" and changing frontiers of materiality: Increasing investor reliance on ESG disclosures and implications for securities litigation. Berkeley Bus Law J 17. https://papers.ssrn.com/sol3/papers.cfm?abstract_id=3590809

Schäfer H (2005) International corporate social responsibility rating systems. J Corp Citizsh 20:107–120

Schiemann F, Sakhel A (2018) Carbon disclosure, contextual factors, and information asymmetry: the case of physical risk reporting. Eur Account Rev 28:791–818

Semenova N (2023) The public effect of private sustainability reporting: evidence from incident-based engagement strategy. J Bus Ethics 182:559–572

Silva S, Nuzum A-K, Schaltegger S (2019) Stakeholder expectations on sustainability performance measurement and assessment. A systematic literature review. J Clean Prod 217:204–215

Suchman MC (1995) Managing legitimacy: strategic and institutional approaches. Acad Manag Rev 20:571

Sustainability Accounting Standards Board (SASB) (2022) Materiality finder. https://www.sasb.org/standards/materiality-finder/find/. Zugegriffen: 22. Mai 2024

Europäische Union (EU) (2022) Richtlinie 2022/2464 des Europäischen Parlaments und des Rates vom 14. Dezember 2022 zur Änderung der Verordnung (EU) Nr. 537/2014 und der Richtlinien 2004/109/EG, 2006/43/EG und 2013/34/EU hinsichtlich der Nachhaltigkeitsberichterstattung von Unternehmen, https://eur-lex.europa.eu/legal-content/DE/TXT/?uri=CELEX%3A32022L2464. Zugegriffen: 22. Mai 2024

United Nations Global Compact (UNGC) (o. D.) Die Zehn Prinzipien des Global Compact. https://www.globalcompact.de/fileadmin/user_upload/Bilder/Mediathek_Main_Page/Publikationen_PDF_speicher/DIE-ZEHN-PRINZIPIEN-1.pdf. Zugegriffen: 22. Mai 2024

Velte P, Stawinoga M, Lueg R (2020) Carbon performance and disclosure: a systematic review of governance-related determinants and financial consequences. J Clean Prod 254:120063

Weber J, Schäffer U (1999) Sicherstellung von Rationalität der Führung als Aufgabe des Controlling? DBW 59:731–747

Zhou Z, Zhou H, Peng D, Chen X-H, Li S-H (2018) Carbon disclosure, financial transparency, and agency cost: evidence from Chinese manufacturing listed companies. Emerg Mark Financ Trade 54:2669–2686

Dr. Timo Heroth ist Dozent des Kompetenzzentrums für Controlling am Institut für Finanzdienstleistungen Zug IFZ der Hochschule Luzern. Er verfügt über langjährige Erfahrungen im Bereich Corporate Banking und M&A, ist Co-Leiter des Fachkurses ESG-Reporting und forscht neben dem Themenbereich ESG-Engagements zur Stakeholderorientierung und dem Public Value von Unternehmen. Zudem ist er in der Privatwirtschaft mit Fokus auf nichtfinanzielle Informationen und Wesentlichkeitsanalysen tätig.

Univ.-Prof. Dr. Florian Follert ist Inhaber der Professur für Betriebswirtschaftslehre, insb. betriebswirtschaftliche Entscheidungslehre an der Privatuniversität Schloss Seeburg.

Nadine Berchtold (MSc) ist Senior Wissenschaftliche Mitarbeiterin am Institut für Finanzdienstleistungen der Hochschule Luzern und Doktorandin an der Universität Neuchâtel. Sie verfügt über langjährige Berufserfahrung bei diversen Schweizer Finanzinstituten und forscht aktuell zum Thema nachhaltige Unternehmensfinanzierung.

Prof. Dr. habil. Stefan Behringer ist Dozent und Leiter des Kompetenzzentrums Controlling am Institut für Finanzdienstleistungen Zug IFZ der Hochschule Luzern.

Veränderung der Anforderungsprofile an Controller im Zusammenhang mit mehr Nachhaltigkeit in Unternehmen – Eine Analyse von Stellenanzeigen

5

Anika Bilsdorfer und Manuela Ender

5.1 Einleitung

Unternehmen stehen vor der Herausforderung, ökologische, soziale und ökonomische Aspekte miteinander in Einklang zu bringen und die Prozesse nachhaltig zu gestalten. Seit 2017 müssen in der EU berichtspflichtige Unternehmen nicht-finanzielle Berichte über ökologische und soziale Aktivitäten veröffentlichen, sog. Corporate Social Responsibility(CSR)-Berichte. Mit dem Europäischen Green Deal sind zusätzliche Berichtspflichten mit Nachhaltigkeitsbezug hinzugekommen. In diesem Kontext spielen Controller eine entscheidende Rolle, da sie bei der Einführung und Umsetzung von Nachhaltigkeitsstrategien und -maßnahmen unterstützen (Internationale Controller Verein e. V. 2021). Die Integration von Nachhaltigkeit transformiert die Aufgaben, Kompetenzen und das Berufsbild des Controllers vom klassischen „Erbsenzähler" weiter zum Business Partner oder Co-Piloten (Burns und Baldvinsdottir 2005; Alves et al. 2022). Während die Auswirkungen der Digitalisierung auf Controllerprofile weitestgehend erforscht wurden (Trachsel und Bitterli 2020; Georgopoulos und Georg 2021; Hastenteufel et al. 2022), bleibt die Anpassung an erhöhte Nachhaltigkeitsanforderungen an Controller noch eher unberücksichtigt. Die folgenden drei Forschungsfragen werden daher in diesem Beitrag untersucht.

A. Bilsdorfer · M. Ender (✉)
IU Internationale Hochschule, Erfurt, Deutschland
E-Mail: manuela.ender@iu.org

A. Bilsdorfer
E-Mail: anika.bilsdorfer@iu-study.org

S. Weber und J. Hastenteufel (Hrsg.), *Nachhaltigkeit im Controlling*,
https://doi.org/10.1007/978-3-658-45769-3_5

1. Welche Aufgaben erledigen Controller, die zur Umsetzung der Nachhaltigkeitsanforderungen im Unternehmen führen?
2. Welche Qualifikationen sollen Controller zur Implementierung bzw. Unterstützung der Nachhaltigkeitsanforderungen im Unternehmen mitbringen?
3. Welche Kompetenzen sind für Controller relevant, um geeignet an der Nachhaltigkeitsgestaltung im Unternehmen mitzuwirken?

Ziel des Beitrags ist es, die Auswirkungen der gestiegenen Nachhaltigkeitsanforderungen auf das Anforderungsprofil des Controllers in der DACH-Region zu untersuchen. Es wird ausgearbeitet, welche Aufgaben, Kompetenzen und Qualifikationen Controller traditionell haben und welche Abweichungen sich durch die gestiegenen Nachhaltigkeitsanforderungen an das aktuelle Anforderungsprofil ergeben. Der Schwerpunkt liegt dabei auf den am Arbeitsmarkt verlangten Anforderungen für potenzielle neue Mitarbeiter. Als empirische Methode ist die qualitative Inhaltsanalyse von deutschsprachigen Stellenanzeigen von Unternehmen gewählt, die Controller (m/w/d) im DACH-Raum suchen. Um die Forschungslücke zu schließen, wird untersucht, welche Aufgaben, Kompetenzen und Qualifikationen in den Controller-Stellenanzeigen beschrieben sind.

5.2 Hintergrund und Ausgangslage

5.2.1 Qualifikationen und Kompetenzen des Controllers

Der Internationale Controller Verein e. V. (2015) betont, dass es keinen universellen Controller-Typ gibt, aber spezifische Qualifikationen und Kompetenzen für den Erfolg in dieser Rolle nötig sind. Weber (2008) zeigt, dass Controller meist hochqualifizierte Fachkräfte sind – 72 % haben einen Hochschulabschluss und circa 10 % einen Abschluss einer Berufsakademie. Praktische Erfahrung, „Training on the job“, wird als die wichtigste Wissensquelle erachtet. Grundanforderungen für Controller beinhalten laut dem Internationaler Controller Verein e. V. (2015) ein wirtschaftswissenschaftliches Studium mit Fokus auf Finance/Controlling und eine umfassende Berufserfahrung. Englischkenntnisse und interkulturelle Fähigkeiten sind mittlerweile essenziell, vor allem für Controller in internationalen oder exportorientierten Unternehmen (Weber et al. 2010).

Angesichts globaler Wettbewerbsanforderungen genügen reines Fachwissen und Qualifikationen allein nicht mehr. Praktische Kompetenzen für selbstorganisiertes Problemlösen sind essenziell (IGC 2015). Die IGC (2015) fasst Kompetenzen als Selbstorganisationsdisposition auf, also Verhaltensweisen, die Wissen mit persönlicher Orientierung und Motivation verbinden. Laut Weber et al. (2006) ist kritisches Hinterfragen und das Erkennen von Schwachstellen für Controller am wichtigsten, dicht gefolgt von Kommunikationsgeschick und der Kenntnis von Controllinginstrumenten.

Der Internationale Controller Verein e. V. (2015) stellt die Kommunikationsfähigkeit als Top-Kompetenz dar, gefolgt von Geschäftsverständnis und kritischem Denkvermögen. Analytische Fähigkeiten werden von der IGC als wichtigste Controller-Kompetenz angesehen, während Bewertungs- und Steuerungsinstrumente sowie Kommunikationsfähigkeit darauffolgen (Gänßlen et al. 2012; Hastenteufel et al. 2022, 2024).

5.2.2 Nachhaltigkeitscontrolling

Nachhaltigkeitsbemühungen müssen systematisch erfasst und umgesetzt werden, wobei der Controller bei der Integration von Nachhaltigkeit ins Steuerungssystem eine Schlüsselrolle spielt (Feldbauer-Durstmüller und Mayr 2019; Sailer 2020). Im strategischen Nachhaltigkeitscontrolling helfen Controller, ökologische und soziale Auswirkungen des Wirtschaftens zu verbessern, Transparenz über relevante Umwelt- und Sozialfaktoren zu erhöhen und die Nachhaltigkeitsstrategie zu entwickeln und umzusetzen. Dabei werden Nachhaltigkeitsfaktoren in die Strategie eingebettet und durch Umwelt- und Unternehmensanalysen, Stakeholder-Dialoge und Wesentlichkeitsmatrizen unterstützt (Feldbauer-Durstmüller und Mayr 2019). Weiterhin können Marktanalysen zur Identifizierung von wirtschaftlichen Chancen und Risiken sowie grüne Szenariotechniken eingesetzt werden (Internationaler Controller Verein e. V. 2010).

Im operativen Nachhaltigkeitscontrolling ist die Messung von Nachhaltigkeit zentral (Feldbauer-Durstmüller und Mayr 2019). Bestehende Controlling-Verfahren, insb. Planungs- und Berichtsprozesse, müssen um Nachhaltigkeitsaspekte erweitert werden. Das Einschließen von Umweltkosten in die Kostenrechnung ist ein Teil dieser Erweiterung, darunter Kosten für Umweltschutzmaßnahmen und kalkulatorische Kosten für externe Faktoren, z. B. gesundheitliche Folgen von Toxinen in der Produktion (Feldbauer-Durstmüller und Mayr 2019). Nachhaltigkeitsfaktoren werden auch in Kennzahlensysteme integriert und können entlang der Wertschöpfungskette identifiziert werden (Sailer 2020). Als Orientierung dienen Indikatoren der Global Reporting Initiative (GRI), deren Standards die Vergleichbarkeit von Nachhaltigkeitsberichten fördern (Stojanović-Blab und Blab 2017). Controller stehen vor Herausforderungen, da herkömmliche Planungs- und Steuerungsmethoden nicht direkt auf ökologische und soziale Dimensionen anwendbar sind (Sailer 2020). Oft handelt es sich um sporadische und qualitative Daten, die sich schwer in das Controlling einbinden lassen. Es fehlen klare Zielvorgaben im ökologischen und sozialen Bereich, oft gibt es nur Mindeststandards. Zielkonflikte zwischen ökonomischen, ökologischen und sozialen Zielsetzungen sind zudem nicht unüblich (Sailer 2020). Sollte sich der Controller ausschließlich auf betriebswirtschaftliche Fragen konzentrieren und keine Unterstützung bei Nachhaltigkeitsfragen bieten, droht ein Bedeutungsverlust der Controller (Sailer 2020).

5.3 Methodische Vorgehensweise

Die Analyse von Stellenanzeigen ist eine empirische Methode, um Veränderungen in Qualifikationsanforderungen auf dem Arbeitsmarkt darzustellen (Sailer 2009; Harper 2012; Rios et al. 2020). Sie reflektiert die Bildungswege und Qualifikationen, Zutrittsbedingungen zum Arbeitsmarkt und die Erwartungen an Bewerber (Sailer 2009). Unternehmen veröffentlichen im Zuge von Stellenanzeigen ihren erwarteten Qualifikationsbedarf, was nicht nur aktuelle, sondern auch zukünftige Einblicke in den Arbeitsmarkt bietet. Ein Vorteil dieser Methode ist die Nicht-Reaktivität, da die Analyse der Stellenanzeigen nicht von dem Bewusstsein der Probanden beeinflusst wird, wie es etwa in Interviews der Fall sein könnte. Die leichte Verfügbarkeit und Zugänglichkeit solcher Anzeigen, sowohl in Print- als auch in Onlineformaten, stellt einen weiteren Vorteil dar. Nachteile der Methode liegen im Aufwand der wissenschaftlichen Datenauswertung und der Variabilität des Informationsgehalts sowie der Qualität der Stellenanzeigen (Sailer 2009; Harper 2012).

Um zu überprüfen, welche Aufgaben, Qualifikationen und Kompetenzen in deutschsprachigen Stellenanzeigen gefragt sind, wird eine strukturierte qualitative Inhaltsanalyse nach Mayring angewandt. Diese Methode hilft, qualitative Daten systematisch zu ordnen und zu deuten (Mayring 2022). Ein zentrales Element dabei ist das Kodierungsschema (Mayring 2022). Durch sorgfältiges Lesen entwickelt, ermöglicht es, wichtige Konzepte zu identifizieren (White und Marsh 2006). Textpassagen werden deduktiven, aus der Literatur abgeleiteten Kategorien zugeordnet, ein Prozess, der strukturiert, aber interpretativ bleibt (Mayring 2022). Im Verlauf muss entschieden werden, ob Textstellen zu einer Kategorie passen oder das Schema angepasst werden muss (Mayring 2022). Die Aussagekraft hängt von der Qualität der Kategorien und des Kodierungsschemas ab. Gute Kategorien fassen inhaltlich ähnliche Aussagen zusammen und differenzieren sich von anderen (Kuckartz und Rädiker 2022). Das Schema dieses Beitrags orientiert sich an den Forschungsfragen zu Aufgaben, Qualifikationen und Kompetenzen. Es enthält Untergruppen, Erläuterungen und relevante Stichwörter. Eine verkürzte Übersicht der Kriterien des Kodierungsschemas ist in Tab. 5.1 abgebildet.

IT-Kenntnisse sind in das Kodierungsschema nicht aufgenommen worden, da sich der Bericht auf das Thema Nachhaltigkeit fokussiert. IT- und HR-Controller wurden wegen ihrer spezialisierten Rollen ausgeschlossen. Ebenfalls nicht berücksichtigt wurden Ausbildungsplätze, Werkstudentenjobs und Minijobs wegen ihrer spezifischen Anforderungsprofile. Gendercodes und Gendersternchen wurden für die Auswertung entfernt und eine männliche Schreibweise verwendet, um eine genauere Zählung der Häufigkeiten der Jobtitel zu generieren.

Für die Gewinnung der Stellenanzeigen wurde Indeed (Indeed.de, Indeed.at, Indeed.ch) ausgewählt, ein weltweit agierendes Jobportal, das Stellen von verschiedenen Quellen präsentiert (Indeed 2024). Laut Profilo und dem „Institute for Competitive Recruiting" ist Indeed seit sieben Jahren die führende Jobsuchmaschine und rangiert auch für Wirtschaftswissenschaftler auf Platz eins (Haufe Online Redaktion 2022). Die Studie

Tab. 5.1 Übersicht des Kodierungsschemas

Aufgaben	
Aufgaben	• Externes Reporting • Internes Reporting • Risikomanagement
Qualifikationen	
Ausbildung	• Keine spezifische Ausbildung gefordert • Kaufmännische Ausbildung • Hochschulausbildung oder Fachhochschulausbildung • Hochschul- bzw. Fachhochschulausbildung oder kaufm. Ausbildung
Berufserfahrung	• Keine Berufserfahrung • Allgemeine Berufserfahrung • Mehrjährige Berufserfahrung
Sprachkenntnisse	• Englisch • Sonstige Sprachkenntnisse
Kompetenzen	
Fachkompetenz	• Eigenständigkeit/Selbständigkeit • Kenntnisse im Nachhaltigkeitsbereich
Methodenkompetenz	• Analytische Fähigkeiten • Lösungsorientierung • Umsetzungsfähigkeit • Schaffung von Strukturen und Ordnung
Personelle und soziale Kompetenz	• Kommunikationsfähigkeit • Konfliktfähigkeit • Kooperationsfähigkeit • Teamfähigkeit • Belastbarkeit • Proaktivität • Führungskompetenz
Geschäftskompetenz	• Spezifische Brachen- bzw. Geschäftskenntnisse • Spezifische Brachen- bzw. Geschäftskenntnisse nicht erforderlich
Sonstige Stellenanzeigenkriterien	
Unternehmens-beschreibung	• Mit Nennung von Nachhaltigkeit • Ohne Nennung von Nachhaltigkeit
Nachhaltigkeit in der Stellenbezeichnung	• Mit Nennung von Nachhaltigkeit • Ohne Nennung von Nachhaltigkeit
Karrierestufe in Stellenbezeichnung	• Junior Controller • Senior Controller • Controller

Quelle: Eigene Darstellung

fokussiert sich auf deutschsprachige Anzeigen aus der DACH-Region, um die Anforderungen über die Länder hinweg zu vergleichen und speziell den Stellenwert von Nachhaltigkeit zu ermitteln. Die Auswahl zielte auf allgemeinere Controllerstellen ab, um ein breites Spektrum an Aufgaben und Anforderungen zu erfassen. Die Stichprobenerhebung erfolgte vom 08. bis 14.05.2023 und umfasst alle in diesem Zeitraum publizierten Anzeigen.

5.4 Empirische Ergebnisse der Analyse der Stellenanzeigen

82 % der analysierten 590 Stellenanzeigen beziehen sich auf deutsche, 5 % auf österreichische und 13 % auf schweizerische Standorte. Vor allem in bevölkerungsreichen deutschen Bundesländern wie Nordrhein-Westfalen, Bayern, Baden-Württemberg und Niedersachsen wurden vermehrt Anzeigen veröffentlicht. In Österreich konzentrierte sich die Hälfte auf das Burgenland, in der Schweiz mehr als die Hälfte auf die Kantone Bern und Valais. Von den 590 Stellenanzeigen wurden 434 von verschiedenen Unternehmen geschaltet. Dabei haben 370 Unternehmen eine, 44 Unternehmen zwei und neun Unternehmen drei Anzeigen aufgegeben. Unter den Top 10 der Anzeigenschalter sind sieben Personalvermittlungen, die Controller für verschiedene Unternehmen suchen. 75 % der Anzeigen suchen einen Controller, 15 % einen Junior Controller und 10 % einen Senior Controller. Deutschland sucht dabei mit 15 % am meisten Junior Controller, Österreich mit 21 % am meisten Senior Controller. Stellenanzeigen, die Seniorität in Klammern setzten (z. B. (Junior) Controller), wurden den entsprechenden Kategorien zugeordnet.

„Controller“ war mit 98 Erwähnungen in Deutschland am häufigsten, gefolgt von Österreich mit fünf und der Schweiz mit neun Nennungen. Von den „Junior Controller“-Anzeigen kommen 37 aus Deutschland, von den „Senior Controller“-Anzeigen 18. Zudem gab es 277 einzigartige Stellenbezeichnungen in der Stichprobe. Einige Anzeigen enthielten spezifischere Beschreibungen wie „Cash Controller“, „Controller – Sozialwesen“, „Projektcontroller/in Türsysteme“ oder „Energiecontroller“. Sieben Stellenanzeigen haben einen direkten Nachhaltigkeitsbezug, wie „Risikocontroller ESG“ oder „Controller ESG/Sustainability Reporting“. Sechs davon sind in Deutschland, eine in Österreich ausgeschrieben. Nachhaltigkeitsbezogene Stellen machen also 1 % aller Anzeigen aus. Beim Blick auf Unternehmensbeschreibungen innerhalb der Anzeigen zeigen 78 Anzeigen eine Erwähnung der Nachhaltigkeit. Davon wurden 68 in Deutschland, acht in der Schweiz und zwei in Österreich veröffentlicht. Stellen mit Bezug zur Nachhaltigkeit in der Unternehmensbeschreibung stellen in Deutschland 14 %, in Österreich 7 % und in der Schweiz 11 % dar, insgesamt 13 % aller Anzeigen (Abb. 5.1).

Die Verteilung der Controller-Aufgaben zeigt: internes Berichtswesen ist am meisten gefragt, in Österreich sogar in 100 % der Anzeigen. Durchschnittlich 82 % der Controller sind in Planung und Budgetierung involviert, während 18 % Investitionsrechnungen verantworten. In Österreich betrifft dies 7 %. Projektcontrolling wird in 53 % der Anzeigen als Aufgabe genannt. Senior Controller sind meist für Planung, Budgetierung und internes Berichtswesen zuständig (93 %), und 34 % übernehmen zusätzlich die Liquiditätsplanung. Im Vergleich dazu sind 17 % der Junior Controller und 20 % der allgemeinen Controller damit beauftragt. Junior Controller fokussieren zu 55 % auf internes Rechnungswesen, zu 51 % auf externes und sind in 56 % der Anzeigen für Projektcontrolling verantwortlich. Risikomanagement wurde in 19 deutschen und zwei schweizerischen Anzeigen betont. Die Formulierung in den Stellenanzeigen ist z. B. „Funktionsübergreifender Ansprechpartner für alle ESG-bezogenen Risiko- und Meldewesenthemen". Mit einem Anteil von insgesamt 3,6 % an den gesamten Stellenanzeigen (23 Nennungen), macht das Riskmanagement somit den größten Anteil der nachhaltigkeitsfokussierten Aufgaben aus. Betrachtet man dies zusammen mit der Seniorität, fällt auf, dass für Junior Controller nur das Risikomanagement als Aufgabe genannt ist. Die Messung der Nachhaltigkeit ist nur in einer Stellenanzeige als Aufgabe für Senior Controller genannt worden und das Risikomanagement zweimal. Für Controller gab es bei den nachhaltigkeitsfokussierten Aufgaben 33 Nennungen. Controller arbeiten demnach an der Planung, Messung der Nachhaltigkeit, am externen Reporting, am internen Reporting und am Risikomanagement mit.

48 % der Unternehmen suchen Controller mit Hochschul-/Fachhochschulabschluss, wobei Österreich mit 53 % das höchste Niveau an Akademisierung fordert. Weitere 39 % verlangen entweder eine akademische oder eine berufliche Ausbildung, wobei Deutschland hier mit 41 % führend ist. Nur 4 % der Unternehmen erfordern keine formale Ausbildung. In Deutschland suchen sechs Unternehmen und in der Schweiz ein Unter-

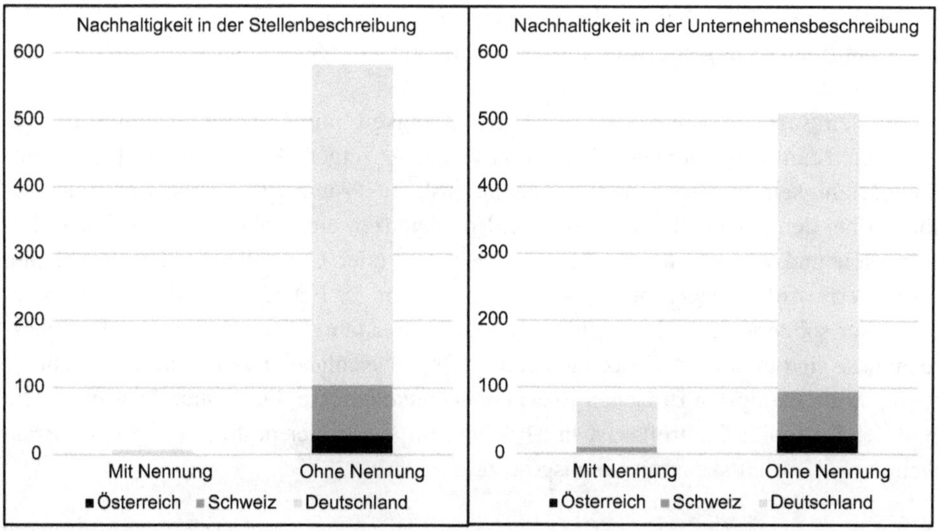

Abb. 5.1 Nachhaltigkeit in der Stellen- und Unternehmensbeschreibung. (Eigene Darstellung)

nehmen Controller die sowohl eine Ausbildung als auch ein abgeschlossenes Studium haben. Hinsichtlich der Berufserfahrung ist eine allgemeine Erfahrung von bis zu zwei Jahren am häufigsten gefordert (43 %), während 40 % eine mehrjährige Erfahrung verlangen, besonders in Österreich (52 %) und der Schweiz (55 %). Die meisten Junior Controller-Stellen erfordern eine allgemeine Berufserfahrung (71 %), während Senior Controller-Stellen überwiegend eine mehrjährige Erfahrung benötigen (80 %). Controller-Stellen ohne spezifizierte Seniorität fordern zu 42 % eine allgemeine und zu 40 % eine mehrjährige Erfahrung. In 19 % der Stellenanzeigen wird keine Berufserfahrung erwähnt. Englischkenntnisse werden in 58 % der Stellenanzeigen vorausgesetzt. Für 38 % ist keine Fremdsprache gefordert oder lediglich Deutsch als Sprache. 4 % der Unternehmen sehen eine zweite Fremdsprache von Vorteil für die Stelle. In der Schweiz ist der Anteil der veröffentlichten Stellenanzeigen, die eine zweite Fremdsprache fordern, mit 13 % am größten, in Österreich und Deutschland sind es 3 % der Stellen. In Österreich ist hingegen der Anteil der Stellen, die Englisch fordern, mit 79 % am höchsten. In der Schweiz und in Deutschland sind es jeweils 57 % der Stellen.

In Bezug auf die Kompetenzen werden Eigenständigkeit und Selbstständigkeit mit 236 Nennungen am häufigsten erwähnt, besonders in 50 % der Junior Controller-Anzeigen, während nur 31 % der Senior Controller-Anzeigen diese hervorheben. Kenntnisse im Nachhaltigkeitsbereich wurden in 1 % der Anzeigen genannt, wobei sechs Nennungen aus Deutschland und eine aus Österreich stammen, während sie in der Schweiz nicht gefordert waren. Analytische Fähigkeiten sind mit 62 % die am häufigsten geforderte Kompetenz in allen drei Ländern. 304 Anzeigen aus Deutschland, 18 aus Österreich und 45 aus der Schweiz erwähnen diese. Lösungsorientierung und Umsetzungsfähigkeit werden in Österreich in 32 % der Anzeigen und in der Schweiz in 17 % verlangt. Junior Controller-Anzeigen betonen am meisten Methodenkompetenzen, mit 70 % der Nennungen für analytische Fähigkeiten und weiteren spezifischen Fähigkeiten. Senior Controller-Anzeigen erwarten hingegen in 30 % die Schaffung von Strukturen und Ordnung.

Bei den sozialen Kompetenzen ist Teamfähigkeit mit 44 % am wichtigsten, gefolgt von Kommunikationsfähigkeit in 41 % der Anzeigen. Kooperationsfähigkeit und Konfliktfähigkeit werden seltener genannt, insb. in Österreich. Junior Controller benötigen bei den personellen und sozialen Kompetenzen eine höhere Teamfähigkeit, Belastbarkeit und Proaktivität als Senior Controller- oder Controller-Stellen. Bei Senior Controllern wird hingegen bei 21 % der Stellen häufiger Führungskompetenz gefordert. Controller sollen in 42 % der Stellen Kommunikationsfähigkeiten mitbringen. Branchenkenntnisse sind in 44 % der Anzeigen gefragt. In Deutschland erwarten die Unternehmen mit 45 % am häufigsten Branchen- bzw. Geschäftskenntnisse. Für Senior Controller wird in 49 %, für Junior Controller ist in 31 % und für Controller in 46 % der Stellen Branchen- bzw. Geschäftskenntnis vorausgesetzt.

5.5 Implikationen und Schlussbemerkungen

Etwa 13 % der analysierten Stellenanzeigen enthalten eine explizite Erwähnung von Nachhaltigkeit. Eine Spezialisierung der Controller-Stelle auf das Thema Nachhaltigkeit spiegelt sich in sieben Stellen (1 %) der Stichprobe wider. Eine Unterstützung der Planung in Bezug auf ökologische und soziale Ziele oder eine Einbindung in das interne Berichtswesen wird nur selten explizit erwähnt. Es bleibt unklar, ob diese Aufgabe in den allgemeinen Controller-Stellen implizit enthalten ist oder ob diese tatsächlich in einem Anteil der Stellen vorhanden ist. Die Controller-Stellen mit Nachhaltigkeitsbezug sind verstärkt im internen und externen Rechnungswesen der Unternehmen angesiedelt. Dies kann darauf hindeuten, dass die Stellen u. a. an der Erfassung, Aufbereitung und Kommunikation von Nachhaltigkeitsdaten beteiligt sind und die Einhaltung gesetzlicher Vorschriften und Standards im Zusammenhang mit Nachhaltigkeit überwachen. Das Risikomanagement ist häufiger in Stellen mit Nachhaltigkeit im Titel als auch in Stellen mit Nachhaltigkeit in der Unternehmensbeschreibung genannt. Dies unterstreicht die Bedeutung des Risikomanagements im Kontext von Nachhaltigkeit und die mögliche Rolle der Controller bei der Identifikation und Steuerung von Nachhaltigkeitsrisiken. Stellen mit Nachhaltigkeit im Titel sind stärker auf die nachhaltigkeitsfokussierten Aufgaben, wie die Messung von Daten, das externe Reporting und die Planung von Nachhaltigkeit ausgerichtet. Dies deutet darauf hin, dass Unternehmen, die eine spezialisierte Nachhaltigkeitsposition schaffen, diese Aufgaben in den Fokus stellen.

In der Stichprobe zeigt sich, dass bei Nachhaltigkeitscontrollern eine geringere Anforderung an Berufserfahrung besteht als bei allgemeinen Controller-Stellen (Abb. 5.2). Dies könnte darauf hinweisen, dass Unternehmen offen für Bewerber sind, die sich für Nachhaltigkeit interessieren und bereit sind, sich in dieses Fachgebiet einzuarbeiten.

Die spezialisierte Rolle des Nachhaltigkeitscontrollers befindet sich noch in der Entwicklung und Unternehmen können flexibel sein, um potenzielle Kandidaten mit Potenzial einzustellen, selbst wenn diese wenig oder keine Berufserfahrung im Bereich Nachhaltigkeit mitbringen. Das gleiche Fazit kann auch bei der Ausbildung der Controller gezogen werden. Es haben sowohl Bewerber mit kaufmännischer Ausbildung als auch solche mit einem Hochschul- oder Fachhochschulabschluss Möglichkeiten, eine Stelle im Nachhaltigkeitscontrolling zu finden. Englisch spielt in über der Hälfte der Stichprobe immer noch eine wichtige Rolle, kann aber nicht für jede Stelle als Grundvoraussetzung betrachtet werden. Dabei scheint die Bedeutung von Englisch bei Stellen mit Nachhaltigkeitsbezug etwas höher zu sein als bei Stellen ohne diesen.

Controller, die sich mit Nachhaltigkeit befassen, sollten über eine erhöhte Eigenständigkeit und Fachkenntnisse im Bereich Nachhaltigkeit verfügen. Dies ermöglicht es den Controllern, die Anforderungen der komplexen und sich wandelnden Nachhaltigkeitsagenda zu bewältigen und dem Unternehmen dabei zu helfen, Chancen zu nutzen und Risiken zu minimieren. Die Rolle der Controller hat sich im Kontext der

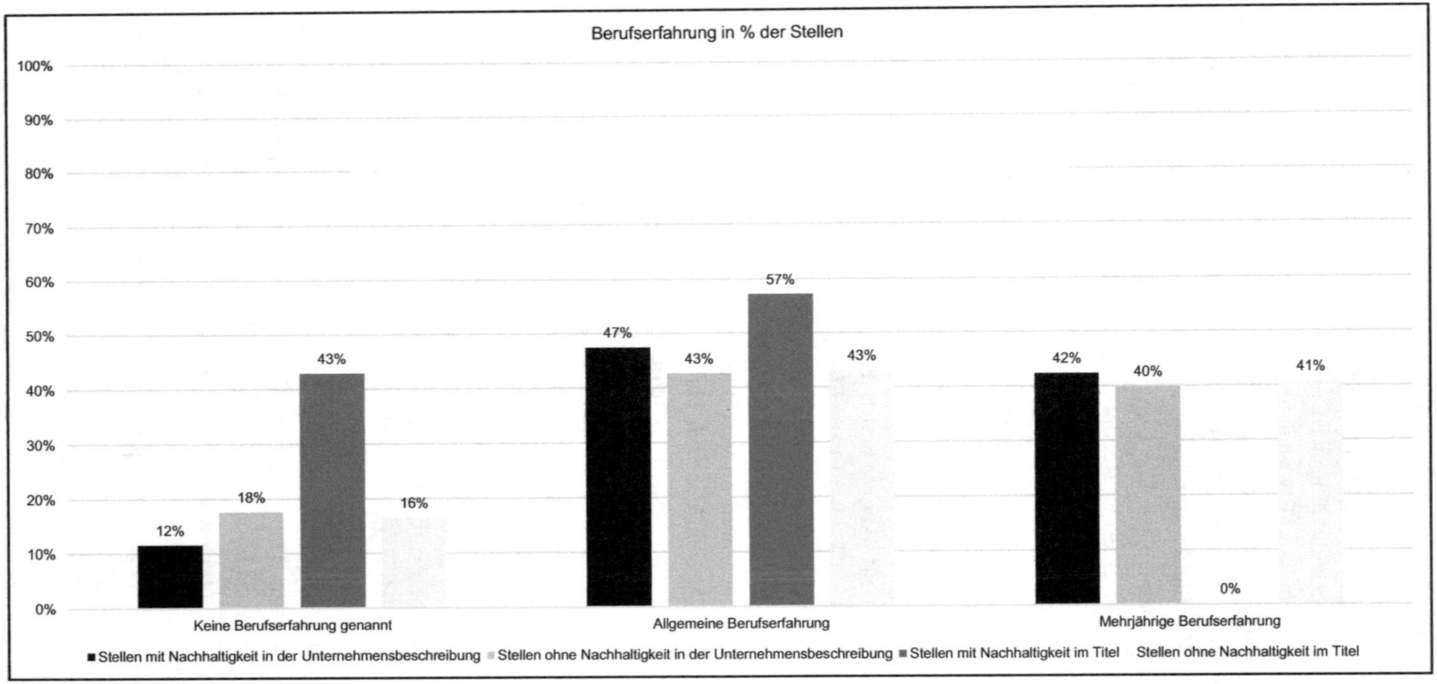

Abb. 5.2 Häufigkeit der genannten Berufserfahrung unterteilt nach Nachhaltigkeit in der Unternehmensbeschreibung und dem Titel. (Eigene Darstellung)

Nachhaltigkeit weiterentwickelt und erfordert spezifisches Fachwissen, die Fähigkeit zur eigenständigen Arbeit sowie die Eigenschaft sich neue Themen anzueignen. Analytische Fähigkeiten und Lösungsorientierung sind wichtige Kompetenzen für Nachhaltigkeitscontroller. Unternehmen legen generell großen Wert auf analytische Fähigkeiten bei Controllern, während spezialisierte CSR-Controller zusätzlich über eine ausgeprägte Lösungsorientierung verfügen sollten. Angesichts der Herausforderungen bei der Integration ökologischer und sozialer Daten sind innovative Denkansätze und die Fähigkeit, komplexe Probleme zu lösen, entscheidend für Nachhaltigkeitscontroller. Persönliche und soziale Kompetenzen spielen auch bei Nachhaltigkeitscontrollern eine wichtige Rolle. Kommunikationsfähigkeit hat in den letzten Jahren deutlich an Bedeutung gewonnen und wird auch in der Literatur als eine der wichtigsten Kompetenzen für Controller betrachtet. Bei den Nachhaltigkeitscontrollern in der Stichprobe wird Kommunikationsfähigkeit jedoch überraschenderweise erst an sechster Stelle der am häufigsten genannten Kompetenzen gezählt. Teamfähigkeit wird sowohl in früheren Studien als auch in der aktuellen Untersuchung als eine wichtige Kompetenz für Controller identifiziert. Mit zunehmend komplexeren Aufgaben und interdisziplinären Teams gewinnt Teamfähigkeit an Bedeutung. Die niedrige Ausprägung der Proaktivität könnte auf verschiedene Faktoren zurückzuführen sein und bedarf möglicherweise weiterer Untersuchungen. Geschäftskompetenz ist für Controller, sowohl mit als auch ohne Nachhaltigkeit im Fokus, von großer Bedeutung. Die Kompetenz ermöglicht es Controllern, das Unternehmen besser zu verstehen, die spezifischen Anforderungen der Branche zu berücksichtigen und Entscheidungen zu treffen.

Als Einschränkung der Stellenanzeigenanalyse sind der unterschiedliche Informationsgehalt und die unterschiedliche Qualität der Stellenanzeigen zu nennen (Sailer 2009). Stellenanzeigen haben daher eine Limitation bezüglich der Repräsentativität der Stellen. Deutschland hat in der Stichprobe der Stellenanzeigenanalyse zudem einen erheblichen Einfluss auf die Ergebnisse mit 82 % der Stellenanzeigen. In das Kodierungsschema hätten noch spezifische Controlling-Instrumente aufgenommen werden können. Dies hätte einen tieferen Detailierungsgrad und eine tiefere Analyse über die Fachkenntnisse ermöglicht, die die Controller haben sollten.

Besonders im Bereich der Planung sollten weitere Untersuchungen erfolgen, da ein Großteil der Controller, wie in der Stichprobe erkennbar ist, an der Unternehmensplanung mitarbeitet. Da die Frage offenbleibt, ob sich die Planung auf rein ökonomische Faktoren bezieht oder auch soziale und ökonomische Faktoren berücksichtigt werden, besteht hier über die Stellenanzeigenanalyse hinaus Forschungsbedarf. Auch bezüglich des externen Reportings sollte überprüft werden, ob Controller nur am traditionellen finanziellen Jahresabschluss mitarbeiten oder ob auch eine Einbindung in das CSR Reporting besteht. Weiterführende Analysen können anhand von Best Practices und Erfolgsfaktoren im Bereich Nachhaltigkeitscontrolling erfolgen. Für Unternehmen, die erfolgreich Nachhaltigkeitsstrategien umsetzen, kann im Rahmen von Fallstudien untersucht werden, welche Rolle Controller dabei übernehmen.

Die Ergebnisse der ausgewerteten Stellenanzeigen bilden trotz der erwähnten Einschränkungen eine Orientierungshilfe für Personen, die bereits als Controller arbeiten oder in der Zukunft als Controller arbeiten möchten. Besonders die Qualifikationen und Kompetenzen können von zukünftigen, sich in Ausbildung befindenden Controllern als Orientierung dienen, was erlernt werden sollte. Auch für Bildungseinrichtungen oder zur Entwicklung von Aus- und Weiterbildungsmaßnahmen können die Ergebnisse als Orientierungshilfe dienen, um Controller gezielt zu fördern und den Anforderungen an eine nachhaltigere Wirtschaft gerecht zu werden.

Literatur

Alves CFL, Parisi C, Tiomatsu Oyadomari JC, Peleias IR (2022) How does a business partner controller work? Study based on market practices. Revista Contemporânea de Contabilidade 19:76–94

Burns J, Baldvinsdottir G (2005) An institutional perspective of accountants' new roles–the interplay of contradictions and praxis. Eur Account Rev 14:725–757

Feldbauer-Durstmüller B, Mayr S (Hrsg) (2019) Controlling – Aktuelle Entwicklungen und Herausforderungen: Digitalisierung, Nachhaltigkeit und Spezialaspekte. Springer Gabler, Wiesbaden

Gänßlen S, Losbichler H, Niedermayr R, Rieder L, Schäffer U, Weber J (2012) Grundsatzposition des Internationalen Controller Vereins (ICV) und der International Group of Controlling (IGC). Die Kernelemente des Controllings – Das Verständnis von ICV und IGC. https://www.igc-controlling.org/fileadmin/pdf/grundsatzposition_d.pdf. Zugegriffen: 22. Mai 2024

Georgopoulos A, Georg S (2021) Anforderungen an das Controlling: Auswirkungen von Big Data und Digitalisierung auf das zukünftige Kompetenzprofil des Controllers. Springer Gabler, Wiesbaden

Harper R (2012) The collection and analysis of job advertisements: a review of research methodology. Libr Inf Res 36:29–54

Hastenteufel J, Schuster H, Kiszka S (2022) Controlling 4.0 – Herausforderungen der Digitalisierung für das Controlling und daraus resultierende Veränderungen des Berufsbilds von Controller: innen. In: Hastenteufel J, Weber S, Röhm T (Hrsg) Digitale Transformation im Controlling. Praxisorientierte Lösungsansätze und Chancen für Unternehmen. Springer Gabler, Wiesbaden, S 1–12

Hastenteufel J, Dorow M, Weber S (2024) The impact of digitization on corporate controlling and the role of controllers. Manage Econ 24(2):107–143

Haufe Online Redaktion (15. September 2022) Deutschlands beste Jobportale 2022 stehen fest. https://www.haufe.de/personal/hr-management/recruiting-deutschlands-beste-jobportale_80_575250.html. Zugegriffen: 22. Mai 2024

IGC (Hrsg) (2015). IGC-Schriften. Controller-Kompetenzmodell: Ein Leitfaden für die moderne Controller-Entwicklung mit Muster-Kompetenzprofilen. Haufe, Freiburg/München

Indeed (2024) Was ist Indeed? Hilfebereich für Jobsuchende. https://support.indeed.com/hc/de/articles/115002786323-Was-ist-Indeed. Zugegriffen: 22. Mai 2024

Internationaler Controller Verein e. V. (2010) Green Controlling: Relevanz und Ansätze einer "Begrünung" des Controlling Systems. https://www.icv-controlling.com/fileadmin/Assets/Content/AK/Ideenwerkstatt/Files/ICV_IW_WhitePaper_Green_Controlling_20110327_final.pdf. Zugegriffen: 22. Mai 2024

Internationaler Controller Verein e. V. (2015) Controller Statements Grundlagen: Controller-Anforderungen, Selbstverständnis und Chancen. https://www.icv-controlling.com/fileadmin/Wissen/Frei_f%C3%BCr_alle__Controller_Magazin_Statement__White_Paper__Schriftenreihe__Dream_Car_Bericht/Controller_-_Anforderungen_Selbstverst%C3%A4ndnis_und_Chancen_ICV_Statement_NichtMitglieder.pdf. Zugegriffen: 22. Mai 2024

Internationaler Controller Verein e. V. (2021) EU-Taxonomie für Sustainable Finance: Die Rolle des Green Controllings bei der Umsetzung des European Green Deals. https://www.icv-controlling.com/fileadmin/Wissen/Frei_f%C3%BCr_alle__Controller_Magazin_Statement__White_Paper__Schriftenreihe__Dream_Car_Bericht/EU_Taxonomie_Whitepaper_ICV_FAK_Green_Controlling_2021.pdf. Zugegriffen: 22. Mai 2024

Kuckartz U, Rädiker S (2022) Qualitative Inhaltsanalyse: Methoden, Praxis, Computerunterstützung, 5. Aufl. Beltz, Weinheim

Mayring P (2022) Qualitative Inhaltsanalyse: Grundlagen und Techniken, 13. Aufl. Beltz, Weinheim

Rios JA, Ling G, Pugh R, Becker D, Bacall A (2020) Identifying critical 21st-century skills for workplace success: a content analysis of job advertisements. Educ Res 49:80–89

Sailer M (2009) Anforderungsprofile und akademischer Arbeitsmarkt: Die Stellenanzeigenanalyse als Methode der empirischen Bildungs- und Qualifikationsforschung. Waxmann, Münster

Sailer U (2020) Nachhaltigkeitscontrolling, 3. Aufl. UVK, München

Stojanović-Blab M, Blab D (2017) Nachhaltigkeitsberichterstattung anhand der GRI Standards– ein Vergleich zu GRI G4. Zeitschrift für internationale und kapitalmarktorientierte Rechnungslegung 17:307–316

Trachsel V, Bitterli C (2020) Controller-Profile in der Schweiz-Bedeutung der Digitalisierung: Stellenanzeigenanalyse in der Schweiz. In: Keimer I, Egle U (Hrsg) Die Digitalisierung der Controlling-Funktion: Anwendungsbeispiele aus Theorie und Praxis. Springer Gabler, Wiesbaden, S 199–210

Weber J (2008) Aktuelle Controllingpraxis in Deutschland: Ergebnisse einer Benchmarkstudie. Wiley-VCH, Weinheim

Weber J, Hirsch B, Rambusch R, Schlüter H, Sill F und Spatz AC (2006) Controlling 2006: Stand und Perspektiven [eine Veröffentlichung des Internationalen Controller-Vereins in Kooperation mit dem Lehrstuhl für Controlling & Telekommunikation der WHU – Otto Beisheim School of Management]. Vallendar/Berlin

Weber J, Preis A, Böttger U (2010) Neue Anforderungen an Controller: Ergebnisse aus der Unternehmenspraxis. Wiley-VCH, Weinheim

White MD, Marsh EE (2006) Content analysis: a flexible methodology. Libr Trends 55:22–45

Anika Bilsdorfer ist Controllerin in der Modebrache und verfügt über mehrjährige Berufserfahrung in dem Bereich. Sie hat ihren Masterabschluss in Controlling an der IU Internationale Hochschule erworben.

Prof. Dr. Manuela Ender ist Professorin für FinTech an der IU Internationale Hochschule. Neben ihrer Tätigkeit an der Hochschule ist sie seit vielen Jahren in der Software- und Beratungsbranche für Banken tätig. Zahlreiche Lehraufträge im In- und Ausland runden ihr Profil ab.

6 Controllingrelevante Aspekte im Kontext der Nachhaltigkeitsberichterstattung – Exemplarische Praxiseinblicke Unter Berücksichtigung der Key Perfomance Indicators der Eu-Taxonomie-Verordnung

Philip Heinz

6.1 Einführender Überblick

Nachhaltigkeit ist zu einem wichtigen gesellschaftlichen Thema geworden, was sich auch durch ein zunehmendes Interesse der Stakeholder eines Unternehmens, wie z. B. Investoren, Mitarbeiter, Kunden und Lieferanten, an diesem Themenbereich zeigt. Unternehmen kommunizieren daher – auf freiwilliger oder gesetzlicher Basis – Informationen zu Nachhaltigkeitsaspekten. So sind Kapitalgesellschaften, welche gewisse Merkmale erfüllen (§ 289b HGB), verpflichtet, ihren Lagebericht, um eine nichtfinanzielle Erklärung zu erweitern. Gem. § 289c HGB hat sich diese nichtfinanzielle Erklärung zumindest auf folgende Aspekte zu beziehen:

- Umweltbelange (mit Angaben bspw. zu Treibhausgasemissionen, Wasserverbrauch, Luftverschmutzung),
- Arbeitnehmerbelange (mit Angaben zu Geschlechtergleichstellung, Arbeitsbedingungen, Gesundheitsschutz oder Sicherheit am Arbeitsplatz etc.),
- Sozialbelange (mit Angaben z. B. zu Schutz und Entwicklung lokaler Gemeinschaften),
- Achtung der Menschenrechte (Angaben u. a. bezüglich der Vermeidung von Menschenrechtsverletzungen) sowie
- Bekämpfung von Korruption und Bestechung.

P. Heinz (✉)
IU Internationale Hochschule, Erfurt, Deutschland
E-Mail: philip.heinz@iu.org

S. Weber und J. Hastenteufel (Hrsg.), *Nachhaltigkeit im Controlling*,
https://doi.org/10.1007/978-3-658-45769-3_6

Im Sinne on „you can't manage what you can't measure" (Graumann 2022, S. 47) stellt sich aus Sicht des Controllings die Frage, wie die vorgenannten Aspekte operationalisiert werden können. Neuerungen für das Controlling ergeben sich im Kontext der Nachhaltigkeit bspw. durch die EU-Taxonomie-Verordnung. Dieser Beitrag zeigt durch exemplarische Praxiseinblicke bezogen auf drei im DAX gelistete Unternehmen (Mercedes-Benz Group AG, RWE AG, Heidelberg Materials AG) anhand der in der EU-Taxonomie-Verordnung genannten Key Performance Indicators (KPI) die Relevanz für und die Umsetzung durch das Nachhaltigkeitscontrolling auf.

6.2 Nachhaltigkeit

Grundsätzlich kann der Nachhaltigkeitsbegriff[1] zwei Dimensionen haben, „einerseits i. S. eines nicht nur vorübergehend möglichen, sondern langfristig erreichbaren Zielerreichungsniveaus (Umsatz, Gewinn)" sowie „andererseits i. S. einer ethisch wünschenswerten Unternehmenstätigkeit unter Vermeidung der Ausbeutung von Ressourcen (sog. „*sustainability*")" (Graumann 2022, S. 51). Ein bekanntes Modell stellt das nach der Rio-Konferenz 1992 entwickelte Drei-Säulen-Modell der Nachhaltigkeit dar (Altmeppen et al. 2017). Hierbei sind „die drei Dimensionen der Nachhaltigkeit – wirtschaftlich effizient, sozial gerecht, ökologisch tragfähig – gleichberechtigt zu betrachten" (Bundesministerium für wirtschaftliche Zusammenarbeit und Entwicklung 2024).

Im Bereich der Dimension der *ökologischen Nachhaltigkeit* hat die Enquete-Kommission „Schutz des Menschen und der Umwelt" des Deutschen Bundestages bereits 1994 als eine der Grundregeln formuliert: „Die Abbaurate erneuerbarer Ressourcen soll ihre Regenerationsrate nicht überschreiten. Dies entspricht der Forderung nach Aufrechterhaltung der ökologischen Leistungsfähigkeit, d. h. (mindestens) nach Erhaltung des von den Funktionen her definierten ökologischen Realkapitals" (Deutscher Bundestag Enquete-Kommission 1994, S. 29). Im Rahmen der ökologischen Nachhaltigkeit nehmen die „Grenzen der Belastbarkeit der natürlichen Umwelt […] eine Schlüsselstellung ein" (Grunwald und Kopfmüller 2022, S. 87). Umwelt- sowie Umweltqualitätsziele können sich grundsätzlich auf die globale, regionale wie auch lokale Ebene beziehen (Deutscher Bundestag Enquete-Kommission 1998).

[1] Weitere in der Literatur und Praxis verwendete Begrifflichkeiten im Kontext der Nachhaltigkeitsthematik lauten bspw. Corporate Sustainability, Corporate Social Sustainability (CSR), Corporate Governance, Compliance und Corporate Citizenship; diese sind nicht immer eindeutig voneinander abzugrenzen (Osranek 2016). Auch die Begrifflichkeit ESG bzw. ESG-Kriterien (Environmental, Social, Corporate Governance) wird häufig synonym zum Nachhaltigkeitsbegriff verwendet (Engelien et al. 2023). Im Kontext dieses Beitrags wird überwiegend der Begriff Nachhaltigkeit verwendet, ohne weiter auf nuancierte begriffliche Differenzen einzugehen.

Im Bereich der Dimension der sozialen Nachhaltigkeit sind sowohl individuelle als auch gesellschaftliche Belange von Relevanz (Osranek 2017). Ein besonderer Fokus liegt hierbei auf menschlichen Beziehungen: „Der Kern sozialer Nachhaltigkeit sind also gute Beziehungen. Sozial nachhaltig ist eine Entwicklung, die ihre sozialen Grundlagen auf Dauer erhält. Sie erfordert eine Lebens- und Wirtschaftsweise, in der gute Beziehungen von Individuen oder Gruppen zu sich selbst, zueinander und zur Mitwelt möglich sind. Aus Beziehungen erwächst eine Gemeinschaft, die zusammenhält und in sich zu Gegenseitigkeit, Solidarität und Gemeinsinn fähig ist“ (Castellucci 2022, S. 28). Die Enquete-Kommission bezieht sich im Rahmen der sozialen Dimension auf friedliches und solidarisches Zusammenleben und präzisiert: „Arbeit, aktive Teilhabe am gesellschaftlichen Wohlstand, gerechte Verteilung von Einkommen und Lebenschancen und die Erhaltung und Weiterentwicklung sozialer Sicherungssysteme sind neben der Befriedigung elementarer Grundbedürfnisse, der Förderung gesellschaftlicher Integrationsprozesse, der Anerkennung und Förderung der Belange sozial Benachteiligter – und damit des solidarischen Miteinanders – wesentliche Voraussetzungen für den sozialen Frieden und eine zukunftsfähige Entwicklung“ (Enquete-Kommission 1998, S. 27).

Pufé (2017, S. 101) definiert ökonomische Nachhaltigkeit als „die betriebswirtschaftliche Nutzung eines Systems im Sinne einer Organisation oder eines Unternehmens in einer Weise, dass dieses in seinen wesentlichen Eigenschaften dauerhaft erhalten bleibt und sein wirtschaftlicher Fortbestand so gesichert ist“. Ein wesentliches Ziel der ökonomischen Nachhaltigkeit ist es, „die Wirtschaftskraft zu stärken, um die Aufrechterhaltung einer ausreichenden bzw. gewünschten Lebensqualität im Zeitablauf zu erreichen“ (Hauff 2021, S. 37). Die Enquete-Kommission nennt als konkrete Ziele auf einzelwirtschaftlicher Ebene[2] „Umsatz-, Marktanteils- und Gewinnziele“ (Enquete-Kommission 1998, S. 18).

Wie oben erwähnt, sollten alle Dimensionen gleichberechtigt und gleichwertig behandelt werden (Enquete-Kommission 1998, S. 18). Dieser Anspruch stellt einen wesentlichen Kritikpunkt am Drei-Säulen-Modell dar, da die Dimensionen zu isoliert betrachtet werden und Wechselwirkungen nicht rigoros genug berücksichtigt werden (Osranek 2017). Demnach können zwischen den einzelnen Dimensionen des Drei-Säulen-Modells Zielkonflikte vorliegen. Dennoch besteht auch die Möglichkeit der sich positiv beeinflussenden Ziele. So können hochwertige und hochpreisige Produkte (primär ökonomisches Ziel) bspw. zu geringeren Umweltbelastungen (primär ökologisches Ziel) führen (Graumann 2022).

Da die EU-Taxonomie-Verordnung, welche in Abschn. 6.3 näher erläutert wird, sich auf ökologisch nachhaltige Wirtschaftstätigkeiten bezieht, steht für diesen Beitrag im Kontext des Nachhaltigkeitscontrollings speziell die ökologische Dimension der Nachhaltigkeit im Fokus.

[2] Ökonomische Ziele auf volks-/gesamtwirtschaftlicher Ebene (wie bspw. Preisstabilität, außenwirtschaftliches Gleichgewicht und Reduzierung der Staatsquote) werden in diesem Beitrag nicht betrachtet.

6.3 Nachhaltigkeitsberichterstattung und Controlling

Im Rahmen der Nachhaltigkeitsberichterstattung können sich Unternehmen bzw. das Controlling eines Unternehmens grundsätzlich an diversen Standards oder Rahmenbedingungen orientieren, wie bspw. die Standards der Global Reporting Initiative (GRI). Gegründet wurden die GRI 1997 auf Basis einer gemeinschaftlichen Initiative der US-amerikanischen Nichtregierungsorganisation Coalition for Environmentally Responsible Economics (CERES) und des Umweltprogramms der Vereinten Nationen (UNEP) (Haller und Ernstberger 2006). Die zentrale Funktion der GRI liegt darin, Stakeholdern, welche „an einer Verbreitung und Verbesserung der Nachhaltigkeitsberichterstattung interessiert sind und daran mitarbeiten wollen, eine Plattform zu bieten, dieses Ziel gemeinschaftlich zu erreichen" (Haller und Ernstberger 2006, S. 2518). Die GRI gelten weltweit als die am verbreitetsten Standards (KPMG 2022; Luque-Vílchez et al. 2023). Auch verwendet werden, wenn auch häufiger von Kleinunternehmen, nationale Rahmenwerke wie z. B. der Deutsche Nachhaltigkeitskodex (Engelien et al. 2023; Beyer und Kirchner-Khairy 2024). Dieser wurde durch den Rat für Nachhaltige Entwicklung im Jahr 2011 beschlossen und „ist in seinem Kern mit den 20 Kriterien und der Auswahl an Leistungsindikatoren auch für alle nichtberichtspflichtigen Unternehmen und Organisationsformen ein zweckmäßiges Instrument zur freiwilligen Selbstauskunft über ihre Maßnahmen zur ökologischen, sozialen und ökonomischen Dimension der Nachhaltigkeit" (Rat für Nachhaltige Entwicklung 2020, S. 7).

Für große kapitalmarktorientierte Kapitalgesellschaften i. S. des § 289b HGB greift die EU-Taxonomie-Verordnung, die determiniert, welche Wirtschaftstätigkeiten in der EU als taxonomiekonform (und somit als ökologisch nachhaltig) hinsichtlich folgender sechs von der EU definierten Umweltziele gelten (EU-Verordnung 2020/852 vom 18. Juni 2020, Artikel 9):

- Klimaschutz,
- Anpassung an den Klimawandel,
- Nachhaltige Nutzung und Schutz von Wasser- und Meeresressourcen,
- Übergang zu einer Kreislaufwirtschaft,
- Vermeidung und Verminderung der Umweltverschmutzung sowie
- Schutz und Wiederherstellung der Biodiversität und der Ökosysteme.

Für Unternehmen, für welche die EU-Taxonomie-Verordnung greift, findet zunächst eine Beurteilung der Taxonomiefähigkeit statt, d. h. die Feststellung, ob Wirtschaftsaktivitäten auf Basis der Delegierten Verordnung EU 2021/2139 sich grundsätzlich der EU-Taxonomie zuordnen lassen (wie bspw. die Wirtschaftsaktivität Herstellung von CO_2-armen Verkehrstechnologien). In der Folge sind die taxonomiefähigen Wirtschaftsaktivitäten hinsichtlich der *Taxonomiekonformität* zu beurteilen, d. h. dahingehend, ob diese einen wesentlichen Beitrag zu einem der vorgenannten Umweltziele der EU-

Verordnung leisten, keines der anderen Umweltziele erheblich beeinträchtigen, die Einhaltung des Mindestschutzes von Menschenrechten und Korruptionsbekämpfung sichergestellt ist sowie die durch die Kommission festgelegten technischen Bewertungskriterien erfüllt sind (EU-Verordnung 2020/852 vom 18. Juni 2020, Artikel 3; Großkopf et al. 2022; Kajüter und Wolff 2022).

Von besonderer Bedeutung für das Nachhaltigkeitscontrolling sowie die damit verbundene Operationalisierung von Nachhaltigkeit ist, dass gem. Artikel 8 Abs. 2 der vorgenannten EU-Verordnung Nicht-Finanzunternehmen den Anteil der Umsatzerlöse, Investitionsausgaben (CapEx) sowie Betriebsausgaben (OpEx) anzugeben haben, die nach der Klassifikation der EU-Verordnung als ökologisch nachhaltige Wirtschaftstätigkeiten einzustufen sind. „Der Anteil der Umsatzerlöse ist dabei ein Indikator für das aktuelle Ausmaß an nachhaltigen Wirtschaftsaktivitäten, während die Investitionsausgaben die künftige Ausrichtung der Geschäftstätigkeit signalisieren. Die Betriebsausgaben sollen ergänzend nicht aktivierte Ausgaben für nachhaltige Wirtschaftsaktivitäten verdeutlichen“ (Kajüter und Wolff 2022, S. 2041). Im delegierten Rechtsakt 2021/2178 vom 06. Juli 2021 finden sich in Anhang I (Nr. 1) detaillierte Hintergrundinformationen zur Berechnung der vorgenannten KPI (Umsatz-KPI; CapEx; OpEx). Verkürzt bzw. vereinfacht können die KPI wie folgt berechnet werden:

$$\text{Umsatz-KPI} = \frac{\text{Nettoumsatz mit taxonomiekonformen Wirtschaftstä tigkeiten}}{\text{Nettoumsatz im Sinne von Art.2 Nr.5 der EU-Richtlinie 2013/34/EU}} \tag{6.1}$$

$$\text{CapEx} = \frac{\text{Investitionsausgaben gem. Nenner, verbunden mit taxonomiekonformen Wirtschaftstä tigkeiten}}{\begin{array}{c}\text{Zugä nge an Sachanlagen und immateriellen Vermö genswerten im Geschä ftsjahr} \\ \text{vor Abschreibungen und Neubewertungen}\end{array}} \tag{6.2}$$

$$\text{OpEx} = \frac{\text{Betriebsausgaben gem. Nenner, verbunden mit taxonomiekonformen Wirtschaftstä tigkeiten}}{\begin{array}{c}\text{direkte, nicht kapitalisiert Kosten, die sich sichauf FuE, Gebä udesanierungsmaßnahmen,} \\ \text{kurzfristiges Leasing, Wartung und Reparatur sowie sä mtliche anderen direkten} \\ \text{Ausgaben im Zusammenhang mit der tä glichen Wartung von Vermö genswerten des} \\ \text{Sachanlagevermö gens beziehen, um die kontinuierliche und effektive} \\ \text{Funktionsfä higkeit dieser Vermö genswerte sicherzustellen}\end{array}} \tag{6.3}$$

Die „Erfassung, Überprüfung und Berichterstattung dieser neuen Kennzahlen [stellt; Anm. d. Verf.] die betroffenen Unternehmen vor eine große Aufgabe“ (Großkopf et al. 2022, S. 258) und kann somit auch auf das Controlling erhebliche Auswirkungen haben. Einzelne Kennzahlen, Kennzahlen- und Zielsysteme werden regelmäßig für Informations- und Steuerungszwecke verwendet und „häufig als Instrument des Controllings empfohlen und eingesetzt“ (Küpper et al. 2013, S. 480). Somit ergeben sich für das Nachhaltigkeitscontrolling durch die Anwendung der EU-Taxonomie-Verordnung und der damit verbundenen KPI im Rahmen der Nachhaltigkeitsberichterstattung neue Herausforderungen und es haben sich „bedeutende Neuerungen für das Rollenbild des Controllers bzw. der Controllerin ergeben“ (Controller Institut 2023). Für den vorliegenden Beitrag werden nachfolgend die taxonomiefähigen Wirtschaftstätigkeiten bzw. taxonomiekonformen vorgenannten KPI (Umsatz-KPI, CapEx, OpEx) exemplarisch für die Unternehmen Mercedes-Benz Group AG, RWE AG sowie Heidelberg Materials AG (ehemals HeidelbergCement AG) aufgezeigt.

6.4 Praxisbeispiele

6.4.1 Auswahl der DAX-Unternehmen

Seit September 2021 setzt sich der Deutsche Aktienindex (DAX), welcher rund 80 % der Marktkapitalisierung börsennotierter Aktiengesellschaften in Deutschland repräsentiert, aus den 40 größten Unternehmen des deutschen Aktienmarkts zusammen (Deutsche Börse 2024a). Für eine Aufnahme in den DAX dient die Free Float-Marktkapitalisierung (Marktkapitalisierung der frei handelbaren Aktien) zu einem bestimmten Stichtag, welche aus dem Volume Weighted Average Price (VWAP) der letzten 20 Handelstage ermittelt wird (Deutsche Börse 2024b).

Für diesen Beitrag wird die Nachhaltigkeitsberichterstattung unter Berücksichtigung der EU-Taxonomie-Verordnung und der damit verbundenen Relevanz für das Nachhaltigkeitscontrolling exemplarisch für folgende drei DAX-Unternehmen herangezogen:

1. Mercedes-Benz Group AG (Automobilbranche) – aufgrund der Bedeutung der Automobilindustrie für den Wirtschaftsstandort Deutschland sowie der starken Indexgewichtung der Mercedes-Benz Group AG im DAX,
2. RWE AG (Energiebranche) – aufgrund der Relevanz von Energieversorgungskonzernen für eine (nachhaltige) klimaneutrale Wirtschaft in Deutschland und Europa und
3. Heidelberg Materials AG (Baustoffbranche) – aufgrund des (möglichen) Einflusses der Immobilien- bzw. Baustoffbranche auf CO_2-Emissionen sowie den branchenspezifischen Energie- und Rohstoffverbrauch.

6.4.2 Mercedes-Benz Group AG

Laut Geschäfts- und Nachhaltigkeitsbericht des Jahres 2022 der Mercedes-Benz Group AG (Mercedes Benz 2023) wurden als taxonomiefähige Wirtschaftstätigkeiten erfasst:

- Herstellung von CO_2-armen Verkehrstechnologien, die die Produktion von Pkw und Vans umfasst,
- Leasing und Finanzierung CO_2-armer Pkw und Vans,
- Leasing und Finanzierung CO_2-armer Trucks.

Für die Beurteilung eines wesentlichen Beitrags zum Klimaschutz untersucht die Mercedes-Benz Group AG die Umsatzerlöse daraufhin, ob sie mit CO_2-armen Fahrzeugen erzielt wurden. Die in der Konzern-Gewinn- und Verlustrechnung ausgewiesenen Umsatzerlöse betrugen 150.017 Mio. €. Hiervon sind 14.994 Mio. € taxonomiekonform (ökologisch nachhaltige Tätigkeiten), was einem Umsatzanteil von 10 % entspricht. 131.833 Mio. € bzw. 88 % des Umsatzes sind taxonomiefähig, aber nicht taxonomiekonform (nicht ökologisch nachhaltige Tätigkeiten). Der hohe Anteil an taxonomiefähigen Umsatzerlösen bei Mercedes ist darin begründet, dass die Wirtschaftsaktivitäten von Automobilherstellern „nahezu vollständig von technischen Bewertungskriterien erfasst sind" (Kajüter und Wolff 2022, S. 2045). 3190 Mio. € bzw. 2 % des Umsatzes entsprechen nicht taxonomiefähigen Tätigkeiten.

Im Kontext der Investitionen (CapEx) betragen bei der Mercedes-Benz Group AG im Berichtsjahr 2022 die einzubeziehenden Vermögenswerte insgesamt 18.369 Mio. €. Davon sind 4057 Mio. € bzw. 22 % als taxonomiekonform (ökologisch nachhaltige Tätigkeiten) klassifiziert. 14.312 Mio. € bzw. 78 % gelten als taxonomiefähig, aber nicht taxonomiekonform.

Im Kontext von OpEx ergeben sich bei der Mercedes-Benz Group AG im Berichtsjahr 2022 als Betriebsausgaben 6664 Mio. €, wovon sich Betriebsausgaben im Wert von 2340 Mio. € (35 %) als taxonomiekonform und 4324 Mio. € (65 %) als taxonomiefähig, aber nicht taxonomiekonform darstellen.

Für den Anteil der taxonomiefähigen Betriebsausgaben werden die Betriebsausgaben ins Verhältnis gesetzt zu den relevanten Betriebsausgaben des Konzerns. Da laut Nachhaltigkeitsbericht 2022 der Mercedes-Benz Group AG die im Nenner zu berücksichtigenden Betriebsausgaben ausschließlich im Rahmen der Taxonomieberichterstattung als Kennzahl ermittelt werden, ist anzunehmen, dass sich durch die EU-Taxonomie-Verordnung neue Aufgaben für das Nachhaltigkeitscontrolling ergeben haben.

6.4.3 RWE AG

Laut Geschäfts- und Nachhaltigkeitsbericht des Jahres 2022 der RWE AG (RWE 2023) beinhalten die taxonomiekonformen Wirtschaftstätigkeiten vor allem die Stromerzeugung mittels Windkraft, Photovoltaik-Technologie und Wasserkraft sowie die Speicherung von Strom und den Aufbau der Wasserstofferzeugung. Taxonomiefähige (aber nicht taxonomiekonforme) Wirtschaftstätigkeiten umfassen vor allem die Stromerzeugung aus Erdgas. Nicht-taxonomiefähige Wirtschaftstätigkeiten umfassen bspw. die Stromerzeugung aus Kohle und Kernenergie.

Der Umsatz des RWE-Konzerns betrug im Jahr 2022 38.366 Mio. €, wovon 4622 Mio. € (12 %) als Umsatz aus ökologisch nachhaltigen Tätigkeiten (taxonomiekonform), 11.676 Mio. € (30 %) als Umsatz aus taxonomiefähigen Tätigkeiten und 22.068 Mio. € (58 %) als Umsatz aus nicht taxonomiefähigen Tätigkeiten stammt. Laut dem Geschäftsbericht des Jahres 2022 (RWE 2023, S. 98) erwartet RWE, dass der taxonomiekonforme Umsatz, welcher vorwiegend durch Stromerzeugung aus Windkraft erwirtschaftet wurde, durch „den strategisch vorangetriebenen Ausbau der Stromerzeugung aus diesen Quellen" zukünftig gesteigert werden kann.

Der CapEx ökologisch nachhaltiger Tätigkeiten (taxonomiekonform) beträgt bei RWE 3501 Mio. € (83 %), der CapEx aus taxonomiefähigen Tätigkeiten 212 Mio. € (5 %) und der CapEx aus nicht taxonomiefähigen Tätigkeiten 518 Mio. € (12 %). Der taxonomiekonforme CapEx spiegelt insb. wider, dass RWE, um das strategische Ziel der Klimaneutralität bis 2040 zu erreichen, in Erneuerbare-Energie-Projekte investiert (Wind- und Solarparks und Wasserstoff). Der hohe taxonomiekonforme CapEx bei RWE kann als „Indikator für die nachhaltige Transformation dienen", da bei Unternehmen des Energiesektors „die Energiewende in vollem Gange ist" (Bonhoff 2024).

Der OpEx ökologisch nachhaltiger Tätigkeiten (taxonomiekonform) beträgt bei RWE 363 Mio. € (19 %), der OpEx aus taxonomiefähigen Tätigkeiten 224 Mio. € (12 %) und der OpEx aus nicht taxonomiefähigen Tätigkeiten beträgt 1316 Mio. € (69 %). Der taxonomiekonforme OpEx ergibt sich insb. aus den Betriebsausgaben für die Stromerzeugung aus erneuerbaren Energien.

6.4.4 Heidelberg Materials AG (ehemals HeidelbergCement AG)

Das Unternehmen Heidelberg Materials AG hat im Jahr 2022 begonnen, den Namen sowohl auf Konzernebene als auch für nationale und internationale Tochtergesellschaften von HeidelbergCement auf Heidelberg Materials abzuändern. Das Ersetzen des Wortes Cement durch Materials soll für das „Portfolio nachhaltiger und intelligenter Baustoffe sowie digitaler Lösungen" sowie für die Absicht des Unternehmens, ab 2024 „CO_2-freien Zement in großem Maßstab" anzubieten, stehen (Heidelberg Materials 2024).

Laut Geschäfts- und Nachhaltigkeitsbericht des Jahres 2022 der Heidelberg Materials AG (Heidelberg Materials 2023) wurden als taxonomiefähige Wirtschaftstätigkeiten erfasst: die Herstellung von Zement sowie die Materialrückgewinnung aus nicht gefährlichen Abfällen. Im Jahr 2022 betrug für die Heidelberg Materials AG der Gesamtumsatz gemäß der Taxonomie-Verordnung 21.095,1 Mio. €, wovon 167,6 Mio. € (0,8 %) als Umsatz aus ökologisch nachhaltigen Tätigkeiten (taxonomiekonform), 10.895,3 Mio. € (51,6 %) als Umsatz aus taxonomiefähigen Tätigkeiten und 10.032,1 Mio. € (47,6 %) als Umsatz aus nicht taxonomiefähigen Tätigkeiten stammen.

Der CapEx ökologisch nachhaltiger Tätigkeiten (taxonomiekonform) beträgt bei der Heidelberg Materials AG 365,9 Mio. € (23,3 %), der CapEx aus taxonomiefähigen Tätigkeiten 619,8 Mio. € (39,5 %) und der CapEx aus nicht taxonomiefähigen Tätigkeiten 585,4 Mio. € (37,2 %).

Der OpEx ökologisch nachhaltiger Tätigkeiten (taxonomiekonform) beträgt bei der Heidelberg Materials AG 45,6 Mio. € (2,9 %), der OpEx aus taxonomiefähigen Tätigkeiten 841,8 Mio. € (53,2 %) und der OpEx aus nicht taxonomiefähigen Tätigkeiten 695,0 Mio. € (43,9 %).

Der taxonomiekonforme Umsatzanteil von 0,8 % deckt sich mit einem Großteil der DAX 40-Unternehmen: zwei Drittel der Unternehmen weisen für das Berichtsjahr 2022 taxonomiekonforme Umsätze von weniger als 1 % aus (Handelsblatt 2023).

6.4.5 Vergleichende Tabelle

Die nachfolgende Tab. 6.1 stellt einen vergleichenden Überblick über die drei dargestellten Unternehmen (Mercedes-Benz Group AG, RWE AG und Heidelberg Materials AG) dar. Im Speziellen zeigt die Tabelle, bezogen auf das Geschäftsjahr 2022, jeweils den Gesamtumsatz sowie den Anteil der taxonomiekonformen Aktivitäten, also der ökologisch nachhaltigen Wirtschaftstätigkeiten, am Umsatz, am CapEx sowie am OpEx auf.

Es ist zu beachten, dass die KPI nicht unmittelbar vergleichbar sind, da die ausgewählten DAX-Unternehmen heterogenen Branchen angehören bzw. abweichende Wirtschaftstätigkeiten in den Nachhaltigkeitsberichten der Unternehmen berücksichtigt wurden. Ferner ist zu beachten, dass „rund ein Drittel der DAX 40-Unternehmen für das Berichtsjahr 2022 nur taxonomiefähige Umsätze von weniger als einem Prozent aufweist“ (Handelsblatt 2023).

Tab. 6.1 Vergleich KPI

	Konzernumsatz 2022 (in Mio. €)	Anteil taxonomiekonformer Aktivitäten am Umsatz (in %)	Anteil taxonomiekonformer Investitionen (in %)	Anteil taxonomiekonformer Betriebsausgaben (in %)
Mercedes-Benz Group AG	150.017	10	22	35
RWE AG	38.366	12	83	19
Heidelberg Materials AG	21.095	0,8	23	3

Eigene Darstellung (z. T. gerundete Werte)

6.5 Fazit

„Der Wille ist da, aber noch fehlt der Weg. In diesen Worten kann zusammengefasst werden, was derzeit in der deutschen Wirtschaft in Sachen Nachhaltigkeit los ist“ (Hampel und Wischmeyer 2024, S. 13). Das Zitat zeigt, dass Nachhaltigkeit zu einem wichtigen gesamtgesellschaftlichen Thema geworden und die Auseinandersetzung mit Nachhaltigkeitsthemen demnach auch für Unternehmen und das Nachhaltigkeitscontrolling von großer Relevanz ist. Untermauert wird die Bedeutung auch durch die EU-Taxonomie-Verordnung, die neue Pflichten zur Nachhaltigkeitsberichterstattung für Unternehmen eingeführt hat. Unternehmen, die die neuen Berichtspflichten anzuwenden haben, müssen ihre taxonomiefähigen bzw. taxonomiekonformen (d. h. die durch die EU-Verordnung als ökologisch nachhaltig definierten Wirtschaftstätigkeiten) Umsätze, Investitions- sowie Betriebsausgaben angeben. Die EU-Taxonomie-Verordnung „zeichnet sich durch hohe Komplexität bei der Datenerhebung und diverse Auslegungsunsicherheiten aus“ (Kämmler-Burrak et al. 2024). Somit ist anzunehmen, dass sich auch für das Controlling allgemein sowie das Nachhaltigkeitscontrolling im Speziellen neue Herausforderungen ergeben. Das Nachhaltigkeitscontrolling könnte dabei den Managementprozess bspw. durch

- die Formulierung von Nachhaltigkeitszielen,
- die Planung und Kontrolle von nachhaltigkeitsbezogenen KPI,
- die Durchführung von nachhaltigkeitsrelevanten Wesentlichkeitsanalysen,
- die Entwicklung von Nachhaltigkeitsinformationssystemen sowie
- um Nachhaltigkeitsaspekte erweiterte Controlling-Instrumente (z. B. Umwelt-Balanced Scorecard; ökologisch nachhaltige Investitionsrechnungen; ökologieorientierte Lebenszykluskostenrechnungen)

unterstützen (Horváth et al. 2024; Richter 2024).

Der Beitrag hat exemplarisch für drei DAX-Unternehmen die Nachhaltigkeits-KPI der taxonomiekonformen Umsatzerlöse an den Gesamtumsatzerlösen, OpEx sowie CapEx für das Geschäftsjahr 2022 aufgezeigt. Hierbei hat sich gezeigt, dass bei Mercedes Benz 88 % des Umsatzes als taxonomiefähig und 10 % als taxonomiekonform gelten. Ferner hat der Beitrag aufgezeigt, dass der OpEx für RWE mit 83 % relativ hoch ist. Dies ist auf die Absicht des Unternehmens, bis zum Jahr 2040 klimaneutral zu sein und die damit verbundenen Investitionen in erneuerbare Energien, zurückzuführen. Weiter hat sich gezeigt, dass der taxonomiekonforme Umsatz bei Heidelberg Materials mit 0,8 % vergleichsweise niedrig ist. Dies ist in Übereinstimmung mit einem Großteil der DAX 40-Unternehmen, da zwei Drittel der DAX 40-Unternehmen für das Berichtsjahr 2022 taxonomiekonforme Umsätze von weniger als 1 % ausweisen (Handelsblatt 2023).

Da die EU-Taxonomieverordnung gem. Artikel 27 grundsätzlich erstmalig ab dem 01. Januar 2022 (Umweltziele „Klimaschutz“ bzw. „Anpassung an den Klimawandel“) bzw.

ab dem 01. Januar 2023 (vier weitere Umweltziele gem. Artikel Buchstaben 9c–9f der EU-Taxonomie-Verordnung) anzuwenden ist, liegt bei Unternehmen sowie im Controlling häufig noch ein hohes Maß an Unsicherheit bezüglich der korrekten Anwendung der EU-Verordnung und der damit verbundenen Ermittlung der KPI vor. Die zukünftige Entwicklung stellt im Kontext des Nachhaltigkeitscontrollings ein spannendes Beobachtungs-, Forschungs- und Arbeitsfeld dar. Auch von Interesse ist, ob und welche Implikationen die Anwendung der EU-Taxonomie-Verordnung der DAX 40-Unternehmen für das Nachhaltigkeitscontrolling des in Deutschland bedeutenden Mittelstands haben wird.

Literatur

Altmeppen K-D, Zschaler F, Zademach H-M, Böttigheimer C, Müller M (Hrsg) (2017) Nachhaltigkeit in Umwelt, Wirtschaft und Gesellschaft: Interdisziplinäre Perspektiven. Springer VS, Wiesbaden

Beyer D, Kirchner-Khairy S (2024) Wert- und risikoorientiertes Controlling: Der Unternehmenswert als Handlungsmaxime im Controlling. Vahlen Verlag, München

Bonhoff C (2024) Wie läuft die Umsetzung der EU-Taxonomie bei den DAX40-Unternehmen? https://www.stakeholder-reporting.com/wie-laeuft-die-umsetzung-der-eu-taxonomie-bei-den-dax40-unternehmen/. Zugegriffen: 22. Mai 2024

Bundesministerium für wirtschaftliche Zusammenarbeit und Entwicklung (2024) Lexikon der Entwicklungspolitik: Nachhaltigkeit (nachhaltige Entwicklung). https://www.bmz.de/de/service/lexikon#lexicon=14700. Zugegriffen: 22. Mai 2024

Castellucci L (2022) Die Relevanz sozialer Nachhaltigkeit. In: Bozyazi E, Dilek K (Hrsg) Soziale Nachhaltigkeit und digitale Transformation: Soziale Nachhaltigkeit und digitale Transformation. Schäffer-Poeschel, Stuttgart, S 19–35

Controller-Institut (2023) Zwischen Praxis und Theorie: Umsetzung der EU-Taxonomie-VO aus Controllerperspektive. https://insights.controller-institut.at/umsetzung-der-eu-taxonomie-vo-aus-controllerperspektive/. Zugegriffen: 22. Mai 2024

Delegierte Verordnung (EU) 2021/2139 (2021) Delegierte Verordnung (EU) 2021/2139 der Kommission vom 04. Juni 2021 zur Ergänzung der Verordnung (EU) 2020/852 des Europäischen Parlaments und des Rates durch Festlegung der technischen Bewertungskriterien, anhand deren bestimmt wird, unter welchen Bedingungen davon auszugehen ist, dass eine Wirtschaftstätigkeit einen wesentlichen Beitrag zum Klimaschutz oder zur Anpassung an den Klimawandel leistet, und anhand deren bestimmt wird, ob diese Wirtschaftstätigkeit erhebliche Beeinträchtigungen eines der übrigen Umweltziele vermeidet

Delegierte Verordnung (EU) 2021/2178 (2021) Delegierte Verordnung (EU) 2021/2178 der Kommission vom 6. Juli 2021 zur Ergänzung der Verordnung (EU) 2020/852 des Europäischen Parlaments und des Rates durch Festlegung des Inhalts und der Darstellung der Informationen, die von Unternehmen, die unter Artikel 19a oder Artikel 29a der Richtlinie 2013/34/EU fallen, in Bezug auf ökologisch nachhaltige Wirtschaftstätigkeiten offenzulegen sind, und durch Festlegung der Methode, anhand deren die Einhaltung dieser Offenlegungspflicht zu gewährleisten ist

Deutsche Börse (2024a) Börsenlexikon. https://deutsche-boerse.com/dbg-de/unternehmen/wissen/boersenlexikon/boersenlexikon-article/DAX-242898. Zugegriffen: 22. Mai 2024

Deutsche Börse (2024b) Themen Spotlights. https://deutsche-boerse.com/dbg-de/media/deutsche-boerse-spotlights/spotlight/DAX-Index-Benchmark-und-Barometer-f-r-die-deutsche-Wirtschaft-148654. Zugegriffen: 22. Mai 2024

Deutscher Bundestag (1994) Bericht der Enquete-Kommission „Schutz des Menschen und der Umwelt – Bewertungskriterien und Perspektiven für umweltverträgliche Stoffkreisläufe in der Industriegesellschaft“. Drucksache 12/8260 vom 12.07.1994

Deutscher Bundestag (1998) Abschlußbericht der Enquete-Kommission „Schutz des Menschen und der Umwelt – Ziele und Rahmenbedingungen einer nachhaltig zukunftsverträglichen Entwicklung“. Drucksache 13/11200 vom 26.06.1998

Engelien A, Kämmler-Burrak A, Kruck F, Sattler P (2023) Nachhaltigkeit im Unternehmen: So gelingt der Einstieg. Haufe, Freiburg

EU-Verordnung (2020) Verordnung (EU) 2020/852 des Europäischen Parlaments und des Rates vom 18. Juni 2020 über die Einrichtung eines Rahmens zur Erleichterung nachhaltiger Investitionen und zur Änderung der Verordnung (EU) 2019/2088

Graumann M (2022) Controlling: Begriffe, Elemente, Methoden und Schnittstellen. NWB, Herne

Großkopf A-K, Sellhorn T, Wagner V (2022) Erstanwendung der EU-Taxonomie – Eine empirische Analyse deutscher Unternehmen. Zeitschrift für internationale und kapitalmarktorientierte Rechnungslegung 22:251–258

Grunwald A, Kopfmüller J (2022) Nachhaltigkeit. Campus, Frankfurt/New York

Haller A, Ernstberger J (2006) Global Reporting Initiative – Internationale Leitlinien zur Erstellung von Nachhaltigkeitsberichten. Betriebs-Berater 61:2516–2524

Hampel L, Wischmeyer N (2024) Junge Arbeitnehmer treiben Firmen zu mehr Nachhaltigkeit. Süddeutsche Zeitung vom 01.02.2024, S. 13

Handelsblatt (2023) Wo stehen die DAX 40-Unternehmen bei der Umsetzung der EU-Taxonomie? https://live.handelsblatt.com/wo-stehen-die-DAX40-Unternehmen-bei-der-umsetzung-der-eu-taxonomie/. Zugegriffen: 22. Mai 2024

Heidelberg Materials (2023) Heidelberg Materials Geschäftsbericht 2022. https://www.heidelbergmaterials.com/sites/default/files/2023-05/HM_Gesch%C3%A4fts-_und_Nachhaltigkeitsbericht_2022.pdf. Zugegriffen: 22. Mai 2024

Heidelberg Materials (2024) Aus HeidelbergCement wird Heidelberg Materials. https://www.heidelbergmaterials.de/de/media/baufachpresse/aus-heidelbergcement-wird-heidelberg-materials. Zugegriffen: 22. Mai 2024

Horváth P, Gleich R, Seiter M (2024) Controlling. Vahlen Verlag, München

Kajüter P, Wolff C (2022) Berichterstattung nach der EU-Taxonomie – Empirische Befunde zur Erstanwendung bei DAX-Unternehmen. Der Betrieb 75:2041–2048

Kämmler-Burrak A, Schulze M, Sommer K-S (2024) CSRD – Eine neue Ära der Nachhaltigkeitsberichterstattung. Controller-Magazin 43:10–15

KPMG (2022) Big shifts, small steps: Survey of Sustainability Reporting 2022. https://assets.kpmg.com/content/dam/kpmg/dk/pdf/dk-2022/dk-SSR-Report_FINAL_web.pdf. Zugegriffen: 22. Mai 2024

Küpper H-U, Friedl G, Hofmann C, Hofmann Y, Pedell B (2013) Controlling: Konzeption, Aufgaben, Instrumente. Schäffer-Poeschel, Stuttgart

Luque-Vílchez M, Cordazzo M, Rimmel G, Tilt C (2023) Key aspects of sustainability reporting quality and the future of GRI. Sustain Account Manage Policy J 14:637–659

Mercedes Benz (2023) Mercedes Benz Geschäftsbericht 2022. https://group.mercedes-benz.com/dokumente/investoren/berichte/geschaeftsberichte/mercedes-benz/mercedes-benz-geschaeftsbericht-2022-inkl-zusammengefasster-lagebericht-mbg-ag.pdf. Zugegriffen: 22. Mai 2024

Osranek R (2017) Nachhaltigkeit in Unternehmen: Überprüfung eines hypothetischen Modells zur Initiierung und Stabilisierung nachhaltigen Verhaltens. Springer Gabler, Wiesbaden

Pufé I (2017) Nachhaltigkeit. UVK, Konstanz

Rat für Nachhaltige Entwicklung (2020) Der Deutsche Nachhaltigkeitskodex: Maßstab für nachhaltiges Wirtschaften. https://www.nachhaltigkeitsrat.de/wp-content/uploads/2020/03/RNE_DNK_BroschuereA5_2019_DE.pdf. Zugegriffen: 22. Mai 2024

Richter C (2024) Nachhaltigkeitsmanagement. NWB, Herne

RWE (2023) RWE Geschäftsbericht 2022. https://www.rwe.com/-/media/RWE/documents/05-investor-relations/finanzkalendar-und-veroeffentlichungen/2022-GJ/2023-03-21-rwe-jahresabschluss-2022.pdf. Zugegriffen: 22. Mai 2024

von Hauff M (2021) Nachhaltige Entwicklung: Grundlagen und Umsetzung. DeGruyter, Berlin/Boston

Prof. Dr. Philip Heinz ist Professor für Allgemeine Betriebswirtschaftslehre an der IU Internationale Hochschule.

Implementierung von Green Controlling im Mittelstand: Herausforderungen, Chancen und Perspektiven – Fallstudie eines KMU in Mexiko

7

Claudia N. Berrones-Flemmig, Isela G. Salinas und Daniel R. Kälberer

7.1 Einführung, theoretischer und praktischer Hintergrund

Die ESG-Kriterien gewinnen in verschiedenen Bereichen zunehmend an Bedeutung und beeinflussen so die Kapitalbewegungen zwischen Finanzdienstleistern und Unternehmen (O'Dwyer und Edgecliffe-Johnson 2021). Angesichts einer verstärkten Prominenz sozialer Themen – wie etwa faire Arbeitsbedingungen, Diversität oder die Vereinbarkeit von Familie und Beruf – sind Unternehmen dazu angehalten, sich aktiv mit ihren organisatorischen und operativen Prozessen zu beschäftigen. Dies gilt umso mehr, da Verstöße gegen ESG-Verpflichtungen nicht nur mit weitreichenden Reputationsschäden und Umsatzeinbußen einhergehen, sondern auch die Finanzierungsbedingungen am Kapitalmarkt sowie die Attraktivität im Zuge der Mitarbeitergewinnung (sog. War for Talents) beeinflussen. Unter Berücksichtigung der übrigen (politischen) Regularien – wie etwa des EU-Emissionshandels oder der CO_2-Bepreisung – sowie zunehmenden Reportingpflichten in Gestalt der Nachhaltigkeitsberichterstattung, sind bestehende Geschäftsmodelle und

C. N. Berrones-Flemmig (✉) · D. R. Kälberer
IU Internationale Hochschule, Erfurt, Deutschland
E-Mail: claudia-nelly.berrones-flemmig@iu.org

D. R. Kälberer
E-Mail: daniel.kaelberer@iu.org

I. G. Salinas
Universität Tec de Monterrey, Monterrey, Mexiko
E-Mail: iselasalinasm@gmail.com; isela@grupoati.com

S. Weber und J. Hastenteufel (Hrsg.), *Nachhaltigkeit im Controlling,*
https://doi.org/10.1007/978-3-658-45769-3_7

Prozesse anhand der ESG-Kriterien zu analysieren und auszurichten; diese Möglichkeit bietet das sog. Green Controlling (Stepanek 2022; Retzer et al. 2023).

Angesichts ihrer ökonomischen Bedeutung betonte die OECD im Jahr 2023, dass die Ziele des Pariser Klimaabkommens (Gesetz zu dem Übereinkommen von Paris v. 12.12.2015, BGBl II 2016, S. 1082) ohne den „grünen Wandel“ kleiner und mittlerer Unternehmen (KMU) nicht erreicht werden können. KMU sind also entscheidende Akteure in den weltweiten Bemühungen zur Reduzierung des ökologischen Fußabdrucks. Aufgrund limitierender Faktoren (Mitarbeiter, begrenztes Budget, andere Prioritäten etc.) sind KMU indes oftmals nur bedingt im Stande, eine Vorreiterrolle im Bereich des Umweltschutzes einzunehmen. Dies gilt in entsprechender Weise für Entwicklungs- und Schwellenländer, in denen eine ESG-Konformität gleichfalls an Bedeutung gewinnt. Ungeachtet dessen bestehen nach wie vor verschiedene Hemmnisse hinsichtlich der Erfüllung dieser Key Performance Indicators (KPI). Laut den Vereinten Nationen (2023) gehören China, Mexiko und Südafrika zu den einzigen Entwicklungsländern, die eine ESG-Taxonomie entwickelt haben. Die Taxonomie Südafrikas wurde im April 2022 verabschiedet, während Mexiko im März 2023 die erste Stufe seiner nachhaltigen Taxonomie eingeführt hat.

Im Folgenden soll nun anhand eines KMU – im Folgenden: anonymisiert Grupo Energia S.R.L. (Sociedad de Responsabilidad Limitada; entspricht einer deutschen GmbH) aus Monterrey (Nuevo León, Mexiko), welches enge Geschäftsbeziehungen zu Deutschland unterhält, die Implementierung eines Green Controlling-Systems vorgestellt werden. Ausgangspunkt hierfür bilden die drei Nachhaltigkeitsbereiche

1. Umweltschutz (Environmental),
2. soziale Verantwortung (Social) sowie
3. faire und transparente Unternehmensführung (Governance).

Dabei sollen die steigenden Anforderungen diverser Interessengruppen ebenso Berücksichtigung finden, wie auch die regulatorischen Rahmenbedingungen.

Der Erfolg oder Misserfolg von Nachhaltigkeitsinitiativen hängt oftmals von mehreren verborgenen Akteuren oder „Helden“ ab, d. h. Führungskräften auf der mittleren Managementebene und/oder einzelnen Teamleitern (Winston et al. 2023). Aus diesem Grund sollen diese Akteure besonders gewürdigt werden. Darauf aufbauend werden die Ergebnisse dargestellt, wobei insb. die Herausforderungen bei der Implementierung des Green Controllings in der Grupo Energia S.R.L. beleuchtet werden. Chancen und Perspektiven für KMU in Bezug auf die Einführung des Green Controlling werden abschließend erörtert, einschließlich möglicher Rahmenkriterien für CFOs und Manager weiterer KMUs.

7.2 Theoretische Fundierung

7.2.1 ESG-Definition

In Bezug auf die Dimensionen der ESG-Komponenten finden verschiedene Definitionen Anwendung. Die am häufigsten verwendeten ESG-Definitionen stammen von der European Banking Authority (EBA) und dem Sustainability Accounting Standards Board (SASB) (Li et al. 2021). Das SASB hat seinen Sitz in den USA, während die EBA in der EU angesiedelt ist. In diesem Fallbeispiel wird auf die EU-Perspektive abgestellt, da das Unternehmen hauptsächlich mit einem deutschen Lieferanten zusammenarbeitet. Die von der EBA definierten ESG-Aspekte sind in Tab. 7.1 dargestellt.

7.2.2 Green Controlling Definition und Green Controlling-KPI: Status Quo

Das Green Controlling soll Unternehmen dabei unterstützen, nicht nur finanzielle, sondern auch ökologische Aspekte innerhalb eines Unternehmens zu analysieren. Insoweit bietet es die Möglichkeit, nachhaltigkeitsbezogene Belange im Unternehmen zu messen und zu steuern (Stepanek 2022). Nach einem Bericht des ICV (Internationaler Controller Verein 2010), besteht eine der wichtigsten Aufgaben des Green Controllings darin, die

Tab. 7.1 ESG-Definition

Environmental (E)	Social (S)	Governance (G)
• Treibhausgasemissionen (THG) • Energieverbrauch/-effizienz • Luftschadstoffe • Wasserverbrauch und -recycling • Abfallproduktion und -management (Wasser, Feststoffe, gefährliche Abfälle) • Auswirkungen auf und Abhängigkeit von der biologischen Vielfalt • Auswirkungen auf und Abhängigkeit von Ökosystemen • Innovation in umweltfreundliche Produkte und Dienstleistungen	• Vereinigungsfreiheit der Arbeitnehmer • Ausschluss von Kinderarbeit • Ausschluss von Zwangs- und Pflichtarbeit • Arbeitsplatzgesundheit und -sicherheit • Kundengesundheit und -sicherheit • Ausschluss von Diskriminierung • Vielfalt und Chancengleichheit • Bekämpfung von Armut • Gesamtgesellschaftliche Auswirkungen • Lieferkettenmanagement • Schulung und Ausbildung • Kundendatenschutz	• Verhaltenskodizes und Geschäftsprinzipien • Rechenschaftspflicht • Transparenz und Offenlegung • Vergütung von Führungskräften • Vielfalt und Struktur im Vorstand • Verhindern von Bestechung und Korruption • Einbindung der Stakeholder • Stärkung der Aktionärsrechte

Quelle: Eigene Darstellung in Anlehnung an Li et al. (2021)

Wirtschaftlichkeit ökologischer Strategien zu belegen, die entsprechende Zielerreichung zu kontrollieren und anhand relevanter Kennzahlen einen transparenten Umgang mit grünen Themen zu erzielen.

Meier (2023) zufolge existiert derzeit kein etabliertes Standardverfahren für die Verwendung spezifischer Kennzahlen im Green Controlling. Es bietet sich jedoch an, sich an der EU-Taxonomie zu orientieren. Viele Unternehmen berichten bspw. über Umweltaspekte, um den ökologischen Fußabdruck des Unternehmens zu messen. Hierbei werden verschiedene Kennzahlen verwendet, darunter

- die Treibhausgasemissionen,
- die CO_2-Einsparungen,
- der Wasser- oder Energieverbrauch,
- das Abfallaufkommen und
- die Wiederverwertungsraten.

Mit Blick auf die Mitarbeiterbelange und die sozialen Aspekte werden als Kennzahlen häufig

- die Fluktuations- oder Krankheitsquote,
- das Durchschnittsalter der Belegschaft,
- die Altersstruktur,
- die Gleichstellung,
- der Frauenanteil in Führungspositionen,
- Weiterbildungsprogramme sowie
- Unfallzahlen und
- die Arbeitssicherheit

betrachtet. Darüber hinaus könnten im Kontext des sozialen Engagements weitere Kennzahlen entwickelt werden – insb. in den Bereichen Bildung, Sport und Kunst.

Hinsichtlich der Menschenrechte und der Korruptionsbekämpfung informieren Unternehmen oft über ihre Lieferketten und über eventuell selbstdefinierte Lieferantenrichtlinien (bspw. unter Berücksichtigung des 2021 in Deutschland beschlossenen Lieferkettensorgfaltspflichtengesetzes).

Ein weiteres wichtiges Instrument, das zum Green Controlling beitragen kann, ist die Gemeinwohlbilanz aus der Gemeinwohlökonomie. Die Gemeinwohlbilanz ist ein Instrument zur Messung der Gemeinwohlwerte von Unternehmen. Hierzu zählen insb.:

- Menschenwürde,
- Solidarität,
- Gerechtigkeit,
- ökologische Nachhaltigkeit und
- demokratische Mitentscheidung.

Die Gemeinwohlbilanz misst, wie die oben genannten Grundwerte im Verhältnis zu den Stakeholdern eines Unternehmens gelebt werden (Felber et al. 2019; Felber 2021).

7.2.3 Regulatorische Rahmenbedingungen

Angesichts des voranschreitenden Klimawandels und der damit verbundenen Notwendigkeit, die Emission von Treibhausgasen zu reduzieren, sind Unternehmen dazu angehalten, ökologische und soziale Aspekte verstärkt in ihre Entscheidungsprozesse miteinzubinden. Verbunden mit demographischen Veränderungen und der Digitalisierung sämtlicher Lebensbereiche, vollzieht sich „eine technologisch-ökonomisch-gesellschaftliche Transformation" (Salzborn 2021), die mitunter in den Bestrebungen nach einer ökonomisch fundierten Klimapolitik zum Ausdruck kommt (Greil et al. 2021; Krebs 2021; Luttermann 2021). Sichtbar wird dies bspw. durch ein Konvolut unterschiedlicher Regelwerke, die den „Übergang zu einer CO_2-armen, nachhaltigeren und ressourcenschonenden Kreislaufwirtschaft" (Delegierte Verordnung (EU) 2021/1256) im Sinne des EU Green Deal ebnen und soziale Standards sichern sollen.

Zur Umsetzung dieser Ziele schuf die Europäische Union (EU) grundlegende EU-Richtlinien und -Verordnungen, wie etwa die

- **Offenlegungs-Verordnung:** Verordnung (EU) 2019/2088 des Europäischen Parlaments und des Rates vom 27. November 2019 über nachhaltigkeitsbezogene Offenlegungspflichten im Finanzdienstleistungssektor (sog. Sustainable Finance Disclosure Regulation – SFDR),
- **CSRD:** Richtlinie (EU) 2022/2464 des Europäischen Parlaments und des Rates vom 14. Dezember 2022 zur Änderung der Verordnung (EU) Nr. 537/2014 und der Richtlinien 2004/109/EG, 2006/43/EG und 2013/34/EU hinsichtlich der Nachhaltigkeitsberichterstattung von Unternehmen (sog. Corporate Sustainability Reporting) sowie
- **Taxonomie-Verordnung:** Verordnung (EU) 2020/852 des Europäischen Parlaments und des Rates vom 18. Juni 2020 über die Einrichtung eines Rahmens zur Erleichterung nachhaltiger Investitionen und zur Änderung der Verordnung (EU) 2019/2088.

Neben diese drei Regelwerke treten nun weitere regulatorische Rahmenbedingungen wie etwa das EU-Emissionshandelssystem, das Lieferkettensorgfaltspflichtengesetz oder die steuerlichen Veröffentlichungspflichten zum sog. Public Country-by-Country-Reporting (Richtlinie (EU) 2021/2101), die für eine ESG-Berichterstattung in Mexiko herangezogen werden können. Denn gerade das Gesetz über die unternehmerischen Sorgfaltspflichten zur Vermeidung von Menschenrechtsverletzungen in Lieferketten vom 16. Juli 2021 (Lieferkettensorgfaltspflichtengesetz; LkSG) verpflichtet deutsche Unternehmen mit mehr als 3000 Mitarbeitenden seit dem 01.01.2023 dazu, ihre globale Wertschöpfungskette auf ESG-Konformität hin zu überprüfen und die gesetzlichen

Sorgfaltspflichten umzusetzen. Seit dem 01.01.2024 gelten die Vorschriften zum Supplier Risk Management nun auch für Unternehmen mit über 1000 Beschäftigten, um Menschenrechte und Umweltschutz zu stärken sowie die Transparenz der unternehmerischen Wertschöpfungskette zu erhöhen (Geier et al. 2023; Retzer et al. 2023).

7.3 Beschreibung des Unternehmens und aktuelle Situation

7.3.1 Beschreibung des Unternehmens

Bei der Grupo Energia S.R.L. handelt es sich um ein zu 100 % mexikanisches Unternehmen, das 1999 in Monterrey gegründet wurde. Es besteht aus zwei Unternehmen, die sich darauf spezialisiert haben, innerhalb von Mexiko Lösungen zur Energieeinsparung anzubieten. Hierfür werden moderne Technologien für Druckluft und die Schmierung von Maschinen im industriellen Sektor wie auch von Elementen in Kraftfahrzeugen bereitgestellt. Die Grupo Energia legt großen Wert auf Umweltfreundlichkeit, weshalb sie sich zum Ziel gesetzt hat, in sämtlichen Arbeitsprozessen zur Energieeinsparung beizutragen, um so kurz-, mittel- und langfristig einen positiven Beitrag für ihre Kunden und die Gesellschaft zu leisten.

Die Grupo Energia ist ein autorisierter Vertragspartner für die aus Deutschland stammenden Marke A-Compresores und die aus den USA stammenden Marke B-Lubricantes. In beiden Fällen handelt es sich um innovative Produkte auf dem neuesten Stand der Technik. Von internationalen Unternehmen wurde die Grupo Energia als aktiver Förderer im Bereich der Energieeinsparung anerkannt, indem sie Standards und Normen erfüllt, die von internationalen Organisationen in den USA und in Europa für die Verwendung, Handhabung und Anwendung von Verfahren und Produkten in den Einrichtungen ihrer Kunden definiert wurden.

7.3.2 Analyse der aktuellen Situation des Unternehmens

Die Grupo Energia ist primär im Industriesektor des Großraums Monterrey tätig, einem auf nationaler Ebene bedeutenden Wirtschaftsstandort in Mexiko, der sich durch eine gute Infrastruktur, das Vorhandensein qualifizierter Arbeitskräfte und einer hohen Dichte an innovativen Unternehmen auszeichnet. Darüber hinaus ist die Grupo Energia landesweit in Mexiko präsent. Zu den wichtigsten Kunden der Grupo Energia gehören Unternehmen aus den Bereichen Lebensmittel, Automobil, Montage, Kunststoff, Papier, Karton und Glas. Nach mehr als 22 Jahren Tätigkeit auf dem nationalen Markt, konnte das Unternehmen Energieeinsparungen zwischen 5 % und 20 % bei bestimmten Geräten erzielen (Tab. 7.2).

Bezogen auf die monatliche Energieverbrauchsebene in verschiedenen industriellen Fertigungsprozessen konnten damit Einsparungen zwischen 2 % und 7 % realisiert werden, wie im Folgenden beispielhaft veranschaulicht wird (Tab. 7.3).

Tab. 7.2 Energieeinsparung bei verschiedenen Schmierstoffen (der Beitrag pro Kunde)

Kriterium	Mit dem Schmierstoff eines anderen Wettbewerbers in einer Kalenderwoche	Mit Schmierstoffen der Grupo Energia in einer Kalenderwoche
Stunden (h)	181,56	165,82
Kilowatt (kW)	1776	1080
Kilowatt/Stunde (kW/h)	9,78	6,51
Einsparung in kW/h	3,27	
Einsparung in %	33,42 %	
Einsparung in USD	3854 pro Jahr und Maschine	
Gesamteinsparungen der Anlage in USD	104,084 (27 Maschinen)	

Eigene Darstellung in Anlehnung an Grupo Energia S.R.L. 2024

Tab. 7.3 Einsparung von CO_2-Emissionen (Beitrag pro Kunde)

Kriterium	Vor der Implementierung der von Grupo Energia vertriebenen Schmierstoffe	Nach der Implementierung der von Grupo Energia vertriebenen Schmierstoffe
kW/h	9,78	6,51
Emission von CO_2 in kg	4,48	2,98
CO_2, das pro Maschine nicht mehr emittiert wurde in kg	1,5	
CO_2, das insgesamt pro Anlage nicht mehr emittiert wurde in kg	40,45	

Quelle: Eigene Darstellung in Anlehnung an Grupo Energia S.R.L.

Mit rund 50 Mitarbeitern, darunter eine Gruppe mit besonderer Expertise im Bereich der Energieeinsparung, ist es der Grupo Energia damit gelungen, in den Kreis von Unternehmen aufzusteigen, die sich in besonderer Weise durch ihre nachhaltigen Verpflichtungen und ihre soziale Verantwortung sowie durch ihre nachhaltigen Strategien auszeichnen.

7.4 Implementierung von Green Controlling in der Grupo Energia S.R.L

Die im Dezember 2023 begonnene Umsetzung verschiedener, anschließend zu diskutierender Maßnahmen lassen sich durch die nachfolgend dargestellten Kennzahlen des Green Controllings in der Grupo Energia zusammenfassen.

Im Umweltbereich sind vor allem die folgenden KPI relevant:

- **Energie:** Ein wesentlicher Teil der Energieeinsparmaßnahmen im Unternehmen wurde durch den Einsatz von LED anstelle von herkömmlichen Glühbirnen und Leuchten erzielt. Ergänzend wurden die Beschäftigten angehalten, die Beleuchtung bei Nichtnutzung auszuschalten. In Monterrey steigen die Temperaturen auf bis zu 49 °C, sodass eine Klimatisierung zwingend notwendig ist. Herkömmliche Geräte im Klimatisierungssystem wurden durch Inverter-Modelle ersetzt, die auch im Dauerbetrieb von Mai bis September eine Energieeinsparung von bis zu 50 % ermöglichen. Durch die genannten Maßnahmen konnte vom Unternehmen eine Gesamtersparnis im Bereich der elektrischen Energie von ca. 30 % erreicht werden. Ein weiteres zu implementierendes Projekt ist die Nutzung von Solarpaneelen, wodurch eine Energieeinsparung von mindestens 90 % zu erwarten ist. Die Umsetzung erfordert jedoch aufgrund behördlicher Vorschriften mehr Zeit. Zur Messung der Energieeinsparung hat das Unternehmen die Kennzahlen Kilowatt pro Monat (kW/Monat) sowie Lumen pro Quadratmeter (lm/m^2) in allen Einrichtungen eingeführt.
- **Kraftstoffeinsparung:** Das Unternehmen verfügt über eine Flotte von insgesamt 15 Fahrzeugen, die täglich für den Verkauf, die Produktverteilung und den Kundenservice eingesetzt werden. Die Grupo Energia ist ein Händler von Schmierstoffen, die dazu beitragen, auch bei der eigenen Fahrzeugflotte bis zu 15 % Kraftstoff zu sparen, die Lebensdauer der Fahrzeuge zu verlängern und die Ersatzteile zu schonen. Außerdem werden die Nutzer der Fahrzeuge dazu angehalten, den wöchentlichen Kilometerstand zu überwachen sowie die Fahrzeuge angemessen zu nutzen, um Fahrten ökonomischer zu planen und durchzuführen. Gegenwärtig wird ergänzend ein Fahrzeugüberwachungssystem eingeführt. Der quantitative Umfang der Kraftstoffersparnis wird in den Einheiten Liter Kraftstoff je Fahrzeug und Monat (l/m) sowie anhand der durchschnittlichen Kilometerzahl je Liter und Fahrzeug (km/l) erfasst. Mit Blick auf den Übergang zu einer nachhaltigen Mobilität ist die Infrastruktur für den Einsatz von Elektrofahrzeugen in Monterrey noch sehr unzureichend. Hinzu kommen hohe Anschaffungskosten, weshalb von einer Elektrifizierung des Fuhrparks bisweilen abgesehen wurde.
- **Wasser:** In den letzten Jahren gab es insb. in der Stadt Monterrey gravierende Dürreereignisse. Der damit verbundene Wassermangel bewirkte nicht nur im Unternehmen ein Umdenken. In der Grupo Energia wurde deshalb für die Sanitäranlagen eine neue Trockentechnologie implementiert. Somit konnte eine Wasserersparnis von 30 % erzielt werden. Die betreffende Kennzahl des Unternehmens ist Liter pro Monat (l/m).
- **Recycling:** Mitarbeiter des Unternehmens waren es gewohnt, Berichte, Angebote, Rechnungen, Projekte, Studien usw. auszudrucken. Zum Zwecke der Papierersparnis wurden sie aufgefordert, diese Dokumente unter Nutzung neuer Technologien zu digitalisieren. Dadurch konnte eine erhebliche Verringerung des Papierverbrauchs um bis zu 30 % erreicht werden. Gleichzeitig wurde der Einsatz von runderneuerten Geräten und die Wiederverwendung von Möbel gefördert. Durch die Einführung der

5S-Methode – Selektieren, Systematisieren, Säuberung, Standardisieren und Selbstdisziplin – werden Gegenstände identifiziert, die wieder- oder weiterverwendet werden können. Bezogen auf den anfallenden Müll wurden spezielle Behälter für das Recycling bereitgestellt. Die konkrete Recyclingrate wird in Prozent erfasst.
- **Entsorgung von Abfällen:** Ein Teil der Dienstleistungen, die das Unternehmen seinen Kunden anbietet, ist der Austausch von Öl und Filtern für Fahrzeuge. Dabei ergibt sich im Durchschnitt ein minimales Abfallvolumen von vier Litern pro Fahrzeug. Der nicht für andere Prozesse verwendbare Abfall, wie etwa Öl, wird von einem externen Dienstleister monatlich abgeholt und als Brennstoff an ein Unternehmen verkauft, das für die ordnungsgemäße Verwendung dieses Brennstoffs von der SEMARNAT (Secretaría de Medio Ambiente y Recursos Naturales), einer auf Umweltangelegenheiten spezialisierten staatlichen Behörde, zertifiziert wurde. Entsprechend der Recyclingrate, wird hier auf einen KPI abgestellt, der die Gesamtabfallmenge ins Verhältnis zur speziell entsorgten Abfallmenge setzt.

Im Bereich Soziales sind vor allem die folgenden Kennzahlen von Bedeutung:

- **Mitarbeiterzufriedenheit:** Das Unternehmen ist bemüht, das Arbeitsumfeld sowie die Einrichtungen und die Arbeitswerkzeuge stetig zu verbessern. Für Büroangestellte wurde ein Zen-Raum als Rückzugsmöglichkeit eingerichtet, um Privatsphäre zu bieten, einige Minuten Entspannung zu ermöglichen und ein hohes Stressniveau zu vermeiden. Möbel, die zuvor in schlechtem Zustand waren, wurden durch ergonomisch geformte Stühle und Schreibtische ersetzt. Die technischen Mitarbeiter sind in sehr heißen Umgebungen tätig, wenn sie Wartungsdienste für die Kompressoren von Kunden durchführen. Zu ihrer Unterstützung wurde saisonal Trinkwasser in Form von Wasserspendern und von Wasserflaschen bereitgestellt, um Dehydrierung und Hitzschlag zu vermeiden. Zum Jahresende wurden zudem Lebensmittelpakete an die Mitarbeiter verteilt, um eine zusätzliche Unterstützung neben dem Gehalt und dem Weihnachtsgeld zu bieten. Als KPI für Gesundheit und Zufriedenheit überwacht das Unternehmen die Betriebszugehörigkeit der Mitarbeiter, den Rotationsindex, der global als Zahl der neuen Vertragsabschlüsse im Verhältnis zur Gesamtzahl der Mitarbeiter gemessen wird. Der Index wird auch für einzelne Abteilungen betrachtet, um festzustellen, ob lokal Probleme mit der Führung, der Arbeitsbelastung oder anderen Situationen bestehen.
- **Sicherheit:** Mitarbeiter im Bereich Service und Wartung haben eine spezialisierte Sicherheitsschulung erhalten. Diese Schulung beinhaltete Kurse zur Handhabung der persönlichen Schutzausrüstung. Darüber hinaus sind Mitarbeiter auf die Wartung von Kompressoren und anderen Geräten spezialisiert, wobei neben den technischen Informationen auch Schulungen zu den erforderlichen Vorsichtsmaßnahmen durchgeführt werden. Der KPI, der die anzustrebende Reduktion von Arbeitsunfällen erfasst, ist der Unfallindex, der entsprechende Vorfälle je Monat misst und dabei zwischen zur Arbeitsunfähigkeit oder zu Fehlzeiten führenden schweren bzw. leichten Unfällen unterscheidet.

- **Integration:** Die Einstellung des Personals erfolgt unabhängig von ethnischer Zugehörigkeit, Religion, Alter und Geschlecht. Dies ist dem Unternehmen seit der Gründung ein wichtiges Anliegen. Im Sinne von Vielfalt und Inklusion sind 15 % der Mitarbeitenden älter als 65 Jahre sowie 25 % jünger als 25 Jahre. Weiterhin sind 68 % des Teams männlichen und 32 % weiblichen Geschlechts. Der KPI zur Messung in diesem Bereich ist der Prozentsatz der Mitarbeiter nach Alter und Geschlecht.
- **Ethik:** Im Rahmen eines Schulungsplans werden die Mitarbeiter über ethische Grundsätze sowie über die zu verfolgenden Unternehmenswerte informiert. Zur Korruptionsvermeidung dürfen zudem keine Geschenke oder Zahlungen für Produkte oder Dienstleistungen angenommen werden. Darüber hinaus gab es eine Aufklärungskampagne zu den unternehmensspezifischen Werten, die – etwa durch Plakate – in der Grupo Energia visuell präsentiert wurde. Der KPI zur Überwachung des ethischen Anspruchs im Unternehmen wird durch Mitarbeiterumfragen realisiert, die individuell durchgeführt werden.
- **Arbeitsplätze:** Um die Arbeitsbelastung der Mitarbeiter zu begrenzen, wurden neue Arbeitsplätze in den Bereichen Finanzplanung, Effizienzsteigerung und Nachhaltigkeit sowie im Marketing und Vertrieb geschaffen. Ein wesentliches Ziel dieser Maßnahmen ist die höhere Mitarbeiterbindung, indem einer zu hohen Arbeitsbelastung der bisherigen und der neu eingestellten Mitarbeiter entgegengewirkt wird. Der entsprechende KPI für die Fluktuationsrate erfasst die Abgänge im Verhältnis zur Gesamtzahl der Mitarbeiter. Auf diese Weise kann bewertet werden, ob sich die Mitarbeiter bei ihrer Arbeit wohl fühlen. Darüber hinaus werden individuelle Umfragen zum Arbeitsklima durchgeführt.
- **Soziales Engagement und CSR:** Die bereits vorgestellten Bemühungen im Bereich Recycling und der Einsatz der 5S-Methode ermöglicht es dem Unternehmen, Mobiliar und Leuchtmittel für gemeinwohlorientierte Zwecke zur Verfügung zu stellen. Für dieses auch zukünftig fortzusetzende soziale Engagement werden als KPI die Spenden pro Jahr erfasst.

In Mexiko werden sozial verantwortliche Unternehmen durch ein eigenes Programm (Empresa Socialmente Responsable, ESR) erfasst. Indikatoren sind u. a. das Produktangebot, der Umweltschutz, die Relevanz für die Gemeinschaft Ethik sowie ein verantwortungsbewusster Vertrieb. Die Grupo Energia ist insoweit bestrebt von der ESR erfasst zu werden.

Im Bereich der Unternehmensführung sind vor allem die folgenden Aspekte wichtig: Seit mehr als 10 Jahren verfügt die Grupo Energia über einen Verhaltens- und Wertekodex, der sowohl die Kunden, die Mitarbeiter, die Lieferanten als auch die Gesellschaft im Blick hat. Jeder Mitarbeiter verpflichtet sich schriftlich, verantwortlich und vertraulich mit Informationen, die das Unternehmen betreffen, umzugehen. Mit den Kunden schließt das Unternehmen eine Geheimhaltungsvereinbarung (Non-Disclosure Agreement), um die Vertraulichkeit beim Austausch von Informationen zu wahren und Bestechung und Korruption vorzubeugen. Die Gehälter der Führungskräfte orientieren sich an den gesetzlichen Anforderungen, und entsprechen dem Branchendurchschnitt. Darüber hinaus werden zusätzliche Leistungen für die Gesundheitsprophylaxe gewährt. Im Verwaltungsrat des Unternehmens liegt der Frauenanteil bei 60 %.

7.5 Herausforderungen der Implementierung von Green Controlling in der Grupo Energia S.R.L

Aktuelle Herausforderungen, mit denen die Grupo Energia gegenwärtig bei der Implementierung des Green Controlling konfrontiert ist, sind:

- **unflexible Vorschriften für die Installation von Solarmodulen:** die zentralen Behörden, welche die Installation von Solarmodulen regulieren, arbeiten mitunter bürokratisch und verzögern die dringend gewünschte Installation;
- **unternehmensinterner Widerstand gegen Veränderungen:** trotz der mehrfach beschriebenen oder dargestellten Schulungen und Kampagnen innerhalb der Grupo Energia ist eine gewisse Zeit notwendig, bis die Mitarbeiter die Änderungen verinnerlicht haben und erste Ergebnisse der jeweiligen Bemühungen sichtbar werden;
- **ein zu geringes Angebot an Entsorgungsdienstleistungen:** in Monterrey und darüber hinaus gibt es noch zu wenig Unternehmen, die sich mit der Entsorgung von Abfällen befassen, daher kann das oben genannte Entsorgungsunternehmen nicht immer die gewünschten Kapazitäten bereitstellen, worunter bestimmte Betriebsabläufe leiden;
- **Messung der CO_2 Emissionen:** bisher ungeklärt, hinsichtlich Art und Weise der Umsetzung;
- **Mangel an technischen Ressourcen und Rückstand beim Einsatz ebenjener:** die Grupo Energia ist an technischen Lösungen interessiert, für die sie in Mexiko und in den USA bisher keinen Hersteller oder Lieferanten gefunden hat (etwa ein nicht-invasiver Druckluftmesser für die Anwendung im Unternehmen selbst und bei den Kunden) – ein Import aus Europa wäre mit Steuern zu kostenintensiv. Weiterhin fehlt es an Know-How bei der Implementierung dieser Technologien; auch die Infrastruktur für den Einsatz elektrischer Mobilitätslösungen ist in Monterrey noch sehr unzureichend. Elektrofahrzeuge sind überdies noch sehr kostenintensiv und wurden deshalb vom Unternehmen noch nicht angeschafft.

7.6 Fazit mit Handlungsempfehlungen

Der Grupo Energia ist es mithilfe des Green Controllings gelungen, ihre organisatorischen und operativen Abläufe verstärkt an den ESG-Kriterien auszurichten, um so dem gesamtgesellschaftlichen Erfordernis eines nachhaltigen Wirtschaftens nachzukommen. Vor diesem Hintergrund konnten nicht nur natürliche Ressourcen zugunsten des

Umwelt- und Klimaschutzes eingespart, sondern auch faire Geschäftspraktiken und eine mitarbeiterorientierte Personalpolitik umgesetzt werden. Nicht zuletzt deshalb bietet die Umgestaltung bestehender Geschäftsprozesse die Möglichkeit, neue Geschäftsmodelle zu etablieren, die Wettbewerbsposition zu stärken und die eigene Attraktivität als Arbeitgeber zu steigern. Für den zukünftigen Erfolg bedarf es jedoch einer regelmäßigen Evaluierung, die in ein übergeordnetes (datenbasiertes) Steuerungs- und Performance-Management einzubetten ist. Nur so wird es möglich sein, von den Erfahrungen der Grupo Energia zu abstrahieren und Handlungsempfehlungen für weitere KMU in Mexiko und Lateinamerika abzuleiten.

Literatur

Delegierte Verordnung (EU) 2021/1256 der Kommission vom 21. April 2021 zur Änderung der Delegierten Verordnung (EU) 2015/35 im Hinblick auf die Einbeziehung von Nachhaltigkeitsrisiken in die Governance von Versicherungs- und Rückversicherungsunternehmen. Abl. EU L 277 v. 02.08.2021, S 14–17

Felber C (2021) Gemeinwohlökonomie. Piper Verlag, München

Felber C, Campos V, Sanchis J (2019) The common good balance sheet, an adequate tool to capture non-financials? Sustainability 11:3791

Geier B, Meringdal I, Stille S (2023) ESG-Compliance: Taxonomie – Offenlegung – Governance. Verlag C.H.Beck, München

Gesetz über die unternehmerischen Sorgfaltspflichten zur Vermeidung von Menschenrechtsverletzungen in Lieferketten vom 16. Juli 2021. BGBl I 2021, S 2959

Gesetz zu dem Übereinkommen von Paris vom 12. Dezember 2015 v. 28.09.2016. BStBl II 2016, S 1082

Greil E, Linau A, Schulz A, Wünnemann M (2021) Be a #Tax Pioneer – Neue Initiative für ein neues Mindset. Rethinking Tax 4, S 83–84

Internationaler Controller Verein (2010) Green Controlling: Relevanz und Ansätze einer "Begrünung" des Controlling-Systems. https://www.icv-controlling.com/fileadmin/Assets/Content/AK/Ideenwerkstatt/Files/ICV_IW_WhitePaper_Green_Controlling_20110327_final.pdf. Zugegriffen: 24. Mai 2024

Krebs T (2021) Moderne Klimapolitik und nachhaltiges Wachstum. Perspektiven der Wirtschaftspolitik 22, S 203–210

Li T, Wang K, Sueyoshi T, Wang D (2021) ESG: research progress and future prospects. MDPI. https://www.mdpi.com/2071-1050/13/21/11663. Zugegriffen: 24. Mai 2024

Luttermann C (2021) Grüner Paradigmenwechsel für Unternehmensfinanzierung, Vermögensanlage und Bewertungsrecht. Recht der internationalen Wirtschaft, S 191–200

Meier S (2023) Die wichtigsten Nachhaltigkeitskennzahlen in der Praxis. https://www.haufe.de/controlling/controllerpraxis/nachhaltigkeitscontrolling-die-wichtigsten-kennzahlen_112_527322.html. Zugegriffen: 24. Mai 2024

O'Dwyer M, Edgecliffe-Johnson A (2021) Big Four accounting firms rush to join the ESG bandwagon. https://www.ft.com/content/4a47fb4a-4a10-4c05-8c5d-02d83052bee7. Zugegriffen: 24. Mai 2024

OECD (2023) OECD Platform on Financing SMEs for Sustainability. https://www.oecd.org/cfe/smes/financing-smes-sustainability.htm. Zugegriffen: 24. Mai 2024

Retzer D, Jasmund K, Falge B (2023) Implikationen von „ESG" auf die Verrechnungspreissetzung im Konzern. Der Betrieb, S 408–414

Richtlinie (EU) 2021/2101 des Europäischen Parlaments und des Rates vom 24. November 2021 zur Änderung der Richtlinie 2013/34/EU im Hinblick auf die Offenlegung von Ertragsteuerinformationen durch bestimmte Unternehmen und Zweigniederlassungen. Abl EU L 429 v. 01.12.2021, S 1–14

Richtlinie (EU) 2022/2464 des Europäischen Parlaments und des Rates vom 14. Dezember 2022 zur Änderung der Verordnung (EU) Nr. 537/2014 und der Richtlinien 2004/109/EG, 2006/43/EG und 2013/34/EU hinsichtlich der Nachhaltigkeitsberichterstattung von Unternehmen. Abl EU L 322 v. 16.12.2022, S 15–80

Salzborn N (2021) Regulierung künstlicher Intelligenz – klima- und umweltschutzrelevant! Zeitschrift für Umweltrecht, S 513–514

Stepanek P (2022) Sozialwirtschaft nachhaltig managen. Basiswissen Sozialwirtschaft und Sozialmanagement. Springer Gabler, Wiesbaden

United Nations (2023) Financing for sustainable development, report 2023. (Report). United Nations. https://financing.desa.un.org/. Zugegriffen: 24. Mai 2024

Verordnung (EU) 2019/2088 des Europäischen Parlaments und des Rates vom 27. November 2019 über nachhaltigkeitsbezogene Offenlegungspflichten im Finanzdienstleistungssektor. Abl EU L 317 v. 09.12.2019, S 1–16

Verordnung (EU) 2020/852 des Europäischen Parlaments und des Rates vom 18. Juni 2020 über die Einrichtung eines Rahmens zur Erleichterung nachhaltiger Investitionen und zur Änderung der Verordnung (EU) 2019/2088. Abl EU L 198 v. 22.06.2020, S 13–43

Winston A, Polman P, Seabright J (2023) Middle management is the key to sustainability: how unsung heroes ensure a company's impact. Harvard Business Review. https://hbr.org/2023/11/middle-management-is-the-key-to-sustainability. Zugegriffen: 24. Mai 2024

Prof. Dr. Claudia N. Berrones-Flemmig ist Professorin für Betriebswirtschaftslehre, insb. Rechnungs- und Finanzwesen an der IU Internationale Hochschule am Standort Berlin. Sie verfügt über langjährige und internationale Berufs-, Forschungs- und Lehrerfahrung in den Bereichen Finanzierung, nachhaltige Finanzen und finanzieller Bildung für KMU.

Isela G. Salinas ist Dozentin für Betriebswirtschaftslehre, insb. Rechnungswesen, Projektmanagement und Ethik an der mexikanischen Universität Tec de Monterrey, Campus Monterrey. Sie verfügt über langjährige Lehr- und Berufserfahrung als Unternehmensberaterin und Trainerin für kleine, mittelständische und große Unternehmen aus verschiedenen Branchen.

Prof. Dr. Daniel R. Kälberer ist Professor für Steuerrecht und Digitalisierung an der IU Internationale Hochschule am Standort Berlin. Er verfügt über eine langjährige Forschungs- und Lehrerfahrung zur Besteuerung natürlicher und juristischer Personen sowie zur Digitalisierung der Steuerfunktion.

Steuerung von Nachhaltigkeit in der Hotelindustrie

8

Alusch Hermann Amoghli

8.1 Einleitung

Nachhaltige Entwicklung in der Hotelindustrie gewinnt aufgrund von rechtlichen Vorgaben und Reputationsrisiken zunehmend an Bedeutung. Dieser Wandel erfordert eine strategische und operative Integration von Nachhaltigkeitsprinzipien in den Hotelbetrieb. Rechtliche Vorgaben auf europäischer und nationaler Ebene, die Erwartungen von Stakeholdern wie Gästen und der Gesellschaft sowie die Notwendigkeit eines verantwortungsvollen Umgangs mit begrenzten Ressourcen betonen die Dringlichkeit der Nachhaltigkeit in dieser Branche. Themen wie Lebensmittelverschwendung, Wasserverbrauch und Energieeffizienz stellen vielfältige Herausforderungen für die Wertschöpfungskette der Hotelindustrie dar. Die Umsetzung von Nachhaltigkeitszielen und -plänen auf strategischer und operativer Ebene legt den Grundstein für die Ausrichtung eines Hotels auf langfristige Nachhaltigkeitsziele. Diese wiederum ermöglichen

- verbesserte Gästeerlebnisse,
- Kundenloyalität,
- effizientere Ressourcennutzung und
- bessere finanzielle Ergebnisse.

A. H. Amoghli (✉)
Accor S.A., München, Deutschland
E-Mail: alusch_amoghli@yahoo.de

S. Weber und J. Hastenteufel (Hrsg.), *Nachhaltigkeit im Controlling*,
https://doi.org/10.1007/978-3-658-45769-3_8

Dabei erfordert diese ganzheitliche Methode eine umfassende und systematische Herangehensweise (Handelsblatt 2024).

Das Controlling ist im Rahmen der Umsetzung von Nachhaltigkeitszielen von großer Bedeutung, indem es die Fortschritte bei der Zielerreichung überwacht, Abweichungen identifiziert und die Effektivität der implementierten Maßnahmen bewertet. Durch eine systematische Analyse von Leistungskennzahlen ermöglicht das Controlling eine kontinuierliche Verbesserung der Nachhaltigkeitsstrategie und trägt so zur Ausrichtung eines Hotels auf langfristige Nachhaltigkeitsziele bei.

8.2 Bedeutung der Nachhaltigkeit in der Hotelindustrie

8.2.1 Rechtliche Vorgaben und regulatorische Rahmenbedingungen

Die Hotelindustrie unterliegt einer Vielzahl von rechtlichen Vorgaben und regulatorischen Rahmenbedingungen im Nachhaltigkeitskontext. Hierzu gehören Umweltschutzgesetze, die den Energieverbrauch und die Abfallentsorgung regeln. Vorschriften zu Lebensmittelsicherheit und -verschwendung beeinflussen das nachhaltige Management von Restaurants und Küchen. Arbeitsrechtliche Bestimmungen regeln die Behandlung von Mitarbeitern, einschließlich der Arbeitsbedingungen und einer fairen Entlohnung. Die Einhaltung dieser Vorgaben ist nicht nur eine gesetzliche Pflicht, sondern entscheidend für den Erhalt von Lizenzen, das Vermeiden von rechtlichen Konsequenzen und somit für die Reputation.

Zertifizierungen wie Green Hotels oder Green Key setzen Standards für umweltfreundliche Prozesse.

Das Green Hotel-Label, eingeführt vom Verband Deutsches Reisemanagement im Jahr 2011, unterstützt Hotels dabei, ihre Umweltauswirkungen zu verringern und nachhaltige Praktiken zu implementieren (Raschke 2023) Green Key ist hingegen ein weltweit anerkanntes Öko-Label für Tourismusunternehmen, das strenge Kriterien für das Umweltmanagement und den nachhaltigen Betrieb festlegt (Deutsche Gesellschaft für Umwelterziehung 2024). Die Einhaltung dieser Zertifikate ermöglicht es Hotels, ihr Umweltengagement zu demonstrieren, verbessert das Ansehen bei umweltbewussten Gästen und Investoren und öffnet den Zugang zu staatlichen Anreizen. Diese Zertifikate dienen als Standard zur Messung und Förderung der Umweltverträglichkeit von Hotels (Tophotel.de 2022).

8.2.2 Erwartungen der Stakeholder

Die Berücksichtigung der Nachhaltigkeit in der Hotelindustrie ist maßgeblich durch die Erwartungen verschiedener Stakeholder geprägt, die einen bedeutenden Einfluss auf

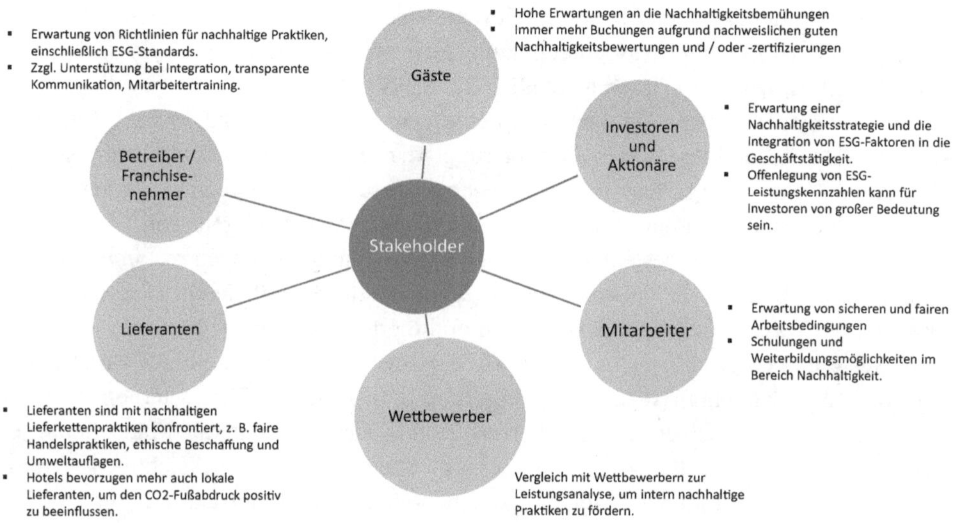

Abb. 8.1 Wesentliche Stakeholder-Gruppen. (Eigene Darstellung)

die strategische Ausrichtung haben. Die Fokussierung auf Nachhaltigkeit resultiert aus einer breiten Palette von Interessengruppen, die zunehmend fokussiert auf ESG-Fragen sind (Legrand et al. 2022, S. 705 ff.). Diese Erwartungen sind nicht nur ethisch relevant, sondern beeinflussen im Wesentlichen die operativen Ergebnisse, das Hotelmarken- und Hotelimage und die langfristige Wettbewerbsfähigkeit. Verschiedene Stakeholder-Gruppen haben unterschiedliche Erwartungen an die Nachhaltigkeitsbemühungen von Hotels (Abb. 8.1):

Hotels, die diese Erwartungen erfüllen oder übertreffen, sind besser positioniert, um einen langfristigen wirtschaftlichen Erfolg zu erzielen und das Vertrauen von Gästen und Investoren zu gewinnen. Studien zeigen, dass immer mehr Gäste bei der Wahl einer Unterkunft Wert auf umweltfreundliche Praktiken legen (Liu 2022). Sie bevorzugen Hotels, die sich für Nachhaltigkeit engagieren und ihre Umweltauswirkungen minimieren. Für Hotels ist es daher entscheidend, ihre Nachhaltigkeitsbemühungen nicht nur zu kommunizieren, sondern auch in die Gästeerfahrung zu integrieren, um positive Wahrnehmung und Loyalität zu fördern (Diamantis o. D.). Daher ist es generell von großer Bedeutung, Stakeholder im Detail zu verstehen und in die Nachhaltigkeitsstrategie zu integrieren.

8.2.3 Ressourcenknappheit als Treiber für umsichtiges Wirtschaften

Ressourcenknappheit treibt die Hotelindustrie zu umsichtigem Wirtschaften an, mit besonderem Fokus auf Abfallmanagement, Lebensmittelverschwendung, Wasserverbrauch, Energieverbrauch (insb. durch Klimaanlagen und Minibars) und den CO_2-Fußabdruck.

Food Waste ist nicht nur betriebsintern relevant, sondern auch für Stakeholder von hoher Bedeutung, da ineffiziente Ressourcennutzung zu erhöhten Kosten und ökologischer Verantwortungslosigkeit führt (Legrand et al. 2022, S. 18).

Die gestiegenen Kosten für knappe Ressourcen wie Wasser und Energie erfordern eine gezielte Steuerung durch Optimierung der Ressourcennutzung zur Kostenminimierung. Nachhaltige Wassermanagementprozesse und die Integration erneuerbarer Energiequellen sind nicht nur ökologisch, sondern auch strategisch relevant.

Die Herausforderung besteht darin, nachhaltige Energielösungen zu implementieren und Gäste für einen bewussten Energieverbrauch zu sensibilisieren. Eine integrierte Strategie, die Wasser- und Energieverbrauch optimiert und wirksame Maßnahmen gegen Food Waste umfasst, stärkt nicht nur die ökologische Verantwortung eines Hotels, sondern trägt auch zur langfristigen Wertsteigerung und positiven Gästewahrnehmung bei (Malhotra 2022). Es ist entscheidend, dass Hotels nicht nur interne Maßnahmen ergreifen, sondern auch die Erwartungen von Stakeholdern berücksichtigen. Transparente Kommunikation über Nachhaltigkeitsbemühungen, Partnerschaften mit umweltbewussten Lieferanten und die Einbindung von Gästen in nachhaltige Prozesse erfüllen diese Erwartungen und stärken das Ansehen eines Hotels.

Das strategische Controlling steuert gezielt die strategischen Maßnahmen der Nachhaltigkeitsstrategie, während das operative Controlling die Umsetzung im Detail unterstützt. Durch kontinuierliche Überwachung und Auswertung der Ressourcennutzung kann das operative Controlling flexibel auf Abweichungen reagieren, um die Effizienz zu maximieren und Kosten zu minimieren (Graumann 2018, S. 18). Diese enge Zusammenarbeit zwischen strategischem und operativem Controlling gewährleistet eine effektive Umsetzung der Nachhaltigkeitsstrategie und trägt dazu bei, die langfristigen Ziele eines Hotels zu erreichen und gleichzeitig die ökologische Verantwortung zu stärken.

8.2.4 Hotelmarken und Hotelbetreiber

In der Hotelindustrie erfolgt eine grundlegende Unterscheidung zwischen Hotelmarken, wie z. B. Accor, Hilton und Marriott, und den sogenannten Hotelbetreibern, die auch als White-Label-Operatoren bekannt sind. Typischerweise schließen Hotelmarken entweder Franchiseverträge mit Betreibern ab oder übernehmen selbst das Management von Hotels. Letzteres bedeutet, dass der Eigentümer einer Hotelimmobilie die operative Führung eines Hotels in seinem Namen einer Hotelmarke überlässt (Lund und Kimani 2019). Aufgrund der unterschiedlichen Akteure und ihrer spezifischen Zielsetzungen – die Hotelmarke strebt die Wertsteigerung ihrer Hotelmarken durch hohe Einnahmen aus Franchise- und gemanagten Hotels an, während Betreiber darauf abzielen, jedes einzelne Hotel nach Abzug der Franchisekosten profitabel zu betreiben – ist es unerlässlich, die individuellen Zielsetzungen bei der Verantwortung und Implementierung von Nachhaltigkeitsmaßnahmen zu berücksichtigen (Tab. 8.1):

Tab. 8.1 Verantwortlichkeiten im Rahmen der Nachhaltigkeit in Hotels

Verantwortlichkeiten/ Aufgaben	Hotelmarken	Gemanagte Hotels	Franchisenehmer
Definition von Nachhaltigkeitsstandards	Festlegung von ESG-Standards		
Entwicklung von Nachhaltigkeitsstrategien	An die spezifischen Ziele der Hotelmarke angepasst	An die spezifischen Ziele des Hotels angepasst	An die spezifischen Ziele des Betreibers angepasst
Integration von Nachhaltigkeitszielen	Integration in die langfristige Strategie		
Sensibilisierung, Kommunikation und Schulung	Bereitstellung von Schulungen und -materialien	Schulungen und Sensibilisierung der Mitarbeiter	
Audit und Überwachung der ESG-Standards	Regelmäßige Audits und Überwachung bezüglich der Einhaltung der Standards		
Innovation und Best Practices	Identifizierung umweltfreundlicher Technologien und nachhaltiger Betriebsprozesse		
Partnerschaften und Zusammenarbeit	Zusammenarbeit mit Regierungen, NGOs und anderen Unternehmen	Zusammenarbeit mit anderen Hotels und lokalen Behörden	
Einhaltung von Markenstandards und Prozessen	Festlegung von Richtlinien und Standards, sowie Sicherstellung der Einhaltung dieser	Sicherstellen der Einhaltung von Nachhaltigkeitsstandards und -richtlinien der Hotelmarke, sowie nachhaltiger Prozesse	
Kundenbindung	Förderung durch nachhaltige Prozesse	Stärkung durch Implementierung von nachhaltigen Prozessen	
Kostenmanagement	Überwachung von Kosteneinsparungen durch nachhaltige Prozesse	Nutzen von Kosteneinsparungen durch nachhaltige Prozesse	
Risikomanagement	Minimierung von Reputationsrisiken und rechtlichen Konsequenzen durch Einhaltung der Nachhaltigkeitsstandards		
Berichterstattung und Transparenz	Transparente Berichterstattung über Nachhaltigkeitsziele, Veröffentlichung von Nachhaltigkeitsberichten		

Quelle: Eigene Darstellung

Die Zuständigkeiten und Rollen im Bereich Nachhaltigkeit in gemanagten Hotels und Franchise-Hotels erfordern eine enge Zusammenarbeit zwischen den Hotelmarken, den Eigentümern und den Betreibern (Jang und Park 2019, S. 23 f.). Nur diese Synthese gewährleistet das Erreichen von Nachhaltigkeitszielen.

8.3 Regelkreis zur Integration einer Nachhaltigkeitsstrategie

Ein systematischer Ansatz, der durch den hier angewendeten Regelkreis des Controllings unterstützt wird, ist wichtig für die erfolgreiche Integration einer Nachhaltigkeitsstrategie in ein Hotelunternehmen. Der Regelkreis ermöglicht eine kontinuierliche Analyse, Überwachung und Anpassung der Nachhaltigkeitsbemühungen, um sicherzustellen, dass die definierten Ziele erreicht werden und das Hotel seinen Verpflichtungen gegenüber der Umwelt und den Stakeholdern gerecht wird. Eine systematische Vorgehensweise ist essenziell und entspricht einem sich wiederholenden Prozess, der es einem Hotelunternehmen ermöglicht, kontinuierliche Verbesserungen vorzunehmen und seine Nachhaltigkeitsstrategie anzupassen.

Der Regelkreis des Controllings ist ein systematischer Ansatz, der verschiedene Schritte umfasst. Zunächst erfolgt eine GAP-Analyse, um den aktuellen Stand der Nachhaltigkeitsbemühungen zu bewerten und potenzielle Verbesserungsbereiche zu identifizieren. Anschließend folgt eine strategische Analyse, die sowohl den Unternehmenskontext als auch das externe Umfeld berücksichtigt, um strategische Prioritäten zu setzen. Durch die Erstellung einer Wesentlichkeitsmatrix werden die wichtigsten Themen für die Stakeholder sowie für das Hotel priorisiert, um sicherzustellen, dass die Ressourcen effektiv eingesetzt werden. Auf dieser Grundlage werden strategische Ziele und Maßnahmen festgelegt, um langfristige Nachhaltigkeitsziele zu erreichen. Die Umsetzung und Implementierung der Strategie erfolgen daraufhin, wobei nachhaltige Prinzipien in die operativen Abläufe integriert werden. Schließlich überwacht die strategische Kontrolle die Fortschritte, um sicherzustellen, dass die definierten Ziele erreicht werden, und ermöglicht zugleich Anpassungen zur kontinuierlichen Verbesserung der Nachhaltigkeitsbemühungen.

Das Controlling ist an allen Schritten des Regelkreises aktiv beteiligt. Es unterstützt bei der Bewertung des aktuellen Status der Nachhaltigkeitsbemühungen (GAP-Analyse) durch Datensammlung und -analyse, hilft bei der Festlegung strategischer Prioritäten und identifiziert potenzielle Chancen und Risiken (SWOT-Analyse). Zudem trägt es zur Identifizierung relevanter Themen für Stakeholder und Unternehmen bei (Wesentlichkeitsmatrix), unterstützt bei der Festlegung von strategischen Zielen und Maßnahmen, überwacht die Umsetzung der Strategie und bewertet deren Wirksamkeit, um kontinuierliche Verbesserungen zu ermöglichen (Abb. 8.2).

Die einzelnen Schritte werden nachfolgend ausführlicher beschrieben.

8.3.1 GAP-Analyse

Die GAP-Analyse ist eine systematische Methode zur Bewertung der Unterschiede zwischen dem aktuellen Nachhaltigkeitszustand eines Unternehmens und dem angestrebten Zielzustand (Baum et al. 2013, S. 25 ff.). Die Analyse dient dazu, Defizite und Engpässe im Bereich der Nachhaltigkeit zu identifizieren und anschließend gezielte Maßnahmen

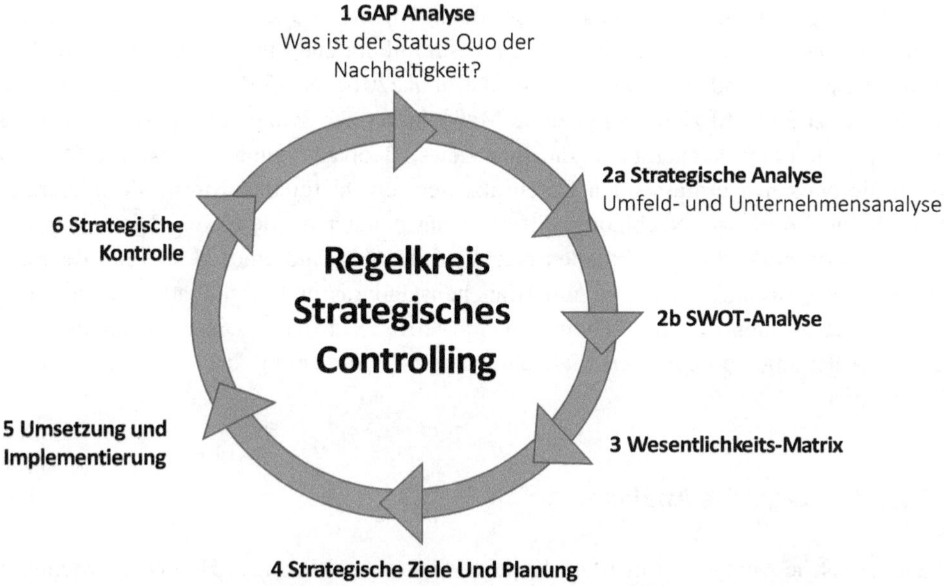

Abb. 8.2 Regelkreis Integration einer Nachhaltigkeitsstrategie. (Eigene Darstellung)

zu entwickeln, um diese Lücken zu schließen. Wichtige Analyseaspekte umfassen die Bereiche Energieeffizienz, Abfallmanagement, Wasserverbrauch, nachhaltige Beschaffung sowie den Schulungsstand der Mitarbeiter (Fokusbereiche):

- **Energieeffizienz:**
  - Datenerhebung zum Energieverbrauch im Hotel,
  - Bewertung der Effizienz bestehender Systeme im Vergleich zu Zielvorgaben und Branchenstandards wie Green Key;
- **Abfallmanagement:**
  - Analyse aktueller Abfallströme und Entsorgungsmethoden, speziell Lebensmittelverschwendung inkl. Quantifizierung und Kategorisierung von Abfallarten,
  - Vergleich mit bewährten Abfallmanagementprozessen in der Hotelbranche;
- **Wasserverbrauch:**
  - Erfassung und Bewertung des Wasserverbrauchs,
  - Identifizierung und Abgleich mit anerkannten Wassereffizienzstandards;
- **nachhaltige Beschaffung:**
  - Analyse für nachhaltige Beschaffung der Beschaffungsketten,
  - Bewertung der Nachhaltigkeit von Lieferanten und Produkten;
- **Mitarbeiterschulungen:**
  - Überprüfung des aktuellen Schulungsstands zu nachhaltigen Prozessen,
  - Entwicklung und Umsetzung sowie Bewertung der Wirksamkeit der Schulungsmaßnahmen.

Für jeden Aspekt ist die Erfassung sowohl quantitativer als auch qualitativer Daten entscheidend. Das Controlling hilft bei der Datensammlung und -analyse, um den aktuellen Nachhaltigkeitszustand zu bewerten (Steinke et al. 2014, S. 85 ff.). Durch die Analyse werden Defizite identifiziert, um gezielte Maßnahmen zur Schließung dieser Lücken zu entwickeln. Interne Datenerhebungen, Interviews, Beobachtungen und externe Quellen bilden hierbei einen umfassenden Datensatz, der sowohl für die externe Zertifizierung als auch für die interne Nachhaltigkeitserfassung genutzt werden kann. Die systematische Analyse vergleicht den aktuellen Nachhaltigkeitszustand eines Hotels mit dem angestrebten Zielzustand sowie ggf. mit Branchenstandards und Best Practices, um mögliche Lücken zu identifizieren (Thommen et al. 2017, S. 537 ff.). Diese dienen als Basis für die Ableitung strategischer Maßnahmen zur Verbesserung der Nachhaltigkeit in einem Hotel.

8.3.2 Strategische Analyse

Die strategische Analyse ist insb. im Kontext der Nachhaltigkeit in Hotels ein wichtiger Schritt. Sie beinhaltet eine gründliche Untersuchung sowohl des Hotelunternehmens als auch seines Umfeldes. Diese Analyse liefert wertvolle Einblicke als Basis für die Entwicklung effektiver Geschäftsstrategien im Bereich der Nachhaltigkeit (Horvath et al. 2019, S. 125 ff.). Das Controlling unterstützt die strategische Analyse, indem es relevante Daten sammelt und analysiert, um ein umfassendes Bild des aktuellen Nachhaltigkeitszustands eines Hotels und seiner externen Umgebung zu erhalten. Durch die Bereitstellung dieser Informationen trägt das Controlling dazu bei, die Grundlage für fundierte Entscheidungen und die Entwicklung wirksamer Nachhaltigkeitsstrategien zu schaffen. Dabei kommen drei Methoden zur Anwendung: die Unternehmens-, die Umfeld- und die SWOT-Analyse.

8.3.2.1 Umfeld- und Hotel-/Unternehmensanalyse

Die Unternehmens- und Umfeldanalyse für Hotels und Hotelunternehmen ist elementar, um effektive nachhaltige Strategien zu entwickeln und sich den Herausforderungen und Chancen in der dynamischen Hotelbranche zu stellen.

Im Rahmen einer Umfeldanalyse untersuchen Hotels insb. die folgenden Aspekte (Thommen et al. 2017, S. 527 ff.):

- **Wettbewerbsumfeld:** Analyse der nachhaltigen Positionierung im Vergleich zu Mitbewerbern, dies umfasst den Marktanteil, Unique Selling Propositions und nachhaltige Wettbewerbsvorteile;
- **makroökonomische Faktoren:** Bewertung von nachhaltigen Risiken und Chancen durch Konjunkturzyklen, Zinssätze, Wechselkurse und Arbeitslosenquoten;

- **regulatorische und rechtliche Rahmenbedingungen:** Analyse nachhaltiger rechtlicher Anforderungen und Vorschriften, zur Sicherstellung der Konformität und Minimierung von regulatorischen Risiken;
- **gesellschaftliche Trends:** Identifikation von nachhaltigen gesellschaftlichen Trends, wie z. B. Reisetrends und -verhalten, und Anpassung der strategischen Ausrichtung an Kundenpräferenzen;
- **technologische Innovationen:** Bewertung nachhaltiger technologischer Trends und Innovationen im Hotelbetrieb, bspw. der Einfluss von digitalen Buchungsplattformen, kontaktlosen Zahlungssystemen und einer nachhaltigen Zimmerausstattung.

Im Rahmen einer Unternehmensanalyse untersuchen Hotels hingegen vor allem die folgenden Aspekte (Thommen et al. 2017, S. 529–531):

- **Betriebsstrukturen und -prozesse:** detaillierte Analyse der betrieblichen Strukturen in einem Hotel ermöglicht die Identifikation interner Stärken und Schwächen im Bereich der Nachhaltigkeit, dies umfasst Aspekte wie z. B. nachhaltige Beschaffungsprozesse, effiziente Abfallmanagement- und Recyclingprogramme und Maßnahmen zur Reduzierung des Wasserverbrauchs;
- **Servicequalität und Kundenzufriedenheit:** die Analyse der Servicequalität und der Kundenzufriedenheit ist wichtig, um die Erfüllung der Nachhaltigkeitserwartungen der Gäste in einem Hotel zu bewerten;
- **operative Performance:** umfassende finanzielle Analyse im Kontext der Nachhaltigkeit, unter Berücksichtigung von Umsatzgenerierung, Gewinnmargen, Kostenstrukturen und Liquidität, dies ermöglicht ein Verständnis für die finanzielle Stabilität eines Hotels, für die wesentlichen Treiber des Erfolgs und identifiziert potenzielle Ertragsschwächen in der nachhaltigen Strategie.

Die Integration von Unternehmens- und Umfeldanalysen bietet einem Hotelunternehmen einen ganzheitlichen Einblick in seine internen Stärken und Schwächen im Kontext der Nachhaltigkeit. Darüber hinaus werden externe Chancen und Risiken erarbeitet. Diese Perspektive bildet die Grundlage für strategische Entscheidungen und gezielte Maßnahmen zur Optimierung der Leistung und Positionierung eines Hotels im Bereich der Nachhaltigkeit.

8.3.2.2 SWOT-Analyse

Die SWOT-Analyse (Abb. 8.3) für ein Hotel bietet einen strategischen Einblick in die spezifischen Faktoren, die den Erfolg im Bereich der Nachhaltigkeit beeinflussen. Dies dient als Grundlage, um gezielt die vorhandenen Stärken auszubauen, Schwächen zu minimieren, Chancen zu nutzen und Risiken zu managen, um die nachhaltige Wettbewerbsfähigkeit und den langfristigen Erfolg eines Hotels sicherzustellen (Ehringer 2020, S. 36 ff.).

Stärken (Strengths): ▪ ***Markenreputation:*** Positives Nachhaltigkeits-Image zieht umweltbewusste Gäste an. ▪ ***Lage:*** Standorte in städtischen Zentren mit gutem Zugang zu öffentlichen Verkehrsmitteln dient als nachhaltiger Wettbewerbsvorteil. ▪ ***Green Hospitality Services:*** Die Implementierung von Energiemanagement, Abfallreduktion, lokaler Integration und ökologischer Verantwortung stärkt die Wettbewerbsposition des Hotels. ▪ ***Nachhaltigkeitszertifizierungen:*** Anerkannte Zertifikate, wie Green Key, fördern Glaubwürdigkeit und Gästevertrauen.	Chancen (Opportunities): ▪ ***Nachhaltige Lieferketten:*** Nutzung umweltfreundlicher Lieferketten für Lebensmittel, Reinigungsprodukte und Materialien reduziert die Umweltbelastung, und steigert die Attraktivität. ▪ ***Ökotourismus-Partnerschaften:*** Kooperationen mit Ökotourismus-Unternehmen positionieren das Hotel als Ziel für umweltbewusste Reisende. ▪ ***Technologische Innovationen für nachhaltigen Komfort***: Integration fortschrittlicher Technologien im Bereich Energiemanagement, Wassereffizienz und Abfallreduktion verbessert die Gästeerfahrung.
Schwächen (Weaknesses): ▪ ***Veraltete nachhaltige Ausstattung:*** Diese schadet der Umwelt und beeinträchtigt die Wettbewerbsfähigkeit. Die Integration moderner Technologien minimiert Umweltauswirkungen und stärkt die Wettbewerbsposition. ▪ ***Begrenzte Ressourcen für Nachhaltigkeitsmaßnahmen:*** Eingeschränkte finanzielle Mittel oder personelle Ressourcen behindern Umsetzung fortschrittlicher nachhaltiger Praktiken. ▪ ***Mangelnde Integration von erneuerbaren Energien:*** Unzureichende Nutzung erneuerbarer Energien belasten die Umweltbilanz des Hotels.	Risiken (Threats): • ***Wettbewerbsdruck im nachhaltigen Segment***: Intensiver Wettbewerb im Bereich nachhaltiger Hotels führt zu Preiskämpfen und Margendruck. • ***Wirtschaftliche Unsicherheit und Budgetkürzungen***: Konjunkturelle Schwankungen führen zu einer Reduzierung der Investitionen in nachhaltige Praktiken. • ***Veränderungen in den Umweltauflagen:*** Neue Gesetze oder Vorschriften im Bereich Umweltschutz verursachen zusätzliche Anpassungen und Kosten.

Abb. 8.3 Beispielhafte SWOT-Analyse für ein Hotelunternehmen. (Eigene Darstellung)

8.3.3 Wesentlichkeitsmatrix

Die Wesentlichkeitsmatrix ist ein nützliches Instrument zur strategischen Integration von Nachhaltigkeit. Sie ermöglicht es Hotelunternehmen, die Bedeutung verschiedener Nachhaltigkeitsaspekte in eine Rangfolge zu bringen. Es gilt zu ermitteln, welche Themen sowohl für die Stakeholder als auch für ein Unternehmen von Relevanz sind (Breuer 2019, S. 13 ff.). Die Matrix basiert auf zwei Hauptkriterien:

- **Einfluss auf die Stakeholder**: Bewertung, wie stark bestimmte Nachhaltigkeitsaspekte die Interessen und Erwartungen der Stakeholder beeinflussen sowie
- **Einfluss auf ein Hotel-Unternehmen**: Messung, inwieweit bestimmte Aspekte die Geschäftsprozesse, die Reputation und den langfristigen Unternehmenswert beeinflussen.

In der Hotelindustrie zeigen die Ergebnisse der exemplarischen Wesentlichkeitsmatrix (Abb. 8.4), dass für Gäste und Investoren insb. der Energieverbrauch, der Wasserverbrauch, die nachhaltige Beschaffung und die Abfallreduktion von hoher Bedeutung sind. Die im nächsten Schritt vorzunehmende Gewichtung dieser Aspekte erfolgt anhand von Kriterien wie ihrer Dringlichkeit und den Auswirkungen auf die Zufriedenheit der Gäste sowie die finanziellen Ergebnisse und die Reputation des Hotels. Ein Beispiel für die Gewichtung ist, dass eine Hotelgruppe – wie die Accor S.A. im Jahr 2020 – angesichts steigender Gästeerwartungen und zunehmenden Umweltbewusstseins beschließt, den Schwerpunkt ihrer Nachhaltigkeitsbemühungen auf die Reduzierung des Plastikver-

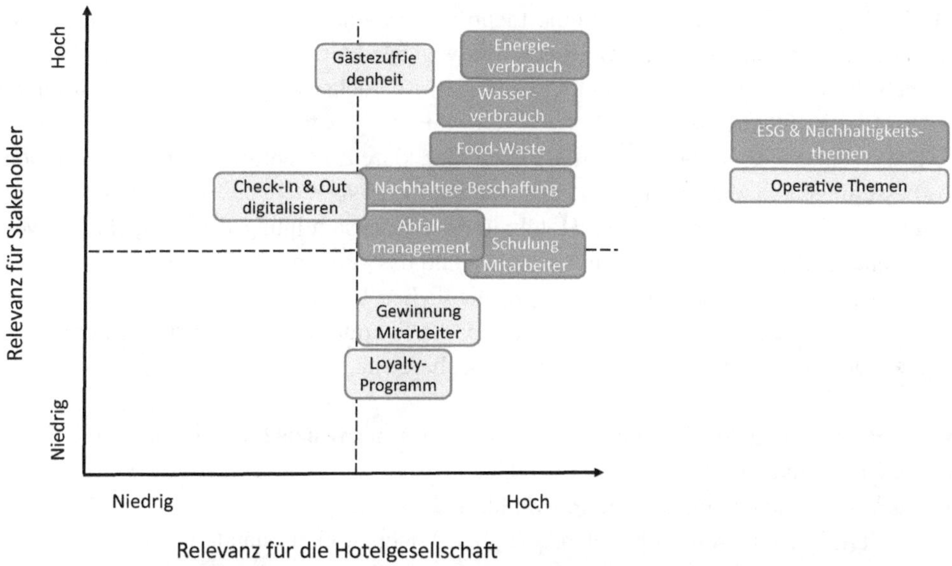

Abb. 8.4 Beispielhafte Wesentlichkeitsmatrix für ein Hotelunternehmen. (Eigene Darstellung)

brauchs zu legen. Dies geschieht aufgrund der Dringlichkeit des Themas, der potenziellen Auswirkungen auf die Zufriedenheit der Gäste, sowie aufgrund der positiven finanziellen Ergebnisse und der gesteigerten Reputation, die mit einem solchen Schritt einhergehen (Accor 2020).

Die identifizierten Schwerpunkte bilden die Grundlage für die gezielte Entwicklung nachhaltiger Strategien. Durch diese Berücksichtigung wird die Nachhaltigkeitsperformance verbessert und die Zufriedenheit der Stakeholder gesteigert. Die Wesentlichkeitsmatrix muss regelmäßig überprüft und aktualisiert werden, um sich verändernden Interessen und Kontexten gerecht zu werden und eine effektive Steuerung der Nachhaltigkeitsbemühungen sicherzustellen. Das Controlling unterstützt die Erstellung und Aktualisierung dieser, indem es relevante Daten sammelt und analysiert, um die Dringlichkeit und Auswirkungen der identifizierten Aspekte zu bewerten. Durch diese Datenbasis kann das Controlling sicherstellen, dass die Ressourcen effektiv auf die Schwerpunkte mit dem größten Einfluss auf die Stakeholder-Zufriedenheit und die finanzielle Performance des Hotels ausgerichtet werden (Steinke et al. 2014, S. 54 ff.).

8.3.4 Strategische Ziele und Planung

Die klare Definition und Messung von strategischen Zielen für die nachhaltige Entwicklung eines Hotels erfordert einen systematischen Ansatz. Dieser Prozess beinhaltet sowohl die Ergebnisse aus der strategischen Analyse, inklusive der Ergebnisse der

SWOT-Analyse. Er beinhaltet auch die Identifikation von Zielbereichen, die sich aus der Analyse der Ergebnisse einer GAP-Analyse ergeben (Graumann 2018, 54 ff.). Ferner werden die Ergebnisse der Wesentlichkeitsmatrix berücksichtigt, welche die relevanten Fokusbereiche identifiziert.

Dieser Ansatz ermöglicht es einem Hotel, eine klare Ausrichtung auf die angestrebten Verbesserungen in diesen spezifischen Nachhaltigkeitsbereichen. Eine nahtlose Integration in die Gesamtstrategie des Hotels unter Berücksichtigung der Perspektiven verschiedener Stakeholder fördert die Akzeptanz und das Verständnis auf allen Ebenen.

Die Kaskadierung der Ziele auf unterschiedlichen Unternehmensebenen und die Definition von messbaren Leistungsindikatoren (KPI) ermöglichen eine transparente Verfolgung des Fortschritts in Bezug auf die Fokusbereiche, z. B.

- die Reduzierung des Energieverbrauchs um 50 % aus neuen Technologien bis 2030,
- die Halbierung von Food-Waste bis 2030,
- das Verschwinden von Einweg-Plastik bis 2025 sowie
- die Zertifizierung von Lieferanten bezüglich Nachhaltigkeitsstandards bis 2030.

Eine sorgfältige Ressourcenplanung, Budgetierung und Zeitplanung gewährleisten eine effektive Umsetzung der nachhaltigen Ziele unter Berücksichtigung von Risiken und Herausforderungen. Eine sorgfältige Ressourcenplanung, Budgetierung und Zeitplanung gewährleisten eine effektive Umsetzung der nachhaltigen Ziele unter Berücksichtigung von Risiken und Herausforderungen. Das Controlling unterstützt diesen Prozess, indem es bei der Ermittlung oder Schätzung der Kosten für die Umsetzung der nachhaltigen Ziele beginnt (Baum et al. 2013, 445 ff.). Dabei werden verschiedene Aspekte wie Investitionen in Technologien zur Energieeffizienz, Schulungen für Mitarbeiter, Beschaffung nachhaltiger Materialien und andere betriebliche Ausgaben berücksichtigt. Anschließend wird ein Budgetplan erstellt, der diese Kosten detailliert aufschlüsselt und eine angemessene Allokation von Ressourcen ermöglicht. Dieser Plan wird regelmäßig überwacht und bei Bedarf angepasst, um sicherzustellen, dass die Umsetzung der nachhaltigen Ziele im Rahmen der finanziellen Möglichkeiten bleibt. Auf diese Weise wird sichergestellt, dass die nachhaltigen Entwicklungsziele formuliert, effizient umgesetzt und überwacht werden (Breuer 2019, S. 17).

8.3.5 Umsetzung strategischer Maßnahmen

Die Umsetzung strategischer Nachhaltigkeitsmaßnahmen in der Hotelbranche bezieht sich auf die praktische Verwirklichung zuvor definierter Ziele und Initiativen (Legrand et al. 2022, S. 578 ff.). Dabei unterstützt das Controlling durch die Überwachung der Ressourcenallokation, die Sicherstellung der Einhaltung des Budgets und die Bewertung der Effizienz der durchgeführten Maßnahmen. Durch diese kontinuierliche Überprüfung trägt es dazu bei, dass die strategischen Ziele effektiv erreicht werden und etwaige Anpassungen rechtzeitig vorgenommen werden.

Die Umsetzung umfasst dabei verschiedene Bereiche und Aktivitäten:

- **Investitionen:** umfasst die Investitionen in nachhaltige Technologien, Infrastruktur und Ausrüstung, um die Energieeffizienz zu steigern, Abfall zu reduzieren oder umweltfreundliche Prozesse zu implementieren, z. B. durch die Investition in energieeffiziente Beleuchtungstechnologien (Sailer 2020, S. 267 f.);
- **Mitarbeiterschulungen:** involviert Schulungen und Weiterbildungen für Mitarbeiter, um deren Bewusstsein für Nachhaltigkeit zu schärfen und Fähigkeiten zu entwickeln, die zur Umsetzung der Nachhaltigkeitsziele beitragen;
- **Anpassung operativer Prozesse:** umfasst die Integration nachhaltiger operativer Abläufe, insb. im Bereich des Abfallmanagements, des Energie- und Wassermanagements mit dem übergeordneten Ziel, betriebliche Prozesse effizienter und umweltfreundlicher zu gestalten; hierbei ist es entscheidend, Kontrollinstrumente wie Energiemanagementsysteme, Nachhaltigkeitskennzahlen-Dashboards sowie transparente Berichterstattung zu implementieren; um dieses Ziel zu erreichen, müssen regelmäßige Überprüfungen und Anpassungen in der Prozesslandschaft integriert werden (Welge et al. 2017, S. 818 ff.);
- **nachhaltige Beschaffung:** beinhaltet die Implementierung von Richtlinien und Prozessen, um sicherzustellen, dass die Beschaffung von Waren und Dienstleistungen nach nachhaltigen Kriterien erfolgt (inkl. der Auswahl umweltfreundlicher Produkte und Lieferanten mit nachhaltigen Prozessen);
- **Kommunikationsstrategie:** umfasst die Entwicklung und Umsetzung von Kommunikationsplänen, um die nachhaltigen Bemühungen eines Hotels sowohl intern als auch extern effektiv zu kommunizieren; wesentliche Stakeholder wie Gäste, Mitarbeiter und Franchisepartner müssen bei strategischen Entscheidungen durch regelmäßige Feedbackschleifen oder gezielte Konsultationen integriert werden (Steinke et al. 2014, S. 90 ff.).

8.3.6 Strategische Kontrolle

Die Ergebniskontrolle durch einen Soll-Ist-Vergleich ist entscheidend, um Abweichungen zwischen den erreichten Ergebnissen und den strategischen Zielen bei der Umsetzung einer Nachhaltigkeitsstrategie in der Hotelindustrie zu identifizieren. Diese Kontrolle erfolgt während der Strategieumsetzung und am Ende des Prozesses. Zur Gewährleistung dieses Ziels werden Meilensteine mit vordefinierten Zwischenergebnissen festgelegt, an denen Kontrollen stattfinden. Diese Planfortschrittskontrolle ermöglicht es, Abweichungen vom gewählten strategischen Kurs frühzeitig zu identifizieren (Baum et al. 2013, S. 363 ff.). In diesem Zusammenhang spielen die zuvor genannten Fokusbereiche in der Hotellerie bei der Nachhaltigkeitsstrategie eine zentrale Rolle.

Das Controlling spielt eine wesentliche Rolle bei der Überwachung und Bewertung des Soll-Ist-Vergleichs während der Umsetzung der Nachhaltigkeitsstrategie. Seine

Aufgabe besteht darin, Abweichungen frühzeitig zu identifizieren und entsprechende Gegenmaßnahmen einzuleiten. Die frühzeitige Ergebniskontrolle bildet somit die Grundlage für Gegensteuerungsmaßnahmen und die potenzielle Anpassung der strategischen Ziele. Dadurch ermöglicht das Controlling eine dynamische und flexible Umsetzung der Nachhaltigkeitsstrategie, um die gesteckten Ziele effektiv zu erreichen (Baum et al. 2013, S. 368 ff.).

Dieser zyklische Prozess des Regelkreises ermöglicht eine kontinuierliche Verbesserung und eine flexible Reaktion auf sich ändernde Umstände. Durch die regelmäßige Anpassung von Zielen und Strategien gewährleistet das Hotelunternehmen, dass es auf dem richtigen Weg ist, die festgelegten nachhaltigen Ziele zu erreichen und seine Leistung kontinuierlich zu optimieren.

8.4 Operatives Controlling im Nachhaltigkeitsmanagement von Hotels

Die Phase des operativen Controllings im Nachhaltigkeitsmanagement für Hotels setzt nach der Festlegung und Implementierung der strategischen Ziele ein. In diesem Zusammenhang erfolgt die Überwachung und Steuerung der umgesetzten Maßnahmen, um zu gewährleisten, dass die nachhaltigen Ziele erfolgreich erreicht werden (Graumann 2018, S. 19). Die Schritte dieses Prozesses lassen sich wie folgt strukturieren (Abb. 8.5):

Die einzelnen Schritte werden nachfolgend betrachtet.

Abb. 8.5 Regelkreis Operatives Controlling. (Eigene Darstellung)

8.4.1 Festlegung von Zielen

Die Definition nachhaltiger Ziele und zugehöriger KPI erfolgt auf Grundlage der strategischen Nachhaltigkeitsziele eines Hotels. Dieser Prozess ist entscheidend, um klare Richtlinien und Messgrößen festzulegen, die den Fortschritt bei der Umsetzung der Nachhaltigkeitsstrategie eines Hotels quantifizieren und bewerten. Durch die Festlegung von konkreten Zielen und KPIs wird nicht nur die Vision für eine nachhaltigere Betriebsweise des Hotels definiert, sondern es werden auch spezifische Schritte identifiziert, die unternommen werden müssen, um diese Vision zu verwirklichen (Graumann 2018, S. 225 ff.). Das Controlling trägt wesentlich zur Definition dieser Ziele und KPI bei. Es ermöglicht die Erfassung und Analyse relevanter Daten, um fundierte Entscheidungen zu treffen und den Fortschritt der Nachhaltigkeitsstrategie von Hotels zu überwachen.

Beispiele für Ziele und KPI sind:

- **Energieverbrauch pro Zimmer um 20 % reduzieren:** dieses Ziel zeigt das Bestreben eines Hotels, seinen ökologischen Fußabdruck zu verringern, indem es seine Energieeffizienz verbessert, der dazugehörige KPI misst den prozentualen Rückgang des Energieverbrauchs pro Zimmer im Vergleich zum Ausgangswert;
- **Reduzierung des Gesamtabfalls um 15 % innerhalb eines Jahres:** dies unterstreicht das Engagement eines Hotels für Abfallmanagement und Ressourceneffizienz, der KPI misst den prozentualen Rückgang des Gesamtabfalls über einen definierten Zeitraum, was auf eine verbesserte Abfalltrennung, -reduktion und -recycling hindeutet;
- **Steigerung des Anteils lokaler Lieferanten auf 25 % zur Förderung nachhaltiger Beschaffung:** dieses Ziel zeigt das Bestreben eines Hotels, die lokale Wirtschaft zu unterstützen und gleichzeitig die Umweltauswirkungen seiner Lieferketten zu reduzieren, der KPI misst den prozentualen Anteil der lokalen Lieferanten an der Gesamtanzahl der Lieferanten des Hotels.

Diese Beispiele verdeutlichen, inwiefern die Definition nachhaltiger Ziele und KPI einen strukturierten Rahmen bietet, um die Bemühungen eines Hotels zur Förderung von Umweltbewusstsein, Ressourceneffizienz und sozialer Verantwortung zu konkretisieren und zu verfolgen.

8.4.2 Planung

Um die definierten Ziele erfolgreich umzusetzen, ist die Verfügbarkeit notwendiger Ressourcen – sei es in finanzieller, in personeller oder in technologischer Hinsicht – von Bedeutung. Durch sorgfältige Planung und klare Ressourcenallokation werden realistische und effektive Zielumsetzungen gewährleistet. Das Controlling ist wichtig bei der Überwachung und Optimierung dieser Ressourcenallokation, um sicherzustellen, dass die Ziele im Rahmen der verfügbaren Mittel erreicht werden (Horvath et al. 2019, S. 74 ff.):

- **Energieverbrauch pro Zimmer um 20 % zu reduzieren:**
  - Bestandsaufnahme durch Analyse der aktuellen Verbrauchsmuster,
  - Implementierung energieeffizienter Technologien,
  - Mitarbeiter-Schulungen für bewussten Energieverbrauch,
  - Erstellung und Kommunikation klarer Energieleitlinien,
  - monatlicher Überwachungsprozess und Vergleich zu Zielvorgaben und Vormonaten;
- **Reduzierung des Gesamtabfalls um 15 % innerhalb eines Jahres:**
  - detaillierte Abfallanalyse,
  - Einführung von Recyclingprogrammen,
  - Anpassung von Lieferantenbeziehungen,
  - Mitarbeiter-Schulungen,
  - monatliche Überwachung und Vergleich mit Vorgaben und Vormonaten;
- ***Steigerung des Anteils lokaler Lieferanten auf 25 % zur Förderung nachhaltiger Beschaffung:***
  - Analyse der Lieferantenbasis,
  - Identifikation potenzieller lokaler Lieferanten,
  - Bewertung der Nachhaltigkeitspraktiken,
  - Auswahl und Verhandlung mit lokalen Lieferanten,
  - Implementierung der lokalen Lieferanten und Überwachung der Einhaltung der Nachhaltigkeitsstandards.

Die Ergebnisse der monatlichen Überwachung und Abgleich der Ziele mit den Zielvorgaben führt zu Anpassungen bei den strategischen und/oder operativen Zielgrößen.

8.4.3 Datenerfassung und Analyse inkl. Soll-Ist-Vergleich

Die Erfassung und Analyse von Daten, insb. durch einen Soll-Ist-Vergleich, nimmt eine zentrale Rolle ein, um die Nachhaltigkeit in Hotels zu gewährleisten und zu optimieren (Horvath et al. 2019, S. 291). Mithilfe kontinuierlicher Datenerhebung mittels digitaler Technologien, Sensoren oder manueller Erfassung werden relevante Nachhaltigkeitskennzahlen erfasst, darunter Energie- und Wasserverbrauch sowie Lebensmittelverschwendung. Das Controlling ist in diesem Prozess von Relevanz, da es diesen überwacht und optimiert. Es gewährleistet nicht nur die korrekte Datenerfassung, sondern auch die Analyse und Interpretation der gesammelten Daten. Durch statistische Methoden und den Vergleich mit vorherigen Datensätzen erfolgt eine umfassende Bewertung der nachhaltigen Leistung eines Hotels. Diese Analyse ermöglicht es dem Controlling, Muster, Trends und Leistungskennzahlen zu identifizieren, um Effizienzsteigerungen voranzutreiben und Verbesserungsbereiche aufzudecken. Auf dieser Grundlage werden dann geeignete Maßnahmen entwickelt und implementiert, um die Nachhaltigkeitsziele eines Hotels zu erreichen und seine Leistung kontinuierlich zu verbessern (Horvath et al. 2019, S. 292 f.).

Das bedeutet, dass für die zuvor dargestellten Ziele des Energieverbrauchs pro Zimmer und Reduzierung des Gesamtabfalls folgende Daten kontinuierlich erfasst werden müssen:

Ziel, den Energieverbrauch pro Zimmer um 20 % zu reduzieren:

- aktueller Energieverbrauch pro Zimmer (kWh oder eine andere relevante Einheit) in einem bestimmten Zeitraum (z. B. monatlich),
- Informationen zu den bestehenden Energieverbrauchsmustern, einschließlich Hauptverbrauchszeiten und -quellen,
- Daten über den Einsatz energieeffizienter Technologien und deren Leistung,
- Teilnahmequoten und Feedback der Mitarbeiter zu Schulungen und Energieleitlinien,
- Fortschrittsberichte, die den tatsächlichen Energieverbrauch mit den Zielvorgaben vergleichen;

Ziel, den Gesamtabfall um 15 % innerhalb eines Jahres zu reduzieren:

- eine detaillierte Abfallanalyse, einschließlich Art, Menge und Quelle des Abfalls,
- Informationen über aktuelle Abfallentsorgungspraktiken und -verfahren,
- Daten über Recyclingprogramme und deren Wirksamkeit,
- Feedback und Beteiligung der Mitarbeiter an Schulungen und Abfallreduktionsinitiativen,
- regelmäßige Berichte über den Abfallstrom und den Fortschritt bei der Abfallreduktion im Vergleich zu den Zielvorgaben.

8.4.4 Abweichungsanalyse

Die Abweichungsanalyse berücksichtigt sowohl interne als auch externe Einflussfaktoren. Interne Faktoren beziehen sich auf betriebliche Abläufe, Ressourcenallokation und Schulungsprogramme in einem Hotel. Externe Faktoren beziehen sich auf Umstände wie lokale Wasser- und Abfallentsorgungssysteme oder die Verfügbarkeit nachhaltiger Produkte.

Die Analyse in der Hotelindustrie verfolgt das Ziel, Ursachen für festgestellte Unterschiede in Schlüsselbereichen der Nachhaltigkeit zu verstehen (Tab. 8.2).

Die Bewertung der Einflussfaktoren, einschließlich der Ursache-Wirkungs-Analysen, unterstützt dabei, die tiefer liegenden Ursachen für festgestellte Abweichungen zu identifizieren. Dieser Ansatz ermöglicht eine systematische Analyse dahingehend, wie interne und externe Faktoren zusammenwirken und sich auf die nachhaltigen Prozesse auswirken (Horvath et al. 2019, S. 292 f.). Diese Kombination ermöglicht es Hotels, fundierte Entscheidungen zu treffen und nachhaltiger zu sein. Das Controlling überwacht

Tab. 8.2 Abweichungsanalyse

Bereich	Zielsetzung	Ziel erreicht	Ursachen für Abweichungen	
			Interne	Externe
Energieeffizienz	Erreichen der Energieeffizienzziele	Nein	Ineffiziente Technologien, mangelnde Wartung, fehlende Sparmaßnahmen	Klimatische Bedingungen und Naturereignisse
Wassernutzung	Reduzierung des Wasserverbrauchs	Nein	Undichte Wasserleitungen, ineffiziente Bewässerung, mangelnde Sensibilisierung	Preis- und Verfügbarkeitsschwankungen von Wasserressourcen
Abfallmanagement	Minimierung von Abfallabweichungen	Nein	Ineffiziente Recyclingprozesse, übermäßige Verpackung, fehlende Schulungen	Schwankungen in den Kosten und Verfügbarkeiten von Recycling- und Entsorgungsdienstleistungen
Nachhaltige Beschaffung	Einhaltung nachhaltiger Beschaffungsprozesse	Nein	Mangelnde Integration umweltfreundlicher Lieferanten, fehlende Richtlinien	Verfügbarkeit und Preisentwicklung nachhaltiger Produkte auf dem Markt
Mitarbeiterschulungen	Effektivität von Schulungsprogrammen	Nein	Überprüfung von Testergebnissen, praktische Umsetzung nachhaltiger Prozesse	Verfügbarkeit externer Schulungsanbieter und -ressourcen

Quelle: Eigene Darstellung

und bewertet systematisch die internen und externen Einflussfaktoren. Durch die Identifizierung von Abweichungen und die Bewertung ihrer Ursachen unterstützt es ein Hotel dabei, fundierte Entscheidungen zu treffen und gezielte Maßnahmen zur Verbesserung der Nachhaltigkeitsleistung zu ergreifen.

8.4.5 Gegensteuerungsmaßnahmen und Anpassungen

Auf Grundlage der vorausgehenden Abweichungsanalyse werden gezielte Gegensteuerungsmaßnahmen entwickelt. Die Abweichungen dienen als Grundlage für die Planung entsprechender Maßnahmen, die anschließend umgesetzt und in Bezug auf ihre Wirksamkeit überwacht werden. Das Controlling spielt dabei eine entscheidende Rolle

Tab. 8.3 Gegensteuerungsmaßnahmen

Energieverbrauch	• Implementierung energieeffizienter Technologien • Einführung intelligenter Energiemanagementsysteme
Wassernutzung	• Reparatur und regelmäßige Wartung von Wasserleitungen • Sensibilisierung der Gäste für nachhaltige Wassernutzung • Wasserspartasten bzw. Wassersparduschköpfe
Abfallaufkommen	• Einführung von Recyclingprogrammen • Reduzierung von Einwegverpackungen • Schulung des Personals für effektives Abfallmanagement
Beschaffung	• Integration nachhaltiger Lieferanten • Förderung von nachhaltigen Produktalternativen
Mitarbeiterschulungen	• Fortlaufende Schulungen zur Sensibilisierung für nachhaltige Prozesse • Integration von Nachhaltigkeit in das Schulungsprogramm

Quelle: Eigene Darstellung

in der Überwachung der Effektivität dieser Maßnahmen, um sicherzustellen, dass diese dazu beitragen, die identifizierten Abweichungen zu korrigieren und die Nachhaltigkeitsziele eines Hotels zu erreichen. Dieser Prozess stellt sich wie folgt dar. Zunächst werden spezifische Gegenmaßnahmen in den Bereichen, in denen Abweichungen festgestellt wurden, identifiziert (Tab. 8.3):

Diese Maßnahmen werden dann in die operative Praxis integriert. Dabei werden definierte Verantwortlichkeiten zugewiesen. Schulungen gewährleisten, dass Mitarbeiter über die erforderlichen Fähigkeiten und das Verständnis für eine erfolgreiche Umsetzung der Maßnahmen verfügen.

Nach der Implementierung stellen Überwachungsmechanismen sicher, dass die Maßnahmen die angestrebten Verbesserungen bewirken. Diese umfassen bspw. regelmäßige Audits, Leistungsanalysen, Feedbacksysteme und Berichterstattungsmethoden. Dieser Ansatz ermöglicht es Hotels, ihre nachhaltigen Ziele zu erreichen.

8.4.6 Kontinuierliche Verbesserung

Die Identifikation von Best Practices und die Implementierung von Maßnahmen zur kontinuierlichen Verbesserung sind von entscheidender Bedeutung. Dabei fließen neue Erkenntnisse ein und es werden Anpassungen an veränderte externe Einflüsse oder Geschäftsanforderungen vorgenommen. Das Controlling unterstützt diesen proaktiven Ansatz, indem es die Wirksamkeit der implementierten Maßnahmen überwacht, Leistungsindikatoren bewertet und auf Basis dieser Analysen Empfehlungen für weitere Verbesserungen ausspricht. Dies gewährleistet nicht nur die Aktualität von Nachhaltigkeitsprozessen, sondern ermöglicht zudem eine effektive Anpassung an sich wandelnde

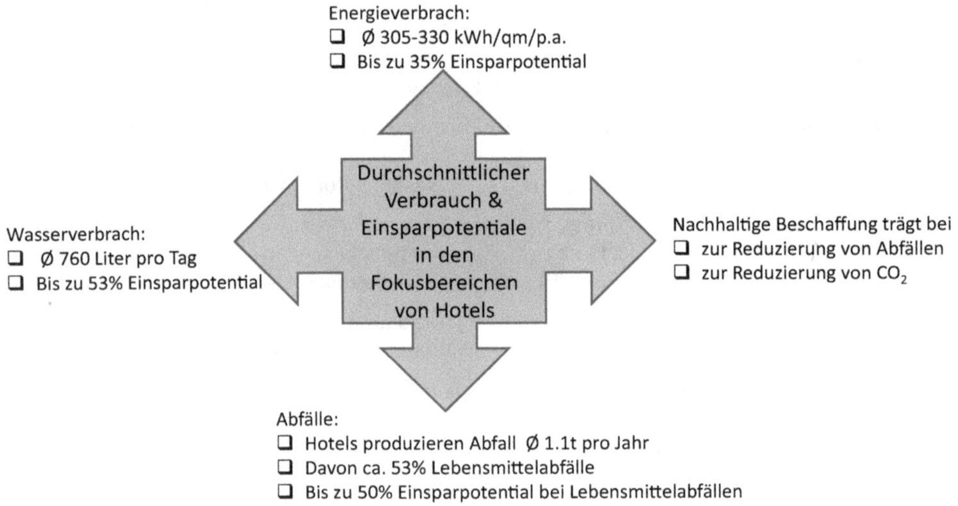

Abb. 8.6 Einsparpotenziale Fokusbereiche. (Eigene Darstellung)

Rahmenbedingungen und eine kontinuierliche Optimierung von Nachhaltigkeitsbemühungen (Abb. 8.6).

Ein Beispiel für diesen Prozess ist die Einführung effizienter Abfalltrennungs- und Recyclingpraktiken in einem Hotel. Dazu werden bewährte branchenübliche Prozesse übernommen und im Hotel umgesetzt. Die kontinuierliche Überwachung erfolgt durch regelmäßige Audits und Analysen der Abfallströme. Neue Erkenntnisse und sich ändernde rechtliche Rahmenbedingungen werden berücksichtigt, um Anpassungen vorzunehmen. Dieser proaktive Ansatz gewährleistet eine effektive Abfallbewirtschaftung und eine kontinuierliche Verbesserung der Nachhaltigkeitspraktiken in einem Hotel.

Regelmäßiges Evaluieren der Maßnahmeneffektivität erfolgt mittels umfassender Berichte, die den Fortschritt und die Leistung eines Hotels im Bereich Nachhaltigkeit transparent darstellen. Diese Berichte werden bspw. monatlich erstellt und zeigen den Fortschritt bei der Reduzierung des Energieverbrauchs sowie die Effektivität der eingeführten Maßnahmen.

8.4.7 Feedbackschleifen und Kommunikation

Im Hotelmanagement beziehen sich Feedbackschleifen und die Kommunikation auf regelmäßige Überprüfungen der operativen Leistung im Vergleich zu gesetzten Zielen. Dies erfolgt durch periodische Berichte, Meetings oder Dashboards. Gleichzeitig ist eine klare und effektive Kommunikation über Leistungen, Herausforderungen und Anpassungen entscheidend. Dadurch wird gewährleistet, dass operative Aktivitäten den strategischen Zielen entsprechen (Sailer 2020, S. 243 ff.). Diese Prozesse ermöglichen eine kontinuierliche Optimierung der Betriebsprozesse in Hotels. Die Offenlegung von Fortschritten stärkt das Vertrauen der Stakeholder, speziell von Gästen und Mitarbeitern und fördert eine positive Wahrnehmung des Hotels als nachhaltiges Unternehmen. Eine gezielte Kommunikation mit Gästen über nachhaltige Initiativen erfolgt bspw. durch das Anzeigen von Energieeinsparungen oder umweltfreundlichen Prozessen im Hotel.

Zusammenfassend ermöglicht es der operative Regelkreis einem Hotel, sich nicht nur nachhaltige Ziele zu setzen und diese zu implementieren, sondern auch eine effektive Kontrolle, Analyse, Anpassung und Steuerung dieser durchzuführen Es wird sichergestellt, dass das operative Controlling kontinuierlich die Umsetzung nachhaltiger Praktiken überwacht, bewertet und bei Bedarf anpasst. Dieser iterative Prozess ermöglicht eine agile Reaktion auf sich ändernde Umstände und eine kontinuierliche Verbesserung der Nachhaltigkeitsleistung im Hotel.

8.5 Fazit

Bei der Integration einer Nachhaltigkeitsstrategie in ein Hotelunternehmen sind sowohl das strategische als auch das operative Controlling von großer Bedeutung. Das strategische Controlling spielt eine Schlüsselrolle bei der Festlegung klarer Ziele und langfristiger Nachhaltigkeitsstrategien. Es unterstützt das Management dabei, die Vision für eine nachhaltigere Betriebsweise zu definieren, strategische Prioritäten zu setzen und die Auswirkungen auf die langfristige Entwicklung eines Unternehmens zu bewerten. Durch eine systematische Analyse von Umwelttrends, Stakeholder-Erwartungen und Unternehmenszielen hilft das strategische Controlling dabei, die richtigen Entscheidungen zu treffen und die Richtung für nachhaltiges Wachstum vorzugeben.

Das operative Controlling ist von entscheidender Bedeutung, um die Umsetzung der festgelegten Nachhaltigkeitsstrategie im Hotelalltag zu gewährleisten. Es unterstützt bei der Überwachung und Steuerung der täglichen Betriebsabläufe, der Datenerfassung, der Leistungsmessung und der Identifizierung von Verbesserungspotenzialen. Durch kontinuierliche Analysen und Berichterstattungen ermöglicht das operative Controlling eine schnelle Reaktion auf Abweichungen von den Zielen und trägt so zur kontinuierlichen Verbesserung der Nachhaltigkeitsbemühungen bei.

Insgesamt arbeiten das strategische und das operative Controlling eng zusammen, um sicherzustellen, dass die Nachhaltigkeitsstrategie eines Hotels effektiv umgesetzt wird und die definierten Ziele erreicht werden. Während das strategische Controlling die langfristige Ausrichtung und Planung unterstützt, gewährleistet das operative Controlling eine effiziente Umsetzung im Tagesgeschäft. Durch diese koordinierte Zusammenarbeit tragen beide Bereiche maßgeblich dazu bei, dass ein Hotel seine nachhaltigen Ambitionen erfolgreich verwirklicht.

Literatur

Accor (2020) Accor commits to global elimination of single-use plastics in guest experience by 2022. https://press.accor.com/h1accor-commits-to-global-elimination-of-single-use-plastics-in-guest-experience-by-2022-h1/?lang=en. Zugegriffen: 22. Mai 2024

Baum H-G, Coenenberg AG, Günther T (2013) Strategisches Controlling, 5. Aufl. Schäffer-Poeschel, Stuttgart

Breuer C (2019) Nachhaltigkeit und die Bedeutung der Stakeholder. Working Paper, Bonn

Deutsche Gesellschaft für Umwelterziehung (2024) Green key. http://www.umwelterziehung.de/projekte/GreenKey/download/GreenKey_Flyer_en_v1.pdf. Zugegriffen: 22. Mai 2024

Diamantis D (o. D.). Sustainability in hospitality: the key challenges and opportunities. https://lesroches.edu/blog/sustainability-in-hospitality-the-key-challenges-and-opportunities/. Zugegriffen: 22. Mai 2024

Ehringer W (2020) Instrumente zur Strategieentwicklung - Methodische Unterstützung für Praktiker. Springer Gabler Verlag, Wiesbaden

Graumann M (2018) Controlling – Begriff, Elemente, Methoden und Schnittstellen, 5. Aufl. nwb Verlag, Herne

Handelsblatt (2024) Nachhaltigkeit in der Hotellerie ist längst nicht mehr nur "nice to have". https://www.handelsblatt.com/adv/firmen/nachhaltigkeit-in-der-hotellerie.html. Zugegriffen: 22. Mai 2024

Horvath P, Gleich R, Seiter M (2019) Controlling, 14. Aufl. Vahlen Verlag, München

Jang SC, Park K (2019) A sustainable franchisor-franchisee relationship model: toward the franchise win-win theory. Int J Hosp Manag 76:13–24

Legrand W, Chen JS, Laeis GCM (2022) Sustainability in the hospitality industry: principles of sustainable operation, 4. Aufl. Taylor & Francis, London

Liu S (2022) Sind nachhaltige Unterkünfte für Reisende wichtig? https://de.statista.com/infografik/28163/wie-wichtig-sind-nachhaltige-unterkuenfte-fuer-reisende/. Zugegriffen: 22. Mai 2024

Lund C, Kimani T (2019) Hotel operating business models. https://www.hospitalitynewsmag.com/hotel-operating-business-models/. Zugegriffen: 22. Mai 2024

Malhotra R (2022) Importance of sustainability in hospitality industry. https://hospitality.economictimes.indiatimes.com/news/speaking-heads/importance-of-sustainability-in-hospitality-industry/94343844. Zugegriffen: 22. Mai 2024

Raschke M (2023) Das sind die wichtigsten Umweltlabel für Hotels. https://www.handelsblatt.com/arts_und_style/lifestyle/nachhaltigkeitszertifikate-das-sind-die-wichtigsten-umweltlabel-fuer-hotels/29494048.html. Zugegriffen: 22. Mai 2024

Sailer U (2020) Nachhaltigkeitscontrolling, 3. Aufl. UVK, München

Steinke KH, Schulze M, Berlin S, Stehle A, Georg J (2014) Green controlling. Haufe, Freiburg

Thommen J-P, Achleitner A-K, Gilbert DU, Hachmeister D, Kaiser G (2017) Allgemeine Betriebswirtschaftslehre, 8. Aufl. Springer Gabler, Berlin

Tophotel.de (2022) Welche Zertifizierungen sind für die Hotellerie sinnvoll? https://www.tophotel.de/nachhaltigkeitssiegel-welche-zertifizierungen-sind-fuer-die-hotellerie-sinnvoll-155278/. Zugegriffen: 22. Mai 2024

Welge M, Al-Laham A, Eulerich M (2017) Strategisches Management Grundlagen – Prozess – Implementierung, 7. Aufl. Springer Gabler, Berlin

Alusch Hermann Amoghli ist Dozent an der IU Internationale Hochschule am Campus in München und Direktor Development Central Europe bei Accor S.A. Er verfügt über langjährige Berufserfahrung in den Bereichen internationales Business Development, Finance und Management in internationalen Unternehmen und doziert zu finanzwirtschaftlichen und strategischen Themen.

Messung und Bewertung sozialer Nachhaltigkeit – Herausforderungen für das Controlling am Fallbeispiel der Hörgeräteindustrie

9

Sebastian Holzmann

9.1 Einführung

Das Interesse an der Nachhaltigkeit von gewinnorientierten Unternehmen und der Frage nach deren konkreten Beiträgen zur Lösung gesellschaftlicher Herausforderungen hat in den vergangenen Jahrzehnten deutlich zugenommen (Grewal und Serafeim 2020, S. 75). Für Unternehmen hat dies zur Folge, dass neben der finanziellen Wertschöpfung zunehmend auch die Messung und Bewertung von sozialen und ökologischen Wertbeiträgen an Bedeutung gewinnt. Unter dem Stichwort Impact Measurement werden hierbei Instrumente und Methoden diskutiert, um die tatsächlichen sozialen und ökologischen Auswirkungen der Unternehmenstätigkeit zu erfassen und gegenüber den Stakeholdern zu kommunizieren (Stehle et al. 2020, S. 73). Wie empirische Studien zeigen, stellt das Impact Measurement in der Praxis bislang jedoch eine Herausforderung für Unternehmen dar, da es insb. für die soziale Dimension an akzeptierten und wissenschaftlich validierten Methoden mangelt (Braig und Edinger-Schons 2020, S. 193). Nicht zuletzt liegt eine Ursache hierfür in der Problematik der Messbarkeit sozialer Leistungen, die sich häufig nur schwer quantifizieren lassen (Vollmar 2022, S. 1114). Eine zusätzliche Herausforderung ergibt sich für Unternehmen, da die zu erfassenden Auswirkungen in der Regel außerhalb der eigenen Unternehmensgrenzen auftreten, wie bspw. nachgelagert beim Endkunden in Folge der Nutzung von Produkten und Dienstleistungen (Value Balancing Alliance 2022, S. 6).

S. Holzmann (✉)
IU Internationale Hochschule, Erfurt, Deutschland
E-Mail: sebastian.holzmann@iu.org

S. Weber und J. Hastenteufel (Hrsg.), *Nachhaltigkeit im Controlling*,
https://doi.org/10.1007/978-3-658-45769-3_9

Am Fallbeispiel der Hörgeräteindustrie sollen diese Herausforderungen und das Vorgehen aus Sicht der Controllingpraxis näher untersucht werden. Die Medizintechnik im Allgemeinen und die Hörgeräteindustrie im Speziellen sind insofern ein interessanter Untersuchungsgegenstand, da deren primärer Unternehmenszweck eng mit sozialer Nachhaltigkeit verbunden ist. So tragen Hörgerätehersteller durch ihre Wertschöpfung, die Produktion und den Vertrieb von Hörhilfen, zur Lösung gesellschaftlicher Herausforderungen im Bereich der Gesundheitsversorgung bei. Hörgerätehersteller generieren demnach einen Shared Value im Sinne Porters und Kramers (2011), wonach die ökonomische Rentabilität und der gesellschaftliche Wertbeitrag Hand in Hand gehen. Soziale Nachhaltigkeit ist somit in der Hörgeräteindustrie keine von außen verordnete Pflichtaufgabe, sondern liegt vielmehr im eigentlichen Unternehmenszweck der Produzenten begründet.

Der vorliegende Beitrag erläutert zunächst die Bedeutung des Impact Measurement für das Controlling sozialer Nachhaltigkeit. Nach einem kurzen Überblick über die weltweite Verbreitung, die Folgen und die Behandlung von Schwerhörigkeit wird die Messung und Bewertung sozialer Nachhaltigkeit in der Hörgeräteindustrie empirisch untersucht. Hierbei wird analysiert, welche gesellschaftlich relevanten Themen mit Fokus auf Hörgesundheit und Schwerhörigkeit derzeit von Hörgeräteherstellern adressiert werden und wie die Hersteller bei der Erfassung ihrer sozialen Nachhaltigkeitsleistungen konkret vorgehen. Daran anschließend erfolgt eine Diskussion der empirischen Ergebnisse sowie von zukünftigen Ansatzpunkten aus der gesundheitsökonomischen und medizinischen Literatur.

9.2 Impact Measurement und Controlling sozialer Nachhaltigkeit

Die Basis eines qualifizierten Controllings sind belastbare Informationen. Für das Controlling sozialer Nachhaltigkeit stellt insb. die Bewertung gesellschaftlicher Auswirkungen, die über die Grenzen des Unternehmens hinausgehen, eine besondere Herausforderung dar. Während im Controlling traditionell die Betrachtung von Inputs und Outputs der eigenen Unternehmenstätigkeit im Fokus steht, erfordert ein wirkungsorientiertes Nachhaltigkeitscontrolling eine gezielte Erweiterung der Perspektive um die gesellschaftlichen Auswirkungen der eingesetzten Inputs und erzielten Outputs (Stehle et al. 2020, S. 74). Letztlich geht es um eine Messung der Effektivität, die den Einbezug der beabsichtigten gesellschaftlichen Wirkung erfordert und über eine reine Effizienzbetrachtung durch die Gegenüberstellung von Inputs und Outputs hinausgeht (Sailer 2022, S. 241). Dieser Umstand lässt sich besonders anschaulich anhand des in Abb. 9.1 dargestellten Modells der Impact Value Chain verdeutlichen.

Die Impact Value Chain bildet die Kausalbeziehungen zwischen den unterschiedlichen Wirkungsebenen ausgehend von den eingesetzten Ressourcen eines Unternehmens über den Output bis zum erzielten und monetarisierten Impact ab. In der

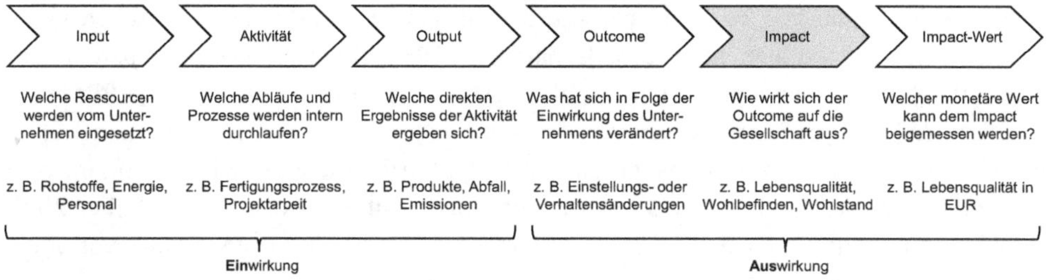

Abb. 9.1 Impact Value Chain. (Eigene Darstellung in Anlehnung an Stehle et al. 2020, S. 74; Value Balancing Alliance 2021, S. 9)

Literatur werden teilweise uneinheitliche Begriffsdefinitionen für die einzelnen Ebenen verwendet und so bezeichnet mitunter der Outcome bereits die gesellschaftliche Zustandsänderung in Folge der Unternehmenstätigkeit (Clark et al. 2004, S. 6). Der vorliegende Beitrag folgt hingegen der Notation der Value Balancing Alliance, wonach der Outcome eine durch das Unternehmen verursachte direkte Veränderung beschreibt, die letztlich kausal die gesellschaftliche Wirkung, also den Impact, bedingt (Value Balancing Alliance 2021, S. 9).

Wie Abb. 9.1 veranschaulicht, subsumiert die Impact Value Chain unter Input, Aktivität und Output die direkte Einwirkung eines Unternehmens auf die Gesellschaft, während Outcome und Impact bzw. der monetäre Wert des Impacts die Auswirkung der Unternehmensaktivitäten auf die Stakeholder beschreiben. Für Unternehmen besteht der entscheidende Unterschied zwischen Einwirkungen und Auswirkungen darin, dass sich Einwirkungen meist direkt messen oder erfassen lassen, Auswirkungen jedoch nur bedingt (Clark et al. 2004, S. 6). Für einen Hörgerätehersteller sind bspw. die Anzahl der verkauften Hörgeräte als der Output eine quantitativ leicht messbare Einwirkung. Die Auswirkung der verkauften Hörgeräte auf den einzelnen Hörgeräteträger sowie die Gesellschaft als Ganzes ist für ein Unternehmen dagegen deutlich schwieriger zu messen und zu quantifizieren. Denn Auswirkungen können nicht nur in unmittelbaren, sondern ebenso in mittelbarem Zusammenhang zum Unternehmen stehen und sowohl positiv als auch negativ sein. Das Beispiel verdeutlicht die besondere Herausforderung, der sich das wirkungsorientierte Nachhaltigkeitscontrolling im Vergleich zum traditionellen Controlling gegenübersieht. In der Konsequenz setzen viele Unternehmen auch im Nachhaltigkeitscontrolling auf Kennzahlen zur Steuerung von Inputs und Outputs, unter der Annahme, dass eine Verbesserung auf dieser Ebene einen positiven Impact für die Stakeholder zur Folge hat (Hartmann et al. 2021, S. 150). Eine Überprüfung dieser Annahme ist jedoch erst durch die tatsächliche Messung des Impacts möglich (Stehle et al. 2020, S. 75).

Für Unternehmen kann sich eine intensive Auseinandersetzung mit dem Thema Impact Measurement und der Aufbau von methodischer Kompetenz, trotz der bestehenden Herausforderungen, auszahlen (Maas et al. 2016, S. 238 f.). Denn bspw. ermöglicht die externe Kommunikation von Impacts, die oftmals unklare Verbindung zwischen unternehmerischen Aktivitäten und gesellschaftlichen Handlungsfeldern transparent und nachvollziehbar offenzulegen (Stehle et al. 2020, S. 77). Neben dem externen Reporting profitiert zudem die interne Unternehmenssteuerung vom Impact Measurement. Denn erst der Blick auf den Impact anstatt auf den Output ermöglicht ein wirkungsorientiertes Controlling und die gezielte Weiterentwicklung der positiven Auswirkung (Sailer 2022, S. 243). So hilft das Impact Measurement Unternehmen bei der Entwicklung von Innovationen und Produktneuheiten, die einen über den finanziellen Gewinn hinausgehenden gesellschaftlichen Mehrwert stiften (Value Balancing Alliance 2021, S. 10).

Wie die letzte Stufe der in Abb. 9.1 dargestellten Impact Value Chain verdeutlicht, kann der Impact letztlich monetarisiert und in Geldeinheiten ausgedrückt werden. Hierzu haben sich in den vergangenen Jahren weltweit unterschiedliche Initiativen mit dem Ziel gebildet, Richtlinien und Rahmenwerke zu entwickeln und zu vereinheitlichen, um damit Unternehmen bei der Erfassung und Messung von positiven wie negativen Wirkungsbeiträgen und deren Monetarisierung zu unterstützen (Sailer 2022, S. 244). Zwei der bekanntesten Initiativen in diesem Zusammenhang sind die Value Balancing Alliance (VBA), die seit Anfang des Jahres 2023 im Rahmen einer Partnerschaft eng mit der International Foundation for Valuing Impacts (IFVI) kooperiert (IFVI und VBA 2023), sowie die Impact Economy Foundation (IEF 2022).

Bei der monetären Bewertung werden im Bereich der sozialen Nachhaltigkeit teilweise ethische Bedenken geäußert, besonders wenn es um den Wert menschlichen Lebens geht (Braig und Edinger-Schons 2020, S. 190). Dennoch ergeben sich durch die Monetarisierung für Unternehmen Vorteile. So vereinfachen in Geldeinheiten dargestellte Impacts die Vergleichbarkeit und das Verständnis, insb. auch für Nutzer, die keine Nachhaltigkeitsexperten sind. Dadurch wird eine Integration von Nachhaltigkeit in strategische und operative Unternehmensentscheidungen erleichtert (Value Balancing Alliance 2021, S. 9).

Nicht zuletzt ist die Monetarisierung der Auswirkungen von medizinischen Interventionen aus gesundheitsökonomischen Evaluationsstudien bekannt. So werden im Rahmen von Kosten-Nutzen-Analysen nicht nur die Kosten, sondern auch der Nutzen, also alle positiven Auswirkungen einer medizinischen Behandlung, wie Lebensqualitäts- oder Mortalitätseffekte, in monetären Einheiten ausgedrückt. Zur Bestimmung der monetären Werte von gesundheitlichen Effekten werden häufig Verfahren zur Bestimmung der individuellen Zahlungsbereitschaft, wie die Willingness-to-Pay (WTP)- oder Willingness-to-Accept (WTA)-Methode, eingesetzt. Je nach Fragestellung kann die Monetarisierung eines nicht in Geldeinheiten vorliegenden Nutzens ebenso anhand der volkswirtschaftlichen Grenzproduktion ermittelt werden, d. h. es wird ermittelt, um welchen Wert das Sozialprodukt stiege, wenn sich die Lebenserwartung oder der Gesundheitszustand durch eine medizinische Intervention erhöhte (Fleßa und Greiner 2020, S. 183).

9.3 Verbreitung, Folgen und Behandlung von Schwerhörigkeit

Weltweit sind laut den Daten der Global Burden of Disease (GBD) Studie aus dem Jahr 2019 rund 1,57 Mrd. Menschen von Schwerhörigkeit betroffen, was einem Anteil von mehr als 20 % der Weltbevölkerung entspricht. Während die Mehrheit davon (1,17 Mrd. Menschen) nur eine leichte Hörminderung aufweist, leiden 430 Mio. Menschen unter einem moderaten oder schwereren Hörverlust, der unbehandelt den Alltag und die Lebensqualität deutlich beeinträchtigt (GBD 2019 Hearing Loss Collaborators 2021, S. 1000). Schätzungen zufolge nimmt die Zahl der Menschen mit Hörminderung, insb. aufgrund demographischer Entwicklungen, weiter zu, sodass im Jahr 2050 bereits jeder vierte Mensch von Schwerhörigkeit betroffen sein wird und rund 700 Mio. Menschen mit einem moderaten oder schwereren Hörverlust auf dem weniger stark betroffenen Ohr leben werden (WHO 2021, S. 139).

Unbehandelt hat Schwerhörigkeit sowohl auf individueller als auch auf gesamtgesellschaftlicher Ebene negative Folgen. So verweisen Studien auf geringere Bildungschancen und höhere Arbeitslosigkeit, soziale Isolation und Einsamkeit, Beeinträchtigungen der mentalen Gesundheit sowie ein erhöhtes Risiko für altersbedingte Demenz (WHO 2021, S. 45 ff.). Auf gesellschaftlicher Ebene summieren sich die wirtschaftlichen Belastungen von unbehandeltem Hörverlust laut Schätzungen, basierend auf Daten der Global Burden of Disease (GBD) Studie von 2019, auf mehr als 981 Mrd. Dollar weltweit pro Jahr (McDaid et al. 2021, S. 165). Neben Kosten in den Bereichen Gesundheitsversorgung und Bildung sowie Produktivitätsverlusten durch Arbeitslosigkeit und Frühverrentung entfällt der größte Anteil mit knapp 47 % auf soziale Kosten in Folge reduzierter Lebensqualität durch Schwerhörigkeit (McDaid et al. 2021, S. 166).

Trotz der hohen Folgekosten von unbehandelter Schwerhörigkeit nutzt weltweit nur ein geringer Teil der von Hörverlust betroffenen Menschen ein Hörgerät. Global beträgt der Anteil der Menschen, die eines Hörgerätes bedürfen, aber nicht über ein solches verfügen 83 %, wobei der Anteil in einzelnen Regionen, wie auf dem afrikanischen Kontinent, sogar 90 % übersteigt (Orji et al. 2020, S. 168). Für die geringe Verbreitung und Nutzung von Hörgeräten werden von der Weltgesundheitsorganisation drei Hauptursachen genannt:

- zu hohe Kosten,
- Mangel an Personal und Infrastruktur zur Hörgeräteversorgung sowie
- ein geringes Bewusstsein für und eine Stigmatisierung von Schwerhörigkeit (WHO 2021, S. 179).

9.4 Messung und Bewertung sozialer Nachhaltigkeit in der Hörgeräteindustrie

9.4.1 Auswahl der Hörgerätehersteller und Datengrundlage

Der vorliegende Beitrag analysiert das Vorgehen bei der Messung und Bewertung von sozialer Nachhaltigkeit durch Hersteller von Hörgeräten. Somit finden einerseits Unternehmen, die lediglich im Bereich des Groß- und Einzelhandels von Hörhilfen tätig sind, keine Berücksichtigung. Um die Vergleichbarkeit zwischen den Produzenten zu gewährleisten, sind andererseits auch Unternehmen, die auf die Entwicklung und Herstellung von Implantaten, wie Cochlea-Implantaten, spezialisiert und somit nicht im Marktsegment der klassischen Hörgeräte aktiv sind, kein Bestandteil der Analyse.

Betrachtet man die Produzentenseite, so ist die internationale Hörgerätebranche durch eine oligopolistische Struktur gekennzeichnet. Vier Hersteller teilen sich rund 95 % des weltweiten Hörgerätemarktes (Doll 2023). In der vorliegenden Studie stehen diese vier Hörgerätehersteller deshalb im Fokus der empirischen Analyse:

- Demant,
- GN Store Nord,
- Sonova und
- WS Audiology.

Die Daten und Informationen zu den von den Herstellern genutzten Indikatoren im Bereich der sozialen Nachhaltigkeit stammen aus deren jeweiligen aktuellen Geschäfts- oder Nachhaltigkeitsberichten. Während WS Audiology und GN Store Nord einen integrierten Bericht veröffentlichen, publizieren Demant und Sonova jeweils einen eigenständigen Nachhaltigkeits- bzw. ESG-Bericht.

9.4.2 Identifikation der relevanten sozialen Nachhaltigkeitsthemen

Aus dem Sozialunternehmertum ist bekannt, dass beim Impact Measurement die Erwartungen und Bedürfnisse der unterschiedlichen Stakeholder von zentraler Bedeutung sind (Costa und Pesci 2016, S. 114 f.). In den wenigsten Fällen sind diese allerdings genau spezifiziert, woraus sich auch für gewinnorientierte Unternehmen die Notwendigkeit ergibt, zunächst die unterschiedlichen Stakeholder und deren Interessen herauszuarbeiten und zu kategorisieren, um daraus operationalisierbare Ziele abzuleiten. Denn unklare Ziele haben eine unklare Steuerung zur Folge (Sailer 2022, S. 240). Als Instrument zur Identifizierung der für Stakeholder relevanten Nachhaltigkeitsthemen hat sich die Wesentlichkeitsanalyse etabliert, deren zentrales Element ein strukturierter Stakeholderdialog ist (Sailer 2022, S. 121 f.).

Die Auswertung der Geschäfts- und Nachhaltigkeitsberichte verdeutlicht, dass alle vier betrachteten Hörgerätehersteller zur Identifizierung der für Stakeholder relevanten Nachhaltigkeitsthemen in regelmäßigem Abstand eine Wesentlichkeitsanalyse durchführen und als Ergebnis eine Wesentlichkeitsmatrix erstellen. Im Bereich der sozialen Nachhaltigkeit auf den der eigenen Wertschöpfung nachgelagerten Stufen adressieren die Hersteller die in Abschn. 9.3 dargelegten weltweiten gesellschaftlichen Herausforderungen im Bereich der Hörgesundheit, wenn auch unter teils unterschiedlichen Begrifflichkeiten. Konkret stehen folgende drei Themen im Fokus der sozialen Nachhaltigkeit der Hörgerätehersteller:

- Bewusstsein schaffen,
- Zugang ausweiten und
- Erschwinglichkeit verbessern.

Beim Thema **Bewusstsein schaffen** steht das Verständnis der Menschen für die Bedeutung von Hörgesundheit sowie das Wissen über verfügbare Hilfsmittel im Mittelpunkt. So verdeutlicht WS Audiology (2023, S. 18), dass Millionen Menschen weltweit mit einer Hörminderung leben, ohne dass sie sich dessen bewusst sind oder von den für sie passenden Hörlösungen Kenntnis haben. Auch Demant (2024, S. 16) betont, dass das Erkennen einer Hörminderung der erste notwendige Schritt für deren Behandlung ist und setzt dabei besonders auf die Wirkung von Vorsorgeuntersuchungen und Früherkennung. Neben der Vermittlung des Wissens über die Vorteile einer frühen Behandlung adressiert GN Store Nord (2024, S. 37) unter dem Thema Bewusstsein schaffen zudem den notwendigen Abbau des noch weit verbreiteten Stigmas, das mit Schwerhörigkeit und dem Tragen von Hörgeräten verbunden ist. WS Audiology (2023, S. 18) möchte der bestehenden Stigmatisierung durch eine offene Kommunikation des Themas Hörgesundheit sowie durch innovative und diskrete Lösungen mit Blick auf Technik und Design begegnen. Von den vier betrachteten Hörgeräteherstellern weist einzig Sonova das Thema Bewusstsein schaffen in seinem ESG-Bericht nicht als eigenes Thema in dessen Wesentlichkeitsmatrix aus, sondern subsumiert es unter dem Begriff des Zugangs zu medizinischer Versorgung. So folgt Sonova (2023, S. 279) der breiteren Definition des UN-Ausschusses für wirtschaftliche, soziale und kulturelle Rechte (CESCR), wonach neben dem physischen auch der informationelle sowie der ökonomische Zugang verstanden wird.

Die anderen drei Hörgerätehersteller fassen das Thema **Zugang ausweiten** enger mit Fokus auf die physische Verfügbarkeit von Behandlungsmöglichkeiten und Hörgeräten. WS Audiology (2023, S. 18) betont etwa, dass weltweit nur rund 20 % der Menschen mit einer Hörminderung überhaupt eine Behandlung erfahren, was zu einem großen Teil an der in vielen Ländern fehlenden Infrastruktur zur Behandlung von Schwerhörigkeit und der mangelnden Versorgung mit Hörlösungen liegt. So verweist Demant (2024, S. 16) mit Blick auf den notwendigen physischen Zugang zu einer Hörgeräteversorgung auf deren weltweites Klinik- und Distributorennetzwerk. GN Store Nord (2024, S. 37) hingegen setzt auf neue innovative Wege im Nutzerzugang, bspw. im Bereich der

Online-Hörgeräteversorgung, sowie neue Produkte, die ohne ärztliche Verschreibung oder Anpassung durch einen Akustiker verkauft werden können.

Das dritte und letzte soziale Nachhaltigkeitsthema lautet schließlich **Erschwinglichkeit verbessern,** wobei die Hersteller wie Demant (2024, S. 16) auf die finanziellen Hürden, die für viele Menschen eine Versorgung mit Hörgeräten erschweren, abzielen. WS Audiology (2023, S. 19) beschreibt in diesem Zusammenhang auch die wichtige Rolle öffentlicher Unterstützungs- oder Erstattungsmöglichkeiten sowie von Versicherungen, um die Behandlung von Schwerhörigkeit auszuweiten. Ebenso betont GN Store Nord (2024, S. 37) die Bedeutung von erschwinglichen Hörgeräten und verweist auf eigene Stiftungs- und Spendenaktivitäten.

9.4.3 Indikatoren zur Messung und Bewertung sozialer Nachhaltigkeit

Die Ausführungen in Abschn. 9.4.2 zeigen, dass insgesamt drei soziale Nachhaltigkeitsthemen im Fokus der Hörgerätehersteller stehen. Im Folgenden werden die konkreten Indikatoren, die die Hörgerätehersteller zur Messung und Bewertung ihrer sozialen Nachhaltigkeitsleistungen derzeit nutzen, betrachtet. Hierzu wird auf das in Abschn. 9.2 vorgestellte Modell der Impact Value Chain zurückgegriffen. So verdeutlicht Abb. 9.2 für die drei adressierten sozialen Nachhaltigkeitsthemen auf welcher Wirkungsebene der jeweilige Hersteller seine Nachhaltigkeitsleistung erfasst.

Beim Thema **Bewusstsein schaffen** werden demnach bislang entweder der Output oder Aktivitäten erfasst. Bspw. hat sich WS Audiology (2023, S. 139) zum Ziel gesetzt, bis zum Jahr 2028 mehr als vier Millionen zusätzliche Personen mittels vor Ort oder Online-Hörtests zu erreichen, wodurch deren Bewusstsein für die gesundheitlichen Folgen von Schwerhörigkeit geschärft werden soll. Ebenso verfolgt Demant (2024, S. 15) das

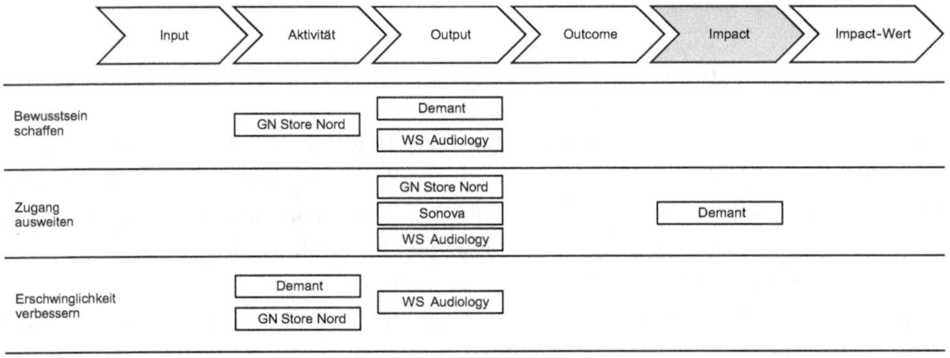

Abb. 9.2 Messung und Bewertung sozialer Nachhaltigkeit in der Hörgeräteindustrie. (Eigene Darstellung)

Ziel, durch vereinfachte Hörtests und Diagnostik Bewusstsein für die Folgen von unbehandelten Hörminderungen zu schaffen und ermittelt als Output-orientierten Indikator die Anzahl der durch das eigene Diagnostikgeschäft weltweit ermöglichten Diagnosen und Tests. Zudem strebt Demant (2024, S. 46) an, die Anzahl der für Menschen über 60 Jahre kostenfrei angebotenen Hörtests, um jährlich fünf Prozent zu steigern. GN Store Nord (2024, S. 23) verfolgt hingegen kein Output-Ziel, sondern hat sich vorgenommen, durch verstärkte Forschungs- und Kommunikationsaktivitäten das gesellschaftliche Bewusstsein für die negativen Folgeerscheinungen von Schwerhörigkeit bis zum Jahr 2025 zu erhöhen.

Mit Blick auf das Thema **Zugang ausweiten** werden von den Hörgeräteherstellern entweder der Output oder der Impact gemessen. Demant (2024, S. 15) setzt dabei auf einen Indikator, der die Lebensjahre mit verbesserter Lebensqualität erfasst. Für diese auf den Impact bezogene Kennzahl wird die durchschnittliche Lebensdauer eines Hörgeräts basierend auf einer Stichprobe von mehr als 500.000 Hörgeräten geschätzt und mit der verkauften Stückzahl multipliziert (Demant 2024, S. 63). Im Gegensatz zu Demant setzen die drei anderen Hersteller beim Thema Zugang ausweiten auf Output-orientierte Kennzahlen. WS Audiology (2023, S. 139) verfolgt das Ziel, im Jahr 2028 mehr als 5,5 Mio. Menschen mit Hörgeräten zu versorgen. Ebenso misst GN Store Nord (2024, S. 57) den Output mittels der versorgten Menschen und setzt sich das Ziel, im Jahr 2025 mehr als zehn Millionen Menschen mit Hörminderung geholfen zu haben. Wie bereits in Abschn. 9.4.2 erläutert, folgt Sonova einer breiteren Definition, die neben dem physischen auch den informationellen sowie den ökonomischen Zugang umfasst. Aus diesem Grund verfolgt Sonova (2023, S. 218) beim Thema Zugang ausweiten Output-orientierte Ziele mit Fokus auf Länder mit mittlerem und geringem Einkommensniveau. Einerseits soll die Zahl der in diesen Ländern verkauften Hörgeräte bis zum Geschäftsjahr 2023/2024 im Vergleich zum Geschäftsjahr 2018/2019 um 50 % gesteigert werden. Andererseits soll die Anzahl der Personen, die durch die firmeneigene Stiftung Hilfe erfahren, jährlich um 10 % steigen, wobei der Fokus auf der Hörgesundheit von Kindern in Ländern mit mittlerem oder geringem Einkommen liegt. Zudem hat Sonova (2023, S. 218) in den letzten beiden Geschäftsjahren 270 Hörgeräteakustiker in Ländern mit mittlerem oder geringem Einkommen ausgebildet und somit sein selbst gestecktes Ziel von 250 Akustikern übererfüllt.

WS Audiology (2023, S. 139) setzt beim Thema **Erschwinglichkeit verbessern,** ähnlich wie Sonova bei deren breiterer Definition des Themas Zugang ausweiten, auf ein Output-Ziel und möchte die Anzahl der Menschen, die mit preiswerten Hörgeräten aus dem Einstiegssegment des eigenen Produktportfolios oder subventionierten Hörgeräten versorgt werden, auf mehr als zwei Millionen im Jahr 2028 steigern. Die beiden anderen Hersteller verfolgen hingegen aktivitätsorientierte Ziele. Demant (2024, S. 46) verweist bspw. auf deren Campaign for Better Hearing, in deren Rahmen Menschen mit geringer Kaufkraft auf lokaler Ebene von Partnerkliniken mit spendenfinanzierten Hörgeräten versorgt werden. Ebenso ermöglicht GN Store Nord (2024, S. 37) die Hörgeräteversorgung von Menschen mit geringem Einkommen durch Spenden von Hörgeräten, bspw. im Zusammenhang mit der Beltone Hearing Care Foundation.

9.4.4 Diskussion und Einordnung der Ergebnisse der empirischen Analyse

Wie die Ausführungen in Abschn. 9.4.3 sowie Abb. 9.2 verdeutlichen, berichtet bislang nur in einem Fall ein Hörgerätehersteller über die konkreten gesellschaftlichen Auswirkungen seiner Unternehmenstätigkeit. Obwohl alle vier untersuchten Hersteller gesellschaftliche Ziele im Bereich der sozialen Nachhaltigkeit verfolgen, werden ansonsten nur eigene Aktivitäten oder der Output dargestellt und somit nur die Einwirkungen statt der Auswirkungen auf die Stakeholder betrachtet. Aus Unternehmensperspektive ist dieses Vorgehen nachvollziehbar, da man auf bereits verfügbare interne Primärdaten zurückgreifen kann, die auch traditionell im Controlling Anwendung finden. So betont nicht zuletzt die Value Balancing Alliance (2022, S. 6), dass die fehlende Kontrollmöglichkeit auf den der eigenen Wertschöpfung nachgelagerten Stufen das Impact Measurement besonders erschwert.

Die Nutzung unternehmensinterner quantitativer Daten als Ausgangsbasis für das Impact Measurement ist zu begrüßen und wird in der Literatur sogar empfohlen (Stehle et al. 2020, S. 77). Allerdings kann bei alleiniger Betrachtung von unternehmensinternen Primärdaten die Frage, ob die angestrebten positiven gesellschaftlichen Auswirkungen auch tatsächlich erreicht werden, nicht final beantwortet werden. So zeigt sich am Beispiel der Hörgeräteindustrie exemplarisch die Problematik von Indikatoren, die sich nicht auf die Auswirkungen richten. Bspw. sagt die Anzahl der durchgeführten Hörtests nichts darüber aus, ob die getesteten Personen daraufhin weitere Maßnahmen ergriffen haben, die tatsächlich zu einer Verbesserung ihrer Hörgesundheit und ihrer Lebensqualität führen. Deshalb sind für eine Wirkungsanalyse zwingend auch Sekundärdaten heranzuziehen (Stehle et al. 2020, S. 75). Ein Beispiel für einen solchen Ansatz ist das Vorgehen von Demant beim Thema Zugang ausweiten. Einzig Demant ermittelt ausgehend vom quantitativen Output der verkauften Hörgeräte den Impact, indem die Lebensjahre mit verbesserter Lebensqualität erfasst werden. Hierfür nutzt Demant (2024, S. 63) eine Schätzung der durchschnittlichen Lebens- und Nutzungsdauer eines Hörgerätes und verweist auf zukünftig bessere Schätzmöglichkeiten, da Hörgeräte in zunehmenden Maße Daten zum Nutzungsverhalten sammeln. Allerdings verzichtet Demant bislang auf eine Monetarisierung des Impacts und es werden auch keine indirekten ökonomische Effekte, wie bspw. in Folge einer verbesserten Teilhabe am Arbeitsmarkt, berücksichtigt.

Der Weg, den Demant beschreitet, kann dennoch als Vorbild für die gesamte Branche dienen. Zur Weiterentwicklung lohnt hierbei ein Blick auf das methodische Vorgehen in der gesundheitsökonomischen und medizinischen Literatur zur Ermittlung des Nutzens gesundheitlicher Maßnahmen. Um neben der Anzahl der Lebensjahre auch konkrete Unterschiede in der Lebensqualität zu berücksichtigen, wird in Evaluationsstudien zum

Effekt von Hörgeräten am häufigsten auf das Konzept der qualitätsadjustierten Lebensjahre (QALY) als Nutzenmaß zurückgegriffen (Borre et al. 2021, S. 5). Letztlich ist basierend auf den qualitätsadjustierten Lebensjahren auch eine Monetarisierung des Impacts möglich. Allerdings betonen Borre et al. (2021, S. 18 ff.) ebenso die bestehenden Limitationen bisheriger gesundheitsökonomischer Forschung. So konzentriert sich einerseits die Mehrzahl der bisherigen Studien auf Länder mit hohem Einkommensniveau und es existiert nur wenig Forschung in Ländern mit mittlerem und geringem Einkommensniveau, obwohl rund 80 % der von Schwerhörigkeit betroffenen Menschen in diesen Ländern leben. Andererseits gibt es bislang nur wenig empirische Evidenz zur Höhe der indirekten ökonomischen Effekte auf bspw. Beschäftigungschancen, Bildungserwerb oder Produktivität.

9.5 Fazit und Ausblick

Die vorliegende Studie zeigt, dass selbst in Branchen wie der Hörgeräteindustrie, in denen der Unternehmenszweck eng mit sozialer Nachhaltigkeit verbunden ist, bislang nur von einem Unternehmen eine Darstellung des konkreten gesellschaftlichen Impacts gegenüber externen Stakeholdern erfolgt. Zudem findet eine Monetarisierung des Impacts in der Hörgeräteindustrie bislang nicht statt. Die Ergebnisse spiegeln die Erkenntnisse aus bisherigen branchenunabhängigen Erhebungen, wie dem Sustainability Management Monitor, einer von der Universität Mannheim, der Bertelsmann Stiftung und der Peer School for Sustainable Development durchgeführten Befragung von Nachhaltigkeitsbeauftragten, wider. Von den insgesamt 51 befragten Teilnehmern, die mehrheitlich für große multinationale Unternehmen unterschiedlicher Branchen tätig sind, gaben lediglich 7,8 % an, dass sich ihr Unternehmen bereits sehr intensiv mit dem Thema Impact Measurement und dessen monetärer Bewertung befasst. Nichtsdestotrotz sagen 74,5 % der befragten Führungskräfte einen deutlichen Bedeutungszuwachs voraus und halten das Thema für eher oder sogar sehr wichtig in der Zukunft (Kunzlmann et al. 2021, S. 37).

Ob diese Prognose eintreffen wird, hängt entscheidend von der Überwindung der bestehenden Herausforderungen bei der Messung und Bewertung sozialer Nachhaltigkeit ab. Eine zentrale Rolle spielen hierbei organisationsübergreifende Initiativen, wie die Value Balancing Alliance (VBA), in deren Rahmen Unternehmen Erfahrungswerte austauschen und im besten Falle Standards und Richtlinien geschaffen werden können. Für Controller in der Praxis empfiehlt es sich, die dortigen Fortschritte im Auge zu behalten oder sogar als Organisation proaktiv an der weiteren Entwicklung mitzuwirken. So ermuntert die Value Balancing Alliance (2021, S. 2) in einen offenen Austausch zu treten und zur aktiven Mitgestaltung. Denn nicht zuletzt mit Blick auf den in der Hörgeräteindustrie besonders relevanten sozialen Impact in Folge der Produktnutzung durch den Endkunden gilt es, die bislang fehlenden sektorspezifischen Richtlinien zukünftig erst noch zu konzipieren (Value Balancing Alliance 2022, S. 29).

Literatur

Borre ED, Diab MM, Ayer A, Zhang G, Emmett SD, Tucci DL, Wilson BS, Kaalund K, Ogbuoji O, Sanders GD (2021) Evidence gaps in economic analyses of hearing healthcare: a systematic review. EClinicalMedicine 35:100872

Braig P, Edinger-Schons LM (2020) From purpose to impact – an investigation of the application of impact measurement and valuation methods for quantifying environmental and social impacts of businesses. Sustain Prod Consum 23:189–197

Costa E, Pesci C (2016) Social impact measurement: why do stakeholders matter? Sustain Account Manage Policy J 7:99–124

Clark C, Rosenzweig W, Long D, Olsen S (2004) Double bottom line project report: assessing social impact in double bottom line ventures, Studienbericht 2004

Demant (2024) Sustainability Report 2023. https://www.demant.com/sustainability/sustainability. Zugegriffen: 15. Mai 2024

Doll F (2023) Der Hörgeräte-Markt in 5 Grafiken. https://www.wiwo.de/technologie/gadgets/seitenblick-der-hoergeraete-markt-in-5-grafiken/28916164.html. Zugegriffen: 15. Mai 2024

Fleßa S, Greiner W (2020) Gesundheitsökonomische Evaluation. In: Fleßa S, Greiner W (Hrsg) Grundlagen der Gesundheitsökonomie: Eine Einführung in das wirtschaftliche Denken im Gesundheitswesen, 4. Aufl. Springer Gabler, Berlin, S 173–209

GBD 2019 Hearing Loss Collaborators (2021) Hearing loss prevalence and years lived with disability, 1990–2019: findings from the Global Burden of Disease Study 2019. The Lancet 397:996–1009

GN Store Nord (2024) Annual Report 2023. https://www.gn.com/about/corporate-sustainability. Zugegriffen: 15. Mai 2024

Grewal J, Serafeim G (2020) Research on corporate sustainability: Review and directions for future research. Found Trends Account 14:73–127

Hartmann M, Kruck F, Palmer D (2021) Nachhaltigkeitskennzahlen: Zentrales Instrument für eine ganzheitliche Unternehmenssteuerung. In: Klein A, Kämmler-Burrak A (Hrsg) Nachhaltigkeit in der Unternehmenssteuerung: Neue Standardaufgabe für das Controlling – Grundlagen, Instrumente, Praxisbeispiele. Haufe, Freiburg, S 145–158

IEF (2022) Introduction to the Impact-Weighted Accounts Framework. Impact Economy Foundation. https://impacteconomyfoundation.org/download/1281/. Zugegriffen: 15. Mai 2024

IFVI, VBA (2023) General Methodology 1: Conceptual Framework for Impact Accounting (exposure draft). https://ifvi.org/wp-content/uploads/2023/10/IFVI_VBA_Public-Exposure-DRAFT_General-Methodology-1_Letter.pdf. Zugegriffen: 15. Mai 2024

Kunzlmann J, Edinger-Schons LM, Kraemer A (2021) Sustainability Management Monitor. https://www.bertelsmann-stiftung.de/de/publikationen/publikation/did/sustainability-monitor-all. Zugegriffen: 15. Mai 2024

Maas K, Schaltegger S, Crutzen N (2016) Integrating corporate sustainability assessment, management accounting, control, and reporting. J Clean Prod 136:237–248

McDaid D, Park A, Chadha S (2021) Estimating the global costs of hearing loss. Int J Audiol 60:162–170

Orji A, Kamenov K, Dirac M, Davis A, Chadha S, Vos T (2020) Global and regional needs, unmet needs and access to hearing aids. Int J Audiol 59:166–172

Porter ME, Kramer MR (2011) Creating shared value. Harv Bus Rev 89:62–77

Sailer U (2022) Nachhaltigkeitscontrolling, 4. Aufl. UVK, München

Sonova (2023) ESG Bericht 2022/23. https://www.sonova.com/de/esg-berichterstattung-und-transparenz. Zugegriffen: 15. Mai 2024

Stehle A, Möhrer M, Jordan S (2020) Impact Measurement – Ein Ansatz zur stakeholder-orientierten Unternehmenssteuerung. Controller Magazin 45:73–78

Value Balancing Alliance (2021) Impact Statement – Methodology General Paper Version 0.1. https://www.value-balancing.com/_Resources/Persistent/2/6/e/6/26e6d344f3bfa26825244ccfa4a-9743f8299e7cf/20210210_VBA%20Impact%20Statement_GeneralPaper.pdf. Zugegriffen: 15. Mai 2024

Value Balancing Alliance (2022) Impact Statement: Downstream – Industry-Agnostic Guidance. https://www.value-balancing.com/_Resources/Persistent/9/c/a/5/9ca585a2198aa65c180b497d7342d9fba-be49b1b/221114_VBA_Methodology-Downstream.pdf. Zugegriffen: 15. Mai 2024

Vollmar BH (2022) Controlling und Nachhaltigkeit. In: Becker W, Ulrich P (Hrsg) Handbuch Controlling, 2. Aufl. Springer Gabler, Wiesbaden, S 1095–1133

WHO (2021) World report on hearing. https://www.who.int/publications/i/item/9789240020481. Zugegriffen: 15. Mai 2024

WS Audiology (2023) Annual Report 2022/23. https://www.wsa.com/sustainability/. Zugegriffen: 15. Mai 2024

Prof. Dr. Sebastian Holzmann ist Professor für Finance & Accounting an der IU Internationale Hochschule. Er verfügt über langjährige Berufserfahrung im Controlling in internationalen Industrieunternehmen, insbesondere in der Hörgeräteindustrie. Sein Schwerpunkt in der Lehre liegt in den Bereichen der Rechnungslegung, des Controllings und der Volkswirtschaftslehre.

Controlling von Nachhaltigkeit in Scrum-Projekten 10

Sandra Ebeling und David Kuhlen

10.1 Einleitung

Unternehmen haben mit der zunehmenden Bedeutung von Nachhaltigkeit eine neue Herausforderung, der sie gegenüberstehen. Dabei kommt der Druck von mehreren Seiten: Zum einen erweiterte Maßnahmen, um nach der Taxonomie-Verordnung als Unternehmen mit nachhaltigen Wirtschaftsaktivitäten klassifiziert zu werden. Damit werden die Berichtspflichten durch die europäischen Anforderungen größer und beziehen sich nicht nur auf das eigene Unternehmen und die entsprechenden Produkte und Dienstleistungen, sondern auf die gesamte Wertschöpfungskette und den gesamten Lebenszyklus eines Produktes (Europäische Kommission 2020, 2021). Ein nachhaltiges Unternehmenskonzept ist außerdem notwendig, um entsprechende Investoren zu finden, Kapitalkosten zu senken und erfolgreich am Kapitalmarkt teilnehmen zu können (Europäische Kommission 2020, 2021). Zuletzt erwarten auch die Gesellschaft, die Öffentlichkeit und die Kunden echtes nachhaltiges Verhalten und kein Greenwashing. Hier gilt es die Kunden zu überzeugen. Das zeigt auch das Ergebnis der Statista Consumer Insight Umfrage (Statista 2023) in der 24 % der Befragten angaben, dass Nachhaltigkeit nur ein Begriff sei, den Unternehmen nutzen, um Produkte teurer verkaufen zu können.

S. Ebeling (✉) · D. Kuhlen
IU Internationale Hochschule, Erfurt, Deutschland
E-Mail: sandra.ebeling@iu.org

D. Kuhlen
E-Mail: david.kuhlen@iu.org

S. Weber und J. Hastenteufel (Hrsg.), *Nachhaltigkeit im Controlling*,
https://doi.org/10.1007/978-3-658-45769-3_10

In Summe verdeutlicht dies, wie wichtig in Zukunft eine verstärkte Nachhaltigkeitsstrategieimplementierung, Koordination von Geschäftsbereichen und ein agiles Mindset sind, um den Herausforderungen zu begegnen. Die zentrale Einheit als Business Partner des Managements und der Koordination von Gesamtunternehmensbelangen ist bereits heute das Controlling (Ulrich und Rieg 2020, S. 188). Auch der Internationale Controllerverein (ICV) hat die Wichtigkeit eines Nachhaltigkeitscontrollings bereits erkannt und adressiert (2009). Es gilt, die Stärken eines bereits erfahrenen Controllings zu nutzen, um Nachhaltigkeit als Megatrend im Unternehmen zu etablieren, zu koordinieren und als Nachhaltigkeits-Professional das Thema voranzutreiben, zu messen und zu kontrollieren. Dabei verändert sich das Aufgabenspektrum der Controller hin zum Change Agent, Koordinator für die gesamte Wertschöpfungskette und vor allem zum Innovator, um aus dem Thema Nachhaltigkeit heraus Wettbewerbsvorteile zu generieren (Müller et al. 2019; Sailer 2020, S. 256; Schäffer 2022, S. 8).

Agile Methoden wie Scrum können dabei helfen, Nachhaltigkeitsthemen schneller umzusetzen. Fördernd ist hier insb. die intensive Betrachtung der Kunden bzw. Stakeholderinteressen (CoEPM2 European Commission Centre of Excellence in PM2 2021; Garscha 2021, S. 462; Heydenreich 2023, S. 19 f.) und des gesamten Lebenszyklus von Produkten, um diese nachhaltig auszurichten sowie innovativ voranzutreiben (Silvius und Schipper 2015; Keshavarzian und Silvius 2022, S. 68). Mit Blick auf das Scrum-Framework gibt es bereits erste Vorschläge, wie das Thema Nachhaltigkeit berücksichtigt werden kann. Dabei geht es zum einen um die Anpassung der Werte von agilen Projekten (Dick et al. 2013, S. 78 ff.; Eckstein und Melo 2021, S. 215 f.) und zum anderen um eine Erweiterung des Frameworks an sich (Garscha 2021; Jayanthi et al. 2021; Bambazek et al. 2023a, b). Dabei sollen agile Methoden wie Scrum aktiv dazu beitragen, dass Unternehmen nachhaltiger werden. Hierfür werden die Implementierung von Nachhaltigkeits-Professionals oder -Einheiten (Jayanthi et al. 2021, S. 1540) sowie Anpassungen bei den Artefakten und Events (Jayanthi et al. 2021; Bambazek et al. 2023a, b) vorgeschlagen.

Inwieweit das Thema Nachhaltigkeit in den Scrum Prozess am besten integriert wird, um diesen auch mit Blick auf Gesamtunternehmensstrategien und -ziele steuern, messen und berichten zu können, wurde bisher nur ansatzweise ermittelt. Dabei gilt es, nur insoweit in das Scrum-Framework einzugreifen, dass dieses auch weiterhin seine Agilität, Werte und Ziele beibehalten kann. Daher untersucht der vorliegende Beitrag, wie sich das Vorgehensmodell Scrum prozessual erweitern lässt, um Nachhaltigkeit in Scrum-Projekten zu sichern.

Ziel des vorliegenden Beitrags ist die Untersuchung einer Erweiterung des Scrum-Frameworks, auf Basis einer Kombination der bereits entworfenen Konzepte zur Nachhaltigkeit für das Scrum-Framework, insb. von Dick et al. (2013), Garscha (2021), Jayanthi et al. (2021) und Bambazek et al. (2023a, b).

Nachfolgend wird in der theoretischen Fundierung erläutert, warum das Thema Nachhaltigkeit für Unternehmen aktuell an Relevanz gewinnt, inwieweit ein Nachhaltigkeitscontrolling von Vorteil ist und was genau darunter zu verstehen ist. Weiterhin werden kurz das agile Scrum-Framework sowie der aktuelle Forschungsstand zum Thema Nachhaltigkeit in agilen Projekten vorgestellt. Anschließend wird die Methodik erläutert und ein Lösungsvorschlag unterbreitet und mithilfe von logischen Schlüssen evaluiert. Der Beitrag endet mit einer Zusammenfassung und einer Empfehlung für Unternehmen.

10.2 Theoretische Fundierung

10.2.1 Nachhaltigkeit und die Relevanz für Unternehmen

Nachhaltigkeit bedeutet eine Entwicklung, die sowohl den Bedürfnissen der heutigen Generation gerecht wird als auch zukünftigen Generationen noch die Möglichkeit bietet, ihren Bedürfnissen nachzukommen (United Nations 1987, S. 34; DIN ISO 26000 2011, S. 18). Insb. der Klimawandel ist ein wichtiges Thema in der Gesellschaft und hat zu einem stärkeren Bewusstsein für ökologische Themen geführt (Weber et al. 2010, S. 395; Ahrend 2022, S. 51). Mit der Agenda 2030, dem Pariser Klimaabkommen 2016 und dem Green Deal der europäischen Union 2019 wurden hierfür internationale Ziele vereinbart (BGBI. Teil II 2016, S. 1082; United Nations 2015a, b; Europäische Kommission 2016; Umweltbundesamt 2022, S. 13; Europäische Kommission 2023; Unric.org 2024). Die Agenda 2030 beinhaltet 17 nachhaltige Entwicklungsziele (Sustainable Development Goals), welche die drei Dimensionen Wirtschaft, Soziales und Ökologie gleichrangig behandeln (United Nations 2015b, S. 20; Unric.org 2024). Die Ziele basieren dabei auf den sogenannten 5Ps:

- People (Menschen),
- Planet,
- Prosperity (Wohlstand),
- Peace (Frieden) und
- Partnership (Partnerschaft),

welche die Kernbotschaft darstellen (Green Project Management 2017; Bosewitz und Bosewitz 2023, S. 217). Mit dem Begriff Ecological (E), Social (S), Governance (G) wurden die ökologischen und sozialen Aspekte um Governance-Themen ergänzt.

Unternehmen sind Teilnehmer der Gesellschaft und stellen soziale Systeme dar (Hinrichs 2023, S. 21), sodass sie Mitverantwortung tragen, diese Nachhaltigkeitsziele zu erreichen. Um Unternehmen dazu zu bewegen, sich nachhaltig zu transformieren, sind einige freiwillige und gesetzliche Anforderungen auf den Weg gebracht worden, wie in Abb. 10.1 und 10.2 zu sehen ist. Beginnend mit freiwilligen Leitlinien, Prinzipien und Nachhaltigkeitsvorschlägen von der OECD, den Vereinten Nationen, der Global Reporting Initiative und dem deutschen Nachhaltigkeitskodex (DIN ISO 26.000 2011; OECD 2011; United Nations 2015b, S. 20; Globalreporting Initiative 2021; Der Deutsche Nachhaltigkeitskodex 2022; Unric.org 2024), ist die EU inzwischen dazu übergangen,

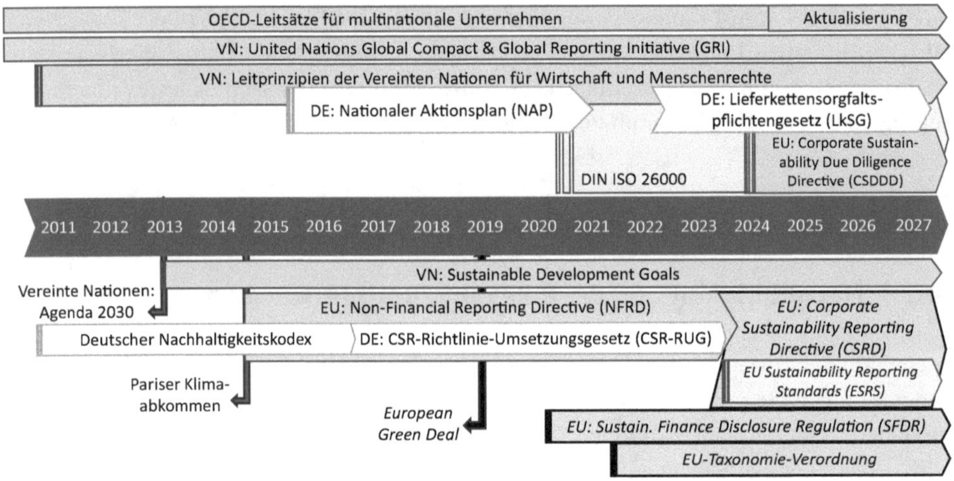

Abb. 10.1 Zeitliche Entwicklung freiwilliger und gesetzlicher Nachhaltigkeitsvorgaben. (Eigene Darstellung)

Abb. 10.2 Übersicht ausgewählter Inhalte der ESG-Anforderungen an Unternehmen und deren Umsetzung im Unternehmen. (Eigene Darstellung)

Unternehmen durch verstärkte Berichtsanforderungen, KPI und nachhaltiger nachzuweisender Verantwortung zur Berücksichtigung der ESG-Richtlinien zu verpflichten (Europäische Kommission 2020). Der European Green Deal, aus dem die CSRD (Corporate Sustainability Reporting Directive), die EU-Taxonomie und die SFDR (Sustainable Finance Disclosure Regulation) entstanden sind, sowie die bevorstehende CSDDD (Corporate Sustainability Due Diligence Directive) mit Blick auf die gesamte Wertschöpfung- und Lieferkette zwingen Unternehmen dazu, sich zukünftig stärker mit den Themen Nachhaltigkeit, Geschäftsbeziehung und innovative Wertschöpfung ihres Unternehmens auseinander zu setzen (Europäische Kommission 2020, 2021, 2022, 2023).

Neben Unternehmen stellen private und institutionelle Anleger einen weiteren Hebel dar, diese Ziele zu erreichen. Deswegen wurde mit der EU-Taxonomie (Europäische Kommission 2021) eine einheitliche Klassifizierung nachhaltiger Wirtschaftsaktivitäten festgelegt. Diese sollen auch Finanzflüsse in nachhaltigen Sektoren transparent machen (Europäische Kommission 2020, 2021). Das bedeutet, das Unternehmen, um entsprechend in den Finanzprodukten berücksichtigt zu werden und um günstigere Konditionen zu erhalten, ihre Bemühungen zur Nachhaltigkeit offenlegen müssen (Lerner 2023, S. 2). Dabei sind diese Themen nicht nur für große kapitalmarktorientierte Unternehmen relevant, sondern die gesetzlichen Anforderungen werden insb. mit der CSRD in der Zukunft auch für kleine und mittlere kapitalmarktorientierte Unternehmen verpflichtend sein und damit in Deutschland auf ca. 15.000–16.000 Unternehmen und EU-weit auf ca. 49.000 verpflichtete Unternehmen steigen (Braun und Senger 2022, S. 119; Sailer 2022, S. 64; Kopp 2023, S. 32; Lerner 2023, S. 63).

Das Thema Nachhaltigkeit muss aber nicht nur mit Blick auf den Gesetzgeber sowie den Kapitalmarkt beachtet werden, sondern auch weitere Stakeholder wie die Kunden, die Mitarbeiter und die Mitarbeitervertretung sowie die Öffentlichkeit fordern eine stärkere Beschäftigung mit dem Thema ein (Weber et al. 2010, S. 395; ICV 2022). Denn auch auf gesellschaftlicher Ebene ist ein Wandel zu beobachten, wie z. B. die Statista Consumer Insights Umfrage zeigt. 31 % der Befragten sind dort der Meinung, dass Unternehmen für die Lösung globaler Umweltprobleme verantwortlich sind. Weiterhin zeigt die Umfrage, dass Konsumenten insb.

- das Tierwohl (57 %),
- der bewusste Konsum (49 %),
- umweltschonende Verpackungen (49 %) und
- fair gehandelte und erzeugte Produkte (41 %)

wichtig sind. Darüber hinaus sind auch Regionalität, ökologische Rohstoffe (= nachwachsend und ohne Umweltbelastung), CO_2-Vermeidung und ressourcenschonende Produktion sowie Saisonalität mit über 30 % zutreffender Antworten relevante Themen (Statista 2023). Unternehmen können das Thema Nachhaltigkeit nicht mehr ignorieren, sondern sie müssen es in ihre Werte, Strategien sowie Kommunikation integrieren, um somit näher an ihre Kunden heranzukommen (Maltzman und Shirley 2010; Weber et al. 2010, S. 398; Obradovic et al. 2019, S. 523; Silva et al. 2022, S. 1496).

Unternehmen streben eine Verbesserung der Wertschöpfung mit bestehenden Produkten, Produktvariationen und der Innovation neuer Produkte an, um ihre eigene Wettbewerbssituation zu verbessern (Ahrend 2022, S. 7). Mit Blick auf Nachhaltigkeitsaspekte bezeichnet Ahrend (2022, S. 7) diese als herausforderungsgetriebene Innovationen. Nachhaltige Geschäftsmodelle sind also darauf aus, nicht nur ihren ökonomischen Wert langfristig zu steigern, sondern auch einen Beitrag für die natürliche Umwelt und zum sozialen Zusammenhalt zu leisten (Gangi et al. 2020, S. 1523 f.; Fourati und Dammak 2021, S. 1757; Karwowski und Raulinajtys-Grzybek 2021; Santos-Jaén et al. 2021, S. 1200; Ahrend 2022, S. 3; Sailer 2022, S. 160). Dies erreichen Unternehmen, indem sie die soziale Verantwortung als strategische Investition in den Mittelpunkt der Geschäftsstrategie stellen und in die Managementinstrumente- und -abläufe integrieren (Nidumolu et al. 2009, S. 58; Kucharska und Kowalczyk 2018; Silva et al. 2022, S. 1496). Dabei ist dieser Prozess nach Ahrend (2022, S. 3 f.) oder Silva et al. (2022, S. 1496) niemals abgeschlossen, sondern entwickelt sich evolutionär und systematisch immer weiter, da nachhaltige Geschäftsmodelle lediglich in Relation zu anderen Geschäftsmodellen nachhaltiger bewertet sind.

Dabei gilt es sowohl ökonomisch weiterhin erfolgreich zu sein als auch soziale und ökologische Ziele zu erreichen (Oehlmann 2010; Obradovic et al. 2019, S. 523) und entsprechende Risiken und Chancen abzuwägen. Mit Blick auf die gesetzlichen und regulatorischen Anforderungen steigen die Risken von Greenwashing-Vorwürfen, Reputationsrisiken, Haftungsrisiken und der Aufwand von nichtfinanzieller Berichterstattung (Karwowski und Raulinajtys-Grzybek 2021, S. 1270; Kopp 2023, S. 38). Bei erfolgreicher Implementierung lassen sich aber Image und Reputation verbessern (Fourati und Dammak 2021, S. 1749). Bannier et al. (2022) verdeutlichen zudem, das mithilfe der Integration von Nachhaltigkeit in die Strategie und einer rechtzeitigen Anpassung der Produktionsprozesse potenzielle Strafen aus nicht eingehaltenen regulatorischen Vorgaben reduziert werden können. Dank der gesunkenen Informations- und Nachhaltigkeitsrisiken kann sich dies auch positiv auf die Kapitalkosten von Unternehmen auswirken (Easley und O'Hara 2004; Bannier 2023, S. 163). Gangi et al. (2020, S. 1523) untersuchten aufgrund der verschiedenen Ergebnisse den Zusammenhang zwischen Nachhaltigkeit und den Kosten für Fremdkapital. Sie fanden heraus, dass Unternehmen, die sich nachhaltig engagieren, niedrigere Fremdkapitalkosten aufwiesen. Außerdem stehen Nachhaltigkeit und finanzielle Performance nicht in Widerspruch zueinander. Der Vorteil niedriger Fremdkapitalkosten kommt Innovationen zugute (Santos-Jaén et al. 2021, S. 1210).

Weitere Gründe für unternehmerische Nachhaltigkeit sind die Gewinnung bzw. Sicherung von Marktanteilen, Kundenaquisition und -bindung, das Sicherstellen der gesellschaftlichen Legitimität, Mitarbeitergewinnung, -motivation und -bindung und der Aufbau eines Risikomanagements (Brugger 2010, S. 26 ff.). Teixeira et al. (2022, S. 899) konnten nachweisen, dass die Integration von Nachhaltigkeitsaspekten im Unternehmen positiv auf den Nachhaltigkeitserfolg und die Wettbewerbsstärke eines Unternehmens wirkt.

Allerdings gehen viele Unternehmen von einem enormen Kostenblock durch diese Pflichten aus (Europäische Kommission 2020; Bannier 2023, S. 162). Einige Forschungen zeigen jedoch, dass kurzfristig die Kosten steigen können, perspektivisch diese jedoch durch die Implementierung von Nachhaltigkeit sinken und neue Einnahmequellen gewonnen werden können (Wolfgang 2018, S. 39 ff.). Nachhaltige Berichtspflichten, nachhaltige Datenerhebung und die Untersuchung der gesamten Wertschöpfungskette bieten zudem die Chance, die operative Performance zu steigern. Z.B. durch das Erkennen von Energieeinsparpotenzialen, eine höhere Produktqualität sowie qualifiziertere Mitarbeiter.

Eine Neu- bzw. Umgestaltung der internen Organisation stellt einen wichtigen Hebel zur Risikominimierung dar: Verpflichtende und transparente Nachhaltigkeitsberichterstattung, transparente Prozesse, Strategieformulierung auf nachhaltige Zukunftsthemen und nachhaltige Wertschöpfung. Künftig wird laut Braun und Senger (2022, S. 119) kein Unternehmen mehr erfolgreich sein, das kein nachhaltiges Vorgehen nachweisen kann. Die Integration von Nachhaltigkeit bzw. ESG-Kriterien in die Geschäftsstrategie ermöglicht es Unternehmen, in Zukunft transparent und erfolgreich über ihre Aktivitäten zu berichten und damit Kunden, Investoren und die Öffentlichkeit für sich zu gewinnen (Adler 2023, S. 325 f.).

10.2.2 Nachhaltigkeitscontrolling

Controlling bezeichnet das Steuerungsinstrument für das gesamte Unternehmen mit dem Ziel, die langfristige Unternehmensexistenz zu sichern und zukünftige Handlungsalternativen mit ihren Chancen und Risiken zu durchdenken (Horváth 2011, S. 98; Colsman 2016, S. 39; Weber und Schäffer 2020, S. 23 ff.). Wenn die nachhaltige Ausrichtung von Unternehmen ein integraler Bestandteil sein muss, um langfristig existieren zu können, so gilt es für das Controlling, diese innovativ mit voranzutreiben (Colsman 2016, S. 40; Lichtenthaler und Fronapfel 2022, S. 11). Mit steigenden gesetzlichen Anforderungen bedeutet das auch erweiterte Berichtspflichten und ein gestiegener Informationsbedarf (Sailer 2022, S. 65; Bannier 2023, S. 159). Um hieraus Wettbewerbsvorteile zu ziehen, sollten Unternehmen das Thema Nachhaltigkeit mit ihrem Kerngeschäft kombinieren und neue Kernkompetenzen aufbauen (Lichtenthaler und Fronapfel 2022, S. 11). Das Controlling als Instanz der Koordination insb. von Gesamtunternehmensstrategien und -zielen hat sich bereits etabliert und sollte sich ebenso wie das Unternehmen selbst transformieren. Dementsprechend hat auch der ICV (2009) die Kernelemente eines nachhaltigen Controllings definiert und Prinzipien aufgestellt, welche die Transformation des Controllings aufzeigen.

In seiner aktuellen Studie befragte der Internationale Controller Verein (ICV 2022) die Unternehmen zu dem Thema Green Controlling. Es zeigt sich, dass die Bedeutung des Themas für alle Unternehmen über die letzten zehn Jahre gestiegen ist. 43 % der Unternehmen geben an, dass Nachhaltigkeitsaspekte in hohem Maße in der Strategieentwicklung berücksichtigt werden und dort auch eine stärkere Anforderung von Controlling-Unterstützung vorliegt (ICV 2022, S. 6; Gimpl und Schulze 2023, S. 30 ff.). Die Messung des ICV baut dabei auf dem fünf Stufenmodell der Nachhaltigkeit nach

Stage 1	Stage 2	Stage 3	Stage 4	Stage 5
Compliance-Nachhaltigkeitsanforderungen als Chance erkennen und durch Innovationen übertreffen	**Die Wertschöpfungskette nachhaltig gestalten und in ihrer Effizienz steigern**	**Nachhaltige Produkte und DL entwickeln bzw. bestehende Produkte und DL nachhaltig verändern**	**Neue Geschäftsmodelle und Wege der Bereitstellung einführen, welche den Wettbewerb grundlegend verändern**	**Schaffen von next-practice-Plattformen /neuen Märkten, welche die Logik heutigen Wirtschaftens hinsichtlich Nachhaltigkeit infrage stellen**
Erforderliche Kompetenzen:				
Mit anderen Unternehmen (einschließlich der Konkurrenz) zusammenarbeiten, um kreative Lösungen umzusetzen Regularien antizipieren und gestalten	Kenntnisse in Techniken: CO2-Management und Lebenszyklusbewertung Fähigkeit, Abläufe und Prozesse neu zu gestalten hin zu mehr Nachhaltigkeit Kapazitäten, um umweltfreundliche Lieferketten gestalten zu können	Wissen, welche Produkte/ DL umweltschädlich sind Gesell. Unterstützung für nachhaltige Angebote bekommen & Greenwashing-Eindruck vermeiden Management know-how: Größenvorteile generieren bei Material & Herstellung nachhaltiger Produkte	Wünsche der Verbraucher verstehen und (verschiedene) Wege finden, diese Anforderungen zu erfüllen Erkennen, wie gemeinsam mit Partnern der Wert von Angeboten gesteigert werden kann	Wissen, wie sich (nicht) erneuerbare Ressourcen auf Geschäftsökosysteme auswirken und das Umfeld von UN beeinflussen In der Lage sein, Geschäftsmodelle, Technologien und Regulierungen aus verschiedenen Branchen zu vereinen
Innovationschancen:				
Regulatorische Vorschriften nutzen, um das Unternehmen und seine Partner dazu zu bewegen, mit nachhaltigen Technologien, Materialien und Prozessen zu experimentieren	Nachhaltige Quellen für Rohstoffe/Komponenten entwickeln Steigende Nutzung von sauberen Energiequellen Verwendungsmöglichkeiten für Retouren von Produkten finden	Anwenden von Biomimikry in der Produktentwicklung Entwicklung kompakter & nachhaltiger Verpackungen	Neue Liefertechnol., die die Beziehungen in Wertschöpfungsketten verändern Finanzieller Nutzen stärker aus DL anstatt Produkten Geschäftsmodelle, die digitale und physische Infrastruktur kombinieren	Aufbau von Geschäftsplattformen, die es Kunden & Lieferanten ermöglicht, Energie anders zu nutzen Entwicklung von Produkten, die kein Wasser benötigen Technologieentwicklung: die als Nebenprodukt freigesetzte Energie nutzen

Abb. 10.3 Die Stufen der Nachhaltigkeit als Innovationschance

Nidumolu et al. (2009, S. 60) auf, wie in Abb. 10.3 dargestellt. Wobei in der Studie insb. die strategisch geprägten Stufen „neue Geschäftsmodelle" und „neue Märkte" einen erheblichen Anstieg in der Bedeutung verzeichnen konnten (Nidumolu et al. 2009, S. 56; ICV 2022; Gimpl und Schulze 2023, S. 31). Gimpl und Schulze (2023, S. 31) fassen die wichtigsten Erkenntnisse der Studie wie folgt zusammen: Eine nachhaltige Unternehmenssteuerung zu etablieren wird künftig zur Kernaufgabe des Controllings. Nachhaltigkeitscontrolling liegt außerdem in funktionsübergreifender Verantwortung. Wobei die Studie feststellt, dass das Controlling hier immer noch im Hintergrund agiert. Dazu müssen passende Controllinginstrumente für soziale und ökologische Aspekte noch besser berücksichtigt werden. Weiterhin wird deutlich, dass die Kommunikation mit Lieferanten, Kunden und Partnern des Unternehmens wichtiger wird und das Controlling hier mit der richtigen Informationsbeschaffung und einer stärkeren Kooperation der unterschiedlichen Geschäftsbereiche unterstützen kann (Bannier 2023, S. 163).

Sich auf eine nachhaltige Unternehmensentwicklung einzulassen, bedeutet auch die Chancen von Innovationen für sich zu nutzen, wobei das Controlling aktiv diese Chancen und Wettbewerbsvorteile suchen kann. Innovation bedeutet die Umsetzung von neuen Produkten, Dienstleistungen und Problemlösungen von nicht nur wirtschaftlicher, sondern auch technischer, organisatorischer, nachhaltiger oder sozialer Perspektive (Vahs und Burmester 2005, S. 15). Erstaunlicherweise ist die Umsetzung von Nachhaltigkeit im Projektcontrolling und im operativen Controlling noch relativ gering. Obwohl eine geplante Nachhaltigkeitsstrategie über die fünf Stufen eine effektive Betrachtung insb. im Projektcontrolling benötigen würde, um es erfolgreich umzusetzen

(Gimpl und Schulze 2023, S. 35). Zu dem Schluss kommen auch Lichtenthaler und Fronapfel (2022, S. 12). Die Chancen, die sich aus der Nachhaltigkeit und der damit einhergehenden Transformation ergeben, werden bisher von vielen Unternehmen nicht genutzt. Der Fokus liegt derweil auf der Steigerung der Ressourceneffizienz und weniger auf der strategischen Einbettung des Themas, wenngleich alle nötigen Kompetenzen und Innovationschancen aus Abb. 10.3 vom Controlling übernommen werden könnten. Die Gründe hierfür analysiert Sailer (2022, S. 25 ff.). Diese sind u. a.

- die Trägheit von Transformationen,
- fehlende Messung von Nachhaltigkeit,
- fehlende Instrumente,
- fehlende Ressourcen,
- unklare Strategien und Zielsysteme oder
- die Dominanz wirtschaftlicher Ziele.

Die zu beobachtende Zunahme von Projekten und deren Veränderung in Richtung Agilität (Schabel et al. 2015; Ulrich und Rieg 2020, S. 188) führen auch zu einer Veränderung des Projektcontrollings hin zur stärkeren Rollenwahrnehmung der Controller als Business Partner, Change Agent sowie Moderator des Prozesses (Müller et al. 2019; Ulrich und Rieg 2020, S. 188). Nach Sailer (2020, S. 156) übernimmt das Controlling auch mit Blick auf die Nachhaltigkeit den Fokus, ein Change Manager für dieses Megathema zu sein und dadurch Innovationen voranzutreiben und die Transparenz hinsichtlich notwendiger Investitionen in der Zukunft bereitzustellen. Dies entspringt auch der Rolle des Business Partners, um dem Management die langfristige Bedeutung von Nachhaltigkeit aufzuzeigen und nötige Veränderungsprozesse anzustoßen. Nachhaltigkeitsanforderungen führen außerdem zu einer Harmonisierung von Prozessabläufen, die in agilen Projektmethoden die Grundlage einer stärkeren Kooperation der Geschäftsbereiche vereinfachen (Bannier 2023, S. 163). Schäffer (2022, S. 8) fasst die Bedeutung eines Nachhaltigkeitscontrollings treffend zusammen: „Wer, wenn nicht das Controlling, soll das Thema Nachhaltigkeit federführend in der Unternehmenssteuerung verankern? Wer, wenn nicht das Controlling, soll die Verbindung zwischen den Treibern eines nachhaltigen Wirtschaftens und der Finanzperspektive aufzeigen? Wer, wenn nicht das Controlling, hat einen guten Überblick über alle wertschöpfenden und nicht wertschöpfenden Prozesse im Unternehmen? Und wer, wenn nicht das Controlling, kann den zunehmenden Druck von Kunden und Investoren gut in ein systematisches Programm interner Nachhaltigkeitsinitiativen übersetzen?“

10.2.3 Agile Projektmethoden insb. Scrum

Agilität bedeutet die Fähigkeit, auf veränderte Umfeldbedingungen flexibel zu reagieren (Knupperts und Ahlrichs 2022, S. 79). Das agile Projektmanagement entstand aus der

Notwendigkeit heraus, dass Unternehmen schneller auf die dynamischeren und komplexeren Umweltanforderungen reagieren müssen, um wettbewerbsfähig zu bleiben (Sauter et al. 2018, S. 4 f.; Kuster et al. 2019, S. 18). In Anbetracht dieser Herausforderungen wurde 2001 das Manifest für agile Softwareentwicklung (Beck et al. 2001; Agile Alliance 2019) entwickelt und in den darin enthaltenen zwölf Prinzipien wurde der Fokus auf Individuen, Zusammenarbeit und Reagieren auf Veränderungen gelegt (Knupperts und Ahlrichs 2022, S. 79). Dabei ist eine Verknüpfung dieser agilen Wertvorstellungen mit der Unternehmenskultur essenziell (Knupperts und Ahlrichs 2022, S. 80 f.). Agiles Projektmanagement impliziert damit eine bessere Reaktionsgeschwindigkeit und Anpassungsfähigkeit eines Unternehmens auf veränderte Kundenanforderungen und Markttrends und steht Herausforderungen bei der Entwicklung neuer Produkte und Dienstleistungen prinzipiell positiv gegenüber (Shewchuk 1998, S. 143 ff.; Hoffmann 2008, S. 6; Knupperts und Ahlrichs 2022, S. 94; Silva et al. 2022, S. 1496).

Dass diese Art von Projektmanagement als erfolgsversprechend gilt, nicht nur im Softwarebereich, sondern für Unternehmen aller Branchen, konnte inzwischen nachgewiesen werden (Ulrich und Rieg 2020, S. 204). Unternehmen, die agile Methoden einführten konnten ihre Wertschöpfung effizienter gestalten, flexibler und schneller ihre Produkte bei Veränderungen anpassen, die Qualität ihrer Produkte und Projekte verbessern und dabei näher am Kunden sein (Petersen und Wohlin 2010, S. 658; Serrador und Pinto 2015). Die Europäische Kommission hebt hierbei insb. die schnelle und flexible Reaktion auf Veränderungen, eine positive Haltung zu Veränderungen, kontinuierliches Lernen und die Verbesserung und Einbeziehung der Stakeholder sowie enge Zusammenarbeit aller Beteiligten in agilen Projekten besonders hervor (CoEPM2 European Commission Centre of Excellence in PM2 2021; Heydenreich 2023, S. 19 f.)

Agile Frameworks können in der Regel in drei Gruppen unterteilt werden: Rollen, Prozesse und Produkte (Kuster et al. 2019, S. 80; Silva et al. 2022, S. 1497). Das bekannteste und inzwischen weit verbreitetste agile Framework stellt hierbei Scrum dar. Es stammt aus der Softwareentwicklung, und gibt ein Rahmenwerk für agiles Projektmanagement vor, weshalb es aufgrund seiner recht allgemeinen Beschreibung auch in anderen Bereichen eingesetzt werden kann (Preußig 2020, S. 136). Scrum bietet den Rahmen in Teams Projekte durchzuführen und insb. Produkte zu entwickeln und für die Kunden bereitzustellen. Dabei durchläuft das Scrum Team Zeitboxen, die sog. Sprints, in denen es sog. Produktinkremente produziert mit dem Projektziel, die Produktenwicklung zu finalisieren bzw. zu optimieren. Scrum definiert hierfür Scrum-Rollen, Artefakte, Events und Werte (Schwaber und Sutherland 2020, S. 5 ff.). Die drei Rollen bestehen aus dem Product Owner, der die Anforderungen an Produkte – insb. also die Umsetzung von Kundenwünschen – in Form von User Stories managt (Preußig 2020, S. 140). Für die eigenständige Entwicklung des Produktes ist das Entwicklungsteam verantwortlich. Daneben verantwortet die Rolle Scrum Master die agilen Werte und Prinzipien des Scrum-Frameworks (Baron und Hüttermann 2010, S. 52 und 142; Preußig 2020, S. 140 f.; Schwaber und Sutherland 2020, S. 5–7). Die fünf Werte von Scrum lauten Offenheit, Mut, Respekt, Fokus und Commitment.

10.2.4 Nachhaltigkeit in agilen SCRUM-Projekten

Tam (2010, S. 176) erläutert nachhaltiges Projektmanagement, als maximieren von positiven und minimieren von negativen Auswirkungen, die aus Nachhaltigkeit resultieren können. Insb. während der Prozesse Projektplanung, -überwachung, -controlling und -auslieferung. Auch Silvius und Schipper (2014, S. 79), Schipper und Silvius (2017) und Armenia et al. (2019, S. 12) definieren dies in ähnlicher Weise und heben zudem die Bedeutung von Projektcontrolling und proaktiver Stakeholder-Einbindung hervor. Dabei gibt es zwei Dimensionen zu beachten: die Nachhaltigkeit, die aus dem Projekt entsteht, und dass das Projekt selbst nachhaltig agiert (Silvius und Schipper 2015; Keshavarzian und Silvius 2022, S. 68).

Eine Möglichkeit Nachhaltigkeit in Projekte zu integrieren, zeigt das GPM P5 (Green Project Management 2017) auf. GPM P5 ist ein Standard für Nachhaltigkeit im Projektmanagement. P5 bezieht sich dabei auf die Dimensionen Menschen, Planet, Wohlstand, Prozesse und Produkt, basierend auf den Sustainable Development Goals der Vereinten Nationen (Green Project Management 2017, S. 7). Um Nachhaltigkeit in das Projektmanagement zu integrieren, wurde außerdem ein Modell PRiSM (Project Integration Sustainable Methods) entwickelt. Es basiert auf der DIN ISO:26000 und zielt darauf ab, Projektrisiken, die aus sozialer, ökologischer und wirtschaftlicher Sicht entstehen können, zu reduzieren und gleichzeitig den Nutzen für die Organisation und die Gesellschaft zu erhöhen. Aber auch Standards wie Project in a Controlled Environment (PRINCE2) oder Managing Succesful Programmes (MSP) haben ihren Fokus auf nachhaltige Wertschöpfung ausgeweitet (Heydenreich 2023, S. 18 f.). Mit Blick auf die ISO 14001 und im Kontext ökologischer Nachhaltigkeit haben Poth und Nunweiler (2022, S. 96) diskutiert, wie diese inkludiert werden können. Sie empfehlen ein Level of Done basierend auf den ISO-Kriterien, außerdem spezielle Regeln für das Entwicklerteam und den Versuch, den gesamten Lebenszyklus von Softwaresystemen ökologisch nachhaltiger zu gestalten, indem weniger Ressourcen benötigt werden.

Das Karlskrona Manifesto for Sustainability Design (KMSD) hat das Ziel, nachhaltige Softwaresysteme zu entwickeln und definiert dafür Nachhaltigkeitsziele, Werte und neun Prinzipien basierend auf den fünf Dimensionen ökologisch, ökonomisch, individual, sozial, und technisch (Becker et al. 2015, S. 467). Daneben gibt das Sustainable Awareness Framework (SusAF) eine Hilfestellung, um die Aufmerksamkeit bei der Entwicklung von Software auf die Impacts von Nachhaltigkeit zu schulen. Mit Hilfe von Instruktionen und Fragen kann mit Stakeholdern über die Nachhaltigkeit der Softwaresysteme diskutiert werden (Duboc et al. 2020, S. 469). Eckstein et al. (2021, S. 215) diskutieren, inwieweit die zwölf Prinzipien des agilen Manifesto auch für Nachhaltigkeit ausgelegt werden können – dieser Werteabgleich kann dabei helfen, die agile Softwareentwicklung einfacher mit Nachhaltigkeit zu verbinden. Ein ähnliches Vorgehen schlagen Dick et al. (2013, S. 78 f.) vor. Sie implementieren ein Set von Prinzipien zu grünen und nachhaltigen Verbesserungen im agilem Projektmanagement (insb. Scrum), die den gesamten Lebenszyklus von Softwareentwicklungen betrachten. Dafür empfehlen sie Nachhaltigkeitsvorschauen und -reviews sowie Nachhaltigkeitsretrospektiven, um das Thema zu identifizieren, zu beachten und zudem den Erfolg von Nachhaltigkeitstätigkeiten zu schätzen. Die Retrospektive hat außerdem das Ziel, mit Blick auf Nachhaltigkeit zu lernen, Erfolgreiches beizubehalten und somit zukünftige Projekte zu verbessern.

Die Entwicklung nachhaltiger unternehmerischer Ideen benötigt laut Ahrend (2022, S. 347) konvergentes und divergentes Denken. Konvergent zu denken, beschreibt dabei eine Problemlösungsorientierung, indem man Vorhandenes nutzt und weiterentwickelt. Divergent zu denken, bedeutet sich bewusst neuartigen und ggf. unkonventionellen Lösungen gegenüber zu öffnen. Projektmanager sind maßgeblich, um Nachhaltigkeit in allen Facetten zu liefern (Minney 2023, S. 1). Scrum als agiles Mindset hat dabei die Möglichkeit, Nachhaltigkeit durch die Unterstützung von konvergentem und divergentem Denken in Projekten zu integrieren. Durch die kurzen Iterationen in agilen Projekten können Veränderungen kurzfristig umgesetzt werden und damit ein Mehrwert für Kunden und das Projekt geschaffen werden (Beck et al. 2001). Dabei kommt dem Product Owner als Manager der Anforderungen eine besondere Bedeutung bei der Berücksichtigung von Nachhaltigkeit in der Produktenwicklung zu (Garscha 2021, S. 462). Der Vorteil liegt hier in der direkten Einbindung und Kommunikation mit den Kunden, um Nachhaltigkeitsanforderungen und -interessen von dieser Seite her aktiv zu berücksichtigen (Garscha 2021, S. 463).

Bambazek et al. (2023a, S. 265) untersuchen, wie sich Nachhaltigkeit in agile Softwareentwicklung implementieren lässt. Sie schauen sich dafür die Relation von Nachhaltigkeitseffekten, die Produktvision und die Backlog Items an. Daraus ableitend erarbeiten sie ein Sustainable-Aware Scrum Framework mit Vorschlägen, wie Nachhaltigkeit in das Original Scrum-Framework implementiert werden kann (Bambazek et al. 2023a, S. 273). Dabei orientieren sich Bambazek et al. (2023b, S. 312) an den Dimensionen des KMSD und empfehlen, zusammenfassend aus den Dimensionen den bekannten fünf Werten von Scrum noch den sechsten Wert Nachhaltigkeit hinzuzufügen. Der Product Owner soll außerdem aktiv mit den Stakeholdern Nachhaltigkeit vorantreiben. Mit Blick auf die User Stories und den Backlog empfehlen sie vor der Bearbeitung eine Nachhaltigkeitsanalyse durchzuführen und im Sprint Review ebenfalls das Inkrement auf Nachhaltigkeit hin zu untersuchen. Darüber hinaus können Nachhaltigkeitsexperten hinzugezogen werden (Bambazek et al. 2023b, S. 313). Jayanthi et al. (2021, S. 1540) empfehlen sogar ein Sustainability Department innerhalb der Organisation zu gründen, bestehend aus zertifizierten grünen Software-Entwicklern und qualifizierten Engineers. Deren Aufgabe darin besteht, Nachhaltigkeitsstandards zu entwickeln und zu kontrollieren, und zwar für alle Phasen des Entwicklungszyklus. In Scrum müssen die Anforderungen dann einen Nachhaltigkeitscheck bestehen. Außerdem soll die Einheit das Scrum-Team entsprechend bei Nachhaltigkeitsthemen unterstützen.

10.3 Methode

Die Beantwortung der Forschungsfrage erfordert die Ausarbeitung eines neuen prozessualen Vorgehens. Die Ausführungen im vorangegangenen Abschnitt zeigen, dass unterschiedliche Erweiterungen des Scrum-Modells erforderlich sind, um das Ziel dieses Beitrags zu erreichen. Hierzu bedarf es einer Methodik, die zur Schaffung eines erweiterten Scrum-Vorgehensmodells geeignet ist. Um sicherzustellen, dass die benötigten Artefakte erfolgreich erstellt wurden (Peffers et al. 2008, S. 46), wird die Design Science Research Methode angewandt. Diese ermöglicht die Gewinnung neuer Erkenntnisse durch die Entwicklung von Artefakten (Hevner et al. 2004, S. 75). Hierzu führt die Forschungsmethodik zur Problemlösung durch die folgenden Schritte (Peffers et al. 2008, S. 46):

1. Problembeschreibung,
2. Anforderungsfestlegung,
3. Konzeption,
4. Lösungsentwicklung,
5. Evaluation und
6. Kommunikation.

Design Science Research kann im vorliegenden Fall zur Lösung eingesetzt werden, da sichergestellt ist, (G1), dass es sich bei dem zu gestaltenden Artefakt um ein neues Vorgehensmodell handelt und (G2) und dass das neue Vorgehensmodell ein relevantes Geschäftsproblem adressiert (Hevner et al. 2004, S. 83). Zur Erfüllung der Ansprüche der Design Science Research Methodik wird weiterhin sichergestellt, dass (G3) das gestaltete Artefakt einer Evaluation unterzogen wird, wozu (G4) der Forschungsbeitrag verifizierbar ausgearbeitet werden muss, damit (G5) sowohl die Erstellung als auch die Bewertung nach strengen Vorgehensweisen erfolgen und (G6) die Herstellung mit einer ersten Lösungsversion endet, welche iterativ zur Suche nach Lösungsverbesserungen verfeinert werden kann, die (G7) einem breiten Publikum vorgestellt wird (Hevner et al. 2004, S. 83 ff.). Zur Erfüllung des Anspruchs (G6) wird die neue Version des Vorgehensmodells so gestaltet, dass iterative Verbesserungen möglich sind, indem die Beteiligten befähigt werden, selbstständig Theorien darüber zu entwickeln, welche Umstände zu Auswirkungen auf die Nachhaltigkeit geführt haben, um dies künftig bei Projektentscheidungen berücksichtigen zu können (March und Smith 1995, S. 262).

In der nachfolgenden Konzeption werden zunächst die Anforderungen auf Basis des Problems abgeleitet. Zur Entwicklung einer tragfähigen Lösung werden in der Konzeption weiterhin abstrakte Grundlagen des Lösungsmodells ausgearbeitet. Diese Anforderungen werden weiterhin in einem neuen Vorgehensmodell umgesetzt. Anschließend erfolgt die Evaluation durch den Vergleich des neuen Vorgehensmodells mit den Zielen, die durch die Anforderungen der Konzeption festgelegt wurden.

10.4 Konzeption

Die vorliegende Arbeit baut auf der Vorgehensmethodik Scrum auf und prüft eine Möglichkeit zur Erweiterung dieser Vorgehensmethodik, zur Erfüllung der Zielsetzung. Im Hinblick auf die angedachte Erweiterung wurden folgende Axiome betreffend der Scrum Vorgehensmethodik identifiziert:

- **A0:** Scrum ist unveränderlich (Schwaber und Sutherland 2020, S. 14).
- **A1:** Scrum ist erweiterbar (Schwaber und Sutherland 2020, S. 1 und 14).
- **A2:** Scrum besteht aus Rollen (Scrum Master, Product Owner und Developer), Events (Sprint, Sprint Planning, Daily Scrum, Sprint Review und Sprint Retrospektive) sowie Artefakten (Product Backlog, Sprint Backlog und Increment) (Schwaber und Sutherland 2020, S. 5 ff.).
- **A3:** Die Regeln von Scrum leiten die Zusammenarbeit selbstorganisierter Mitarbeiter (Schwaber und Sutherland 2020, S. 3 und 5).
- **A4**: Die Artefakte von Scrum müssen transparent sein (Schwaber und Sutherland 2020, S. 4).
- **A5:** Die Events ermöglichen die Überprüfung der Artefakte und des Fortschritts (Schwaber und Sutherland 2020, S. 4 und 8).
- **A6:** Falls nötig erfolgen Anpassungen so schnell wie möglich (Schwaber und Sutherland 2020, S. 4).
- **A7:** Das Scrum Team lebt die Werte Commitment, Fokus, Offenheit, Respekt und Mut, welche nicht untergraben werden dürfen (Schwaber und Sutherland 2020, S. 4 f.).
- **A8:** Der Fokus des Teams liegt auf der Arbeit des Sprints (Schwaber und Sutherland 2020, S. 4).
- **A9:** Qualität wird durch die Einhaltung der Definition of Done erbracht (Schwaber und Sutherland 2020, S. 6).
- **A10:** Jedes Artefakt beinhaltet ein Commitment (Schwaber und Sutherland 2020, S. 11).
- **A11:** Der Product Backlog ist die einzige Quelle von Arbeit, die durch das Scrum Team erledigt wird (Schwaber und Sutherland 2020, S. 11).
- **A12:** Scrum ist agil.
- **A13:** Agile Vorgehensweisen erfüllen die Werte des Agile-Manifests (Beck et al. 2001).

Die Untersuchungen des Stands der Forschung zeigen die Relevanz von Nachhaltigkeit in Scrum-Projekten. Um diese Nachhaltigkeit erreichen zu können, wird eine Erweiterung des Scrum-Vorgehensmodells vorgeschlagen, welche auf einer Kombination der bereits entworfenen Konzepte von Garscha (2021), Jayanthi et al. (2021) und Bambazek et al. (2023a, b) basiert. Als SustainableScrum (SuScrum) wird im Folgenden, die um Aspekte der Nachhaltigkeit erweiterte Scrum-Vorgehensmethodik bezeichnet, um diese von dem allgemeinen Scrum zu unterscheiden.

SustainableScrum muss einige Anforderungen erfüllen:

- **Z1:** SustainableScrum darf Scrum nur erweitern, nicht ändern.
- **Z2:** SustainableScrum darf ergänzende Regeln für die Zusammenarbeit definieren, sofern die Mitarbeiter selbstorganisiert bleiben.
- **Z3:** SustainableScrum bedarf des Commitments des Scrum-Teams zu den Nachhaltigkeitszielen.
- **Z4:** SustainableScrum definiert Nachhaltigkeitsziele, welche im Sprint verfolgt werden.
- **Z5:** Artefakte, welche für SustainableScrum geschaffen werden, bedürfen eines Commitments.
- **Z6:** Da Scrum agil ist, muss SustainableScrum ebenfalls agil sein.

10.5 Neues Vorgehensmodell

Auf der Grundlage der Erkenntnisse vorangegangener wissenschaftlicher Studien (Dick et al. 2013; Garscha 2021; Jayanthi et al. 2021; Bambazek et al. 2023a, b) wird das Scrum-Framework erweitert, um Nachhaltigkeitsthemen ausreichend zu berücksichtigen.

Die Erweiterung SustainableScrum definiert die folgenden Regeln:

- **R1:** Die Vorgehensweise Scrum wird um die Rolle des Sustainability Controllers (Dick et al. 2013; Jayanthi et al. 2021), um das Artefakt Sustainability Sprint-Backlog (Dick et al. 2013; Jayanthi et al. 2021) und um das Ereignis Sustainability Review (Dick et al. 2013; Jayanthi et al. 2021) ergänzt. Alle Rollen, Events und Artefakte des Scrum-Vorgehens bleiben unverändert.
- **R2:** Der Sustainability Controller (Dick et al. 2013; Jayanthi et al. 2021) definiert in Zusammenarbeit mit dem gesamten Scrum-Team Nachhaltigkeitsziele, auf die sich das Team committet.
- **R3:** Die Nachhaltigkeitsziele des Sprints werden im Sustainability Sprint-Backlog eingetragen (Dick et al. 2013; Jayanthi et al. 2021).
- **R4:** Das Commitment des Sustainability Backlogs (Dick et al. 2013; Jayanthi et al. 2021), ist ein messbar definiertes, übergeordnetes Nachhaltigkeitsziel, welches als Leitlinie des Sprints gilt und zum Sprint-Ziel passt.
- **R5:** Bei der Formulierung der Definition of Done müssen Nachhaltigkeitsziele berücksichtigt werden.
- **R6:** Während des Sprints prüft der Sustainability Controller (Dick et al. 2013; Jayanthi et al. 2021) die Erreichung der Nachhaltigkeitsziele. Sofern Ziele drohen, nicht erfüllt zu werden, stimmen der Sustainability Controller, der Scrum Master und der

Product Owner geeignete Maßnahmen mit dem Team ab (Dick et al. 2013; Jayanthi et al. 2021).

- **R7:** Im Anschluss an das Sprint Review Meeting erfolgt das Sustainability Review Meeting (Dick et al. 2013; Jayanthi et al. 2021), in dem der Sustainability Controller mit dem Team die Erreichung der Nachhaltigkeitsziele reflektiert und ggf. nötige Anpassungen ableitet (Dick et al. 2013; Jayanthi et al. 2021).

Die o.g. Regeln sind anzuwenden, um SustainableScrum zu befolgen.

Abb. 10.4 zeigt den erweiterten Scrum-Prozess, inklusive der neuen Rolle des Sustainability Controllers, dem neuen Artefakt Sustainability Backlog, welches gemeinsam mit dem Product Backlog betrachtet und in den Sprints mitberücksichtigt wird (Dick et al. 2013; Jayanthi et al. 2021). Die grau hinterlegten Felder in Abb. 10.4 können maßgeblich vom Scrum-Projektteam vorangetrieben werden und stellen damit die passende Ergänzung zum Nachhaltigkeitscontrolling dar. Ziel ist die Schaffung eines Product Inkrements, welches positiv auf die Nachhaltigkeitsziele eines Unternehmens einzahlt. Dieser Abgleich findet im Sustainability Review statt, aus dem auch Erkenntnisse für die zukünftigen Sprints gewonnen werden (Dick et al. 2013; Jayanthi et al. 2021).

Der Sustainability Controller, als Business Partner (Dick et al. 2013; Jayanthi et al. 2021) des Managements, ist für die Transformation, die Koordination und die Strategie gesamtunternehmensverantwortlich, im Sinne von Sailer (2022, S. 156) und Schäffer (2022, S. 8). Abb. 10.5 stellt diese Zusammenarbeit dar, wobei die Inhalte aus regulatorischen Vorgaben, aus Richtlinien und aus Leitlinien zusammengefasst übernommen wurden (siehe Abb. 10.2 und 10.3).

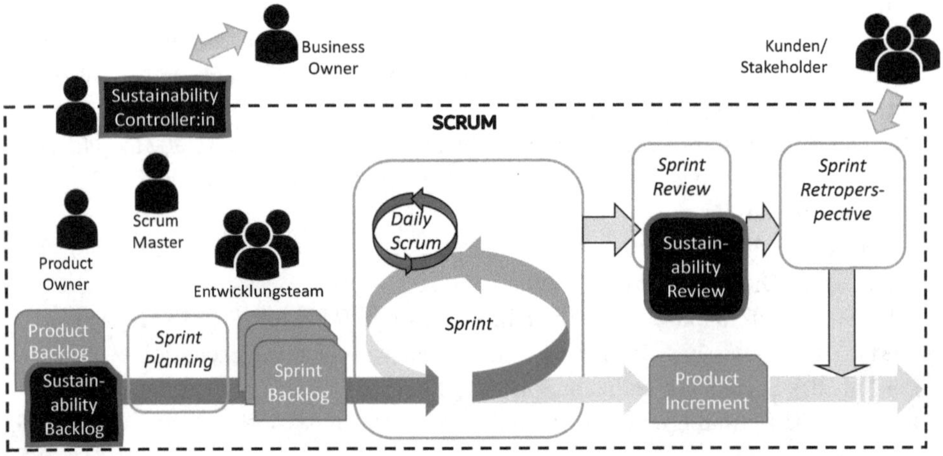

Abb. 10.4 Modifizierter Scrum Prozess, ergänzt um die Rolle des Sustainability Controllers, den Event Sustainability Review und den Artefakt Sustainability Backlog. (Eigene Darstellung in Anlehnung an Dick et al. 2013; Uikey und Suman 2015, S. 122; Jayanthi et al. 2021; Ebeling und Kuhlen 2022, S. 30)

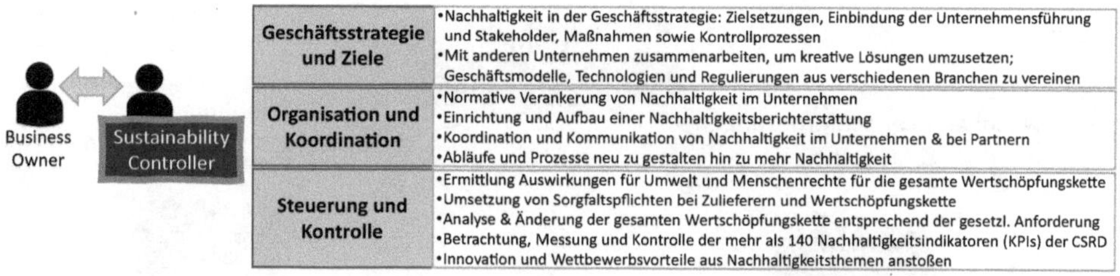

Abb. 10.5 Verantwortung des Sustainability Controllers als Business Partner des Managements. (Eigene Darstellung in Anlehnung an Dick et al. 2013; Jayanthi et al. 2021)

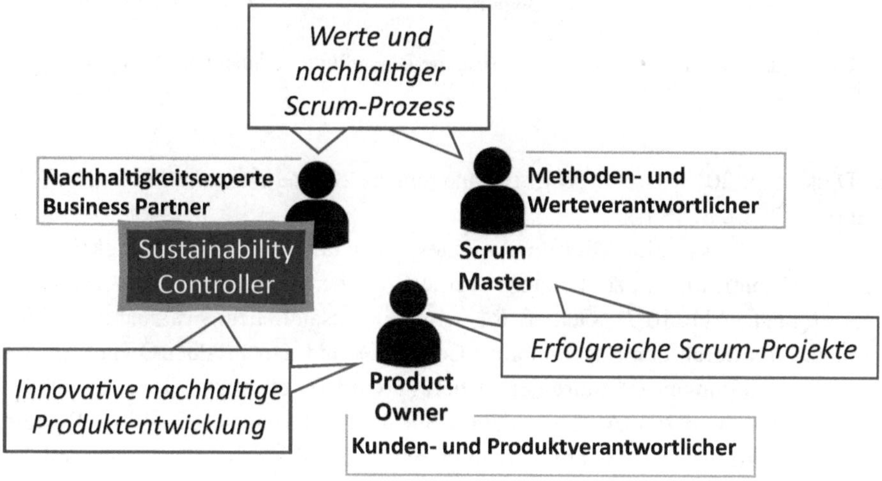

Abb. 10.6 Verantwortung und Zusammenarbeit im Nachhaltigkeits-Scrum-Framework (eigene Darstellung in Anlehnung an Dick et al. 2013; Jayanthi et al. 2021)

Um Scrum-Projekte nachhaltig zu gestalten und nachhaltige Produktinnovationen im Unternehmen voranzutreiben (Silvius und Schipper 2015; Keshavarzian und Silvius 2022, S. 68), braucht es verschiedene Implementierungsansätze, bei denen der Nachhaltigkeitscontroller (Dick et al. 2013; Jayanthi et al. 2021) unterstützen kann (Bannier 2023, S. 163). Dabei definiert der Sustainability Controller gemeinsam mit dem Management auf Unternehmensebene die nötigen Werte (Jayanthi et al. 2021, S. 1540 ff.) und überführt diese gemeinsam mit dem Scrum Master in den Scrum Prozess. Der Scrum Master vereint diese Werte mit den agilen Werten, wie in Abb. 10.6 zu sehen ist. Die nachhaltige innovative Produktentwicklung wird federführend vom Product Owner vorangetrieben und wird vom Sustainability Controller unterstützt (Dick et al. 2013; Jayanthi et al. 2021). Der Kern des Scrum Prozesses sollte möglichst ohne Einfluss des Sustainability Controllers ablaufen, wenngleich er bei der Implementierung von Nachhaltigkeit bspw. mit dem GPM P5, dem Modell PRiSM, PRINCE2 oder MSP unterstützen

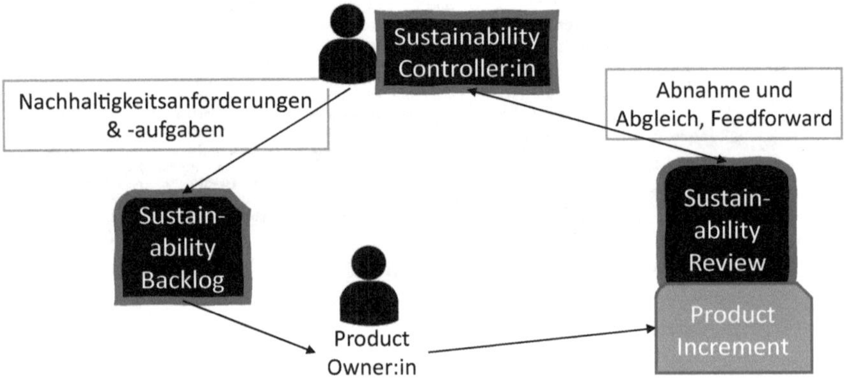

Abb. 10.7 Artefakte und Eventanpassung. (Eigene Darstellung in Anlehnung an Dick et al. 2013; Jayanthi et al. 2021)

kann (Dick et al. 2013; Green Project Management 2017; Jayanthi et al. 2021, S. 1541; Heydenreich 2023, S. 18 f.).

Um die Ergebnisse eines Scrum-Projektes hinsichtlich der Nachhaltigkeit steuern, messen und kontrollieren zu können, werden die bestehenden Scrum-Artefakte und -Events ergänzt (Abb. 10.7). Gemäß R1 wird ein zusätzliches Sustainability Backlog empfohlen, dass durch den Sustainability Controller und den Product Owner mit Nachhaltigkeitsanforderungen (Requirements) befüllt wird (Dick et al. 2013; Jayanthi et al. 2021). Weiterhin wird zum Abschluss eines Sprints das Event Sustainability Review ergänzt, um das Product Inkrement hinsichtlich der Nachhaltigkeit zu bewerten, anlehnend an Dick et al. (2013, S. 78 f.), Jayanthi et al. (2021) und Bambazek et al. (2023b, S. 313).

10.6 Evaluation

Die Evaluation erfolgt auf der Grundlage logischer Schlüsse.

Da Scrum unveränderlich, aber erweiterbar ist, ist die Ableitung des Ziels Z1 zur Entwicklung einer Erweiterung zulässig. Durch die Ergänzung einer Rolle, eines Artefaktes und eines Events werden die etablierten Bestandteile des Scrum-Frameworks nicht verändert.

Weiterhin sieht Scrum Regeln vor, die die Zusammenarbeit selbstorganisierter Mitarbeiter leiten, sodass die Festlegung ergänzender Regeln in Sustainability Scrum zulässig ist, solange diese weder die Selbstorganisation des Teams noch die einzelnen Werte beschneiden. Mit Blick auf die Verankerung des Nachhaltigkeitsziels sind die Werte Commitment und Fokus hervorzuheben. Es bedarf des Commitments des Teams zur Erreichung der Nachhaltigkeitsziele sowie des Fokus des Teams zur Verfolgung jener Ziele. Die Verabredung von Nachhaltigkeitszielen (R2) betont die Selbstorganisation des Teams, das sich durch sein Commitment eigene Regeln für die Zusammenarbeit setzt.

Die Regeln R5 und R6 stellen eine fokussierte Verfolgung der einzelnen Ziele während des Sprints sicher.

Das Team benötigt Transparenz hinsichtlich der Zielsetzung des Sprints. Bei der Anwendung von Sustainability Scrum sind auch Nachhaltigkeitsziele im Sprint zu erreichen, welche folglich im zugehörigen Backlog eingetragen werden. Die Regeln R3 und R4 stellen sicher, dass das Team jederzeit die erforderliche Zieltransparenz hat.

Da Scrum die Festlegung von Commitments für Artefakte vorschreibt, soll auch die Ergänzung Sustainability Scrum dieser Vorgabe folgen. Durch die Festlegung eines messbar definierten, übergeordneten Nachhaltigkeitsziels, das zum Sprintziel passt (R4), wird dem Sprint hinsichtlich der Nachhaltigkeit eine valide Leitlinie gegeben.

Da agile Vorgehensweisen die Werte des Agilen Manifests (Beck et al. 2001) erfüllen, muss SustainableScrum den Fokus auf die Zusammenarbeit, flexible Reaktionsfähigkeit und die Erreichung eines Ergebnisses legen, wobei auf Letzterem hinsichtlich der Nachhaltigkeit der Fokus liegt (Dick et al. 2013; Jayanthi et al. 2021). Der agilen Arbeitsweise von Scrum folgend, werden in SustainableScrum die Nachhaltigkeitsziele im Sprint überwacht, wobei Anpassungen bei Bedarf schnellstmöglich (Dick et al. 2013; S. 81) eingeleitet werden können. Dies geschieht durch die enge Zusammenarbeit des Teams.

10.7 Fazit und Ausblick

Dass das Thema Nachhaltigkeit für Unternehmen immer relevanter wird, zeigt sich sowohl in der Literatur (Weber et al. 2010, S. 395; Ahrend 2022, S. 7; Silva et al. 2022, S. 1496) als auch durch die zahlreichen Empfehlungen und Gesetzgebungen, wie in Abb. 10.1 dargestellt. Controlling als Steuerungsinstrument für das gesamte Unternehmen mit dem Ziel der langfristigen Existenzsicherung ist somit der geeignete Adressat, um innovative Nachhaltigkeitsthemen voranzutreiben und zu verankern (ICV 2022; Sailer 2022, S. 126). Um Nachhaltigkeit entsprechend auch in agilen Projekten zu berücksichtigen, eignet sich die Erweiterung des Scrum Frameworks durch die Schaffung der Rolle des Sustainability Controllers, um entsprechend Gesamtunternehmens-Nachhaltigkeitsziele sowohl bei der Durchführung von Projekten als auch bei den Projektzielen zu berücksichtigen.

Neben der Rolle des Sustainability Controllers wird der Scrum-Prozess weiterhin um das Event Sustainability Review und das Artefakt Sustainability Backlog erweitert (Dick et al. 2013; Jayanthi et al. 2021). Dabei müssen einige Regeln beachtet werden, um die Scrum-Vorgehensweise nicht maßgeblich zu verändern. Von entscheidender Bedeutung ist daher der Erhalt der Scrum-Vorgehensmethodik, insb. ihrer Werte und Prinzipien. Der vorliegende Beitrag schlägt mit SustainableScrum eine ergänzte Version der Scrum-Vorgehensmethodik vor, welche auf einem Teil der Ergebnisse vorheriger Forschungsarbeiten aufbaut. In Teilen sind Bestandteile des hier vorgestellten SustainableScrum bereits bei Dick et al. (2013), Jayanthi et al. (2021), Bambazek et al. (2023a, b) sowie

Garscha (2021) beschrieben. Wesentlich erscheint hierbei die Einführung eines Sustainability Controllers, der das Thema Nachhaltigkeit zugleich mit Blick auf das Gesamtunternehmen in Projekten zu berücksichtigen vermag. Hervorzuheben ist zudem der Ansatz, wie bei der Erweiterung des Scrum Frameworks vorgegangen und die Erweiterung bewertet wurde. Die Ableitung von Änderungen auf Basis von Regeln kann Impulse für anderweitige Überarbeitungen gleichartiger Rahmenwerke bieten. Über den Impuls zur Berücksichtigung von Nachhaltigkeit hinaus kann das in diesem Beitrag vorgestellte Vorgehen zur Erweiterung auch für andere Ergänzungen von Scrum einen Beitrag leisten.

Es wird empfohlen, bei der Einführung des hier vorgestellten Sustainability Scrum in mehreren Etappen vorzugehen. In der Praxis sollten Unternehmen im Rahmen eines Testlaufs die Vorteile und Grenzen der neuen Vorgehenserweiterung prüfen. Falls nötig, sind Anpassungen an der Erweiterung Sustainability Scrum vorzunehmen, sodass dieses zu den Abläufen eines Unternehmens passt. Als wichtige Voraussetzung bedarf es hierfür sowohl eines etablierten Controllings als auch erfolgreicher und fest verankerter Scrum-Projekte. Ist dies gegeben, so sollen die hier vorgestellten Grenzen und Regeln für die Erweiterung eine Orientierung geben. Die Erkenntnisse derartiger Testläufe in Unternehmen können zugleich wichtige Impulse für weitere Forschung im Bereich der Nachhaltigkeit und ihrer Berücksichtigung in Scrum-Projekten setzen, den hier vorgeschlagenen Ansatz weiter optimieren und ggf. auf andere auch nicht agile Projektmethoden ausgeweitet werden.

Literatur

Adler M (2023) CSRD und Software Innovation – Neue Chancen und Herausforderungen für Nachhaltigkeitsberater:innen. Wirtschaftsinformatik & Management 15:323–330

Agile Alliance (2019) 12 Principles behind the Agile Manifesto. https://www.agilealliance.org/agile101/12-principles-behind-the-agile-manifesto/. Zugegriffen: 22. Mai 2024

Ahrend K-M (2022) Geschäftsmodell Nachhaltigkeit – Ökologische und soziale Innovationen als unternehmerische Chance. Springer Gabler, Wiesbaden

Armenia S, Dangelico RM, Nonino F, Pompei A (2019) Sustainable project management: a conceptualization-oriented review and a framework proposal for future studies. Sustainability 11:2664

Bambazek P, Groher I, Seyff N (2023a) Application of the sustainability awareness framework in agile software development. In: 2023 IEEE 31st international requirements engineering conference (RE) RE requirements engineering conference (RE), S 264–274

Bambazek P, Groher I, Seyff N (2023b) Requirements engineering for sustainable software systems: a systematic mapping study. Requirements Eng 28:481–505

Bannier C (2023) Nachhaltigkeitsberichterstattung – Aktuelle Herausforderungen und Chancen für Großunternehmen und Mittelständler. In: Zwick Y, Jeromin K (Hrsg) Mit Sustainable Finance die Transformation dynamisieren. Springer Gabler, Wiesbaden, S 159–170

Bannier C, Bofinger Y, Rock B (2022) Doing safe by doing good: non-financial reporting and the risk effects of corporate social responsibility. Eur Account Rev 32:1–31

Baron P, Hüttermann M (2010) Fragile Agile. Agile Softwareentwicklung richtig verstehen und leben. Hanser, München

Beck K, Beedle M, van Bennekum A, Cockburn A, Cunningham W, Fowler M, Grenning J, Highsmith J, Hunt A, Jeffries R, Kern J, Marick B, Martin RC, Mellor S, Schwaber K, Sutherland J, Thomas D (2001) Manifesto for Agile Software Development. https://agilemanifesto.org. Zugegriffen: 22. Mai 2024

Becker C, Chitchyan R, Duboc, L (2015) Sustainability design and software: the karlskrona manifesto. In: 2015 IEEE/ACM 37th IEEE international conference on software engineering, S 467–476

BGBl. Teil II (2016) Gesetz zu dem Übereinkommen von Paris vom 12. Dezember 2015, BGBl. Teil II, 2016

Bosewitz A, Bosewitz R (2023) Business Englisch für Controlling & Finance – inkl. Arbeitshilfe online, 4. Aufl. Haufe, Freiburg

Braun S, Senger E (2022) Nachhaltigkeitsreporting 4.0. In: Schwager B (Hrsg) CSR und Nachhaltigkeitsstandards. Springer Gabler, Wiesbaden

Brugger F (2010) Nachhaltigkeit in der Unternehmenskommunikation: Bedeutung, Charakteristika und Herausforderungen. Gabler, Wiesbaden

CoEPM² European Commission Centre of Excellence in PM² (2021) PM² project management methodology guide 3.0.1. Publications Office of the European Union

Colsman B (2016) Nachhaltigkeitscontrolling. Strategien, Ziele, Umsetzung. Springer Gabler, Wiesbaden

Der Deutsche Nachhaltigkeitskodex. (2022) Wesentlichkeit. https://www.DerDeutscheNachhaltigkeitskodex2022/de/bericht/bericht-erstellen/berichtsinhalte/wesentlichkeit/. Zugegriffen: 22. Mai 2024

Dick M, Drangmeister J, Kern E, Naumann S (2013). Green software engineering with agile methods. In: Proceedings of the 2013 2nd international workshop on green and sustainable software (GREENS), IEEE, 2013, S 78–85

DIN ISO 26000 (2011) Leitfaden zur gesellschaftlichen Verantwortung (ISO 26000:2010) – ICS 03.020; 03.100.01. Berlin

Duboc L, Penzenstadler B, Porras J (2020) Requirements engineering for sustainability: an awareness framework for designing software systems for a better tomorrow. Requirements Eng 25:469–492

Easley D, O'Hara M (2004) Information and the cost of capital. J Financ 59:1553–1583

Ebeling S, Kuhlen D (2022) Controlling und Risikomanagement in agilen Projekten. In Hastenteufel J, Weber S, Röhm T (Hrsg) Digitale Transformation im Controlling. Praxisorientierte Lösungsansätze und Chancen für Unternehmen. Springer Gabler, Wiesbaden, S 27–49.

Eckstein J, de O. Melo C (2021) Sustainability: delivering agility's promise. In Calero C, Moraga MÁ, Piattini M (Hrsg) Software sustainability. Springer, Cham, S 215–241

Europäische Kommission (2016) Übereinkommen von Paris. https://eur-lex.europa.eu/legal-content/DE/TXT/?uri=CELEX%3A32018R0842&qid=1716531772828. Zugegriffen: 22. Mai 2024

Europäische Kommission (2020) Der Investitionsplan für den europäischen Grünen Deal und der Mechanismus für einen gerechten Übergang. Januar 2020. https://ec.europa.eu/commission/presscorner/detail/de/qanda_20_24. Zugegriffen: 22. Mai 2024

Europäische Kommission (2021) EU-Taxonomie, Nachhaltigkeitsberichterstattung von Unternehmen, Nachhaltigkeitspräferenzen und treuhänderische Pflichten: Finanzielle Mittel in Richtung des europäischen Grünen Deals lenken. Mitteilung der Kommission an das Europäische Parlament, den Rat, den Europäischen Wirtschafts- und Sozialausschuss und den Ausschuss der Regionen. Brüssel. 21. April 2021

Europäische Kommission (2022) Vorschlag für eine Richtlinie des europäischen Parlaments und des Rates über die Sorgfaltspflichten von Unternehmen im Hinblick auf Nachhaltigkeit und zur

Änderung der Richtlinie (EU) 2019/1937. 2022, Brüssel. https://eur-lex.europa.eu/resource.html?uri=cellar:bc4dcea4-9584-11ec-b4e4-01aa75ed71a1.0007.02/DOC_1&format=PDF. Zugegriffen: 22. Mai 2024
Europäische Kommission (2023) Commuinication form the Commission to the European Parliament, the European Council, the Council, the European Economic and Social Committee and the Committee of the Regions. A green Deal Industrial Plan for the net-zero age. 2023, Brüssel. https://commission.europa.eu/system/files/2023-02/COM_2023_62_2_EN_ACT_A%20Green%20Deal%20Industrial%20Plan%20for%20the%20Net-Zero%20Age.pdf. Zugegriffen: 22. Mai 2024
Fourati YM, Dammak M (2021) Corporate social responsibility and financial performance: international evidence of the mediating role of reputation. Corp Soc Responsib Environ Manag 28:1749–1759
Gangi F, D'Angelo E, Daniele LM, Varrone N (2020) Assessing the impact of socially responsible human resources management on company environmental performance and cost of debt. Corp Soc Responsib Environ Manag 28:1511–1527
Garscha P (2021) From sustainability in requirements engineering to a sustainability-aware scrum framework. In: 2021 IEEE 29th international requirements engineering conference (RE) RE requirements engineering conference (RE), S 462–467
Gimpl N, Schulze M (2023) Nachhaltigkeit hält nur langsam Einzug ins Controlling. Controlling & Management 67:30–37
Global Reporting Initiative (2021). Materiality & topic boundary. https://www.GlobalreportingInitiative2021/how-to-use-the-gri-standards/questions-and-answers/pre-2021-gri-standards-system-faq/materiality-and-topic-boundary/. Zugegriffen: 22. Mai 2024
Green Project Management (2017) The GPM S5 Standard for Sustainability in Project Management. https://greenprojectmanagement.org/. Zugegriffen: 22. Mai 2024
Hevner AR, March ST, Park J (2004) Design science in information systems research. MIS Q 28:75–105
Heydenreich N (2023) Nachhaltigkeit und Agilität in Projektmanagementstandards. Projektmanagement Aktuell 34:18–21
Hinrichs B (2023) Nachhaltigkeit als Unternehmensstrategie. Roadmap für unternehmerische Nachhaltigkeit & Innovation. Haufe, Freiburg
Hoffmann K (2008) Projektmanagement heute. HMD Praxis der Wirtschaftsinformatik 45:5–16
Horváth P (2011) Controlling, 12. Aufl. Vahlen, München
Internationaler Controller Verein (2009) Die 10 Kernelemente des nachhaltigen Controlling-Ansatzes des ICV. https://www.icv-controlling.com/fileadmin/Verein/Verein_Dateien/Sonstiges/Die_zehn_Kernelemente-Impulspapier.pdf. Zugegriffen: 22. Mai 2024
Internationaler Controller Verein (2022) Green Controlling Studie 2022 – Stand und Herausforderungen der Integration ökologischer und sozialer Aspekte in das Controlling aus Sicht der Controlling Praxis. https://www.icv-controlling.com/fileadmin/Wissen/Frei_f%C3%BCr_alle__Controller_Magazin_Statement__White_Paper__Schriftenreihe__Dream_Car_Bericht/ICV_Green_Controlling_Studie_2022_Auszug.pdf. Zugegriffen: 22. Mai 2024
Jayanthi H, Kulkarni A, Patil AE, Sheela SV (2021) An organizational structure for sustainable software development. In: Proceedings of the IEEE 2021 3rd international conference on advances in computing, communication control and networking (ICAC3N), S 1539–1542
Karwowski M, Raulinajtys-Grzybek M (2021) The application of corporate social responsibility (CSR) actions for mitigation of environmental, social, corporate governance (ESG) and reputational risk in integrated reports. Corp Soc Responsib Environ Manag 28:1270–1284
Keshavarzian S, Silvius G (2022) The perceived relationship between sustainability in project management and project success. J Mod Project Manage 9:67–85

Kopp L (2023) CSRD: Unabsichtliches Greenwashing? Risiken aus der CRSD-Berichterstattung für Unternehmen und ihre Organe. ESGZ: 31–38

Knupperts T, Ahlrichs F (2022) Prozessmanagement und Agilität. Unternehmen in einem dynamischen Umfeld erfolgreich führen. Haufe, Freiburg

Kucharska W, Kowalczyk R (2018) How to achieve sustainability? – Employee's point of view on company's culture and CSR practice. Corp Soc Responsib Environ Manag 26:453–467

Kuster J, Bachmann C, Huber E, Hubmann M, Lippmann R, Schneider E, Schneider P, Witschi U, Wüst R (2019) Handbuch Projektmanagement. Agil – klassisch – hybrid, 4. Aufl. Springer Gabler, Berlin

Lerner M (2023) Einfluss der EU-Taxonomie auf den Mittelstand. Was KMU über die neuen Anforderungen zum Nachhaltigkeitsreporting wissen müssen. Springer Gabler, Wiesbaden

Lichtenthaler U, Fronapfel F (2022) Sustainability als Wettbewerbsvorteil: Wie Unternehmen von Nachhaltigkeit und Innovation profitieren. Haufe, Freiburg

Maltzman R, Shirley D (2010) Green project management. CRC Press, Bosa Roca

March ST, Smith GF (1995) Design and natural science research on information technology. Decis Support Syst 15:251–266

Minney H (2023). Project Management is critical to sustainability. PM World J 11

Müller A, Schröder H, von Thienen L (2019) Controlling von Digitalisierungsprojekten: Agile Projektbewertung mit dem „fail fast indicator ". Wirtschaftsinformatik & Management 11:1–8

Nidumolu R, Prahalad CK, Rangaswami MR (2009) Why sustainability is now the key driver of innovation. https://hbr.org/2009/09/why-sustainability-is-now-the-key-driver-of-innovation. Zugegriffen: 22. Mai 2024

Obradovic V, Todorovic M, Bushuyev S (2019) Sustainability and agility in project management: Contradictory or complementary? In Shakhovska N, Medykovskyy MO (Hrsg) Advances in intelligent systems and computing III. Selected Papers from the International Conference on Computer Science and Information Technologies, CSIT 2018, September 11–14, Lviv, Ukraine. Springer, Cham

Oehlmann I (2010) The sustainable footprint methodology. Delft University of Technology

OECD (2011) OECD-Leitsätze für multinationale Unternehmen. https://mneguidelines.oecd.org/48808708.pdf. Zugegriffen: 22. Mai 2024

Peffers K, Tuunanen T, Rothenberger MA, Chatterjee S (2008) A design science research methodology for information systems research. J Manag Inf Syst 24:45–77

Petersen K, Wohlin C (2010) The effect of moving from a plan-driven to an incremental software development approach with agile practices. Empir Softw Eng 15:654–693

Poth A, Nunweiler E (2022) Develop sustainable software with a lean ISO 14001 setup facilitated by the efiS® framework. In: Przybyłek A, Jarzębowicz A, Luković I, Ng YY (Hrsg) Lean and agile software development. Springer International Publishing, Cham, S 96–115

Preußig J (2020) Agiles Projektmanagement. Agilität und Scrum im klassischen Projektumfeld. Haufe, Freiburg

Sailer U (2020) Nachhaltigkeitscontrolling: Was Controller und Manager über die Steuerung der Nachhaltigkeit wissen sollten, 3. Aufl. UVK, München

Sailer U (2022) Nachhaltigkeitscontrolling, 4. Aufl. UVK, München

Santos-Jaén JM, Madrid-Guijarro A, Garcí-Pérez-de-Lema D (2021) The impact of corporate social responsibility on innovation in small and medium-sized enterprises: The mediating role of debt terms and human capital. Corp Soc Responsib Environ Manag 28:1200–1215

Sauter R, Sauter W, Wolfig R (2018) Agile Werte- und Kompetenzentwicklung. Wege in eine neue Arbeitswelt. Springer Gabler, Berlin

Schabel F, Möckel K, Stiehler A (2015) Von starren Prozessen zu agilen Projekten. Unternehmen in der digitalen Transformation. https://de.slideshare.net/slideshow/hays-studien-von-starren-prozessen-zu-agilen-projekten/58923174. Zugegriffen: 22. Mai 2024

Schäffer U (2022) Nachhaltigkeit und Controlling: Ein Aufruf zum Handeln. Controller Magazin 47:4–8

Schipper RPJ, Silvius AJG (2017) The sustainable project management canvas. J Mod Project Manage 5:50–59

Serrador P, Pinto JK (2015) Does agile work? – A quantitative analysis of agile project success. Int J Project Manage 33:1040–1051

Schwaber K, Sutherland J (2020) The scrum guide. The definitive guide to scrum. The rules of the game. November 2020. https://scrumguides.org/docs/scrumguide/v2020/2020-Scrum-Guide-US.pdf. Zugegriffen: 22. Mai 2024

Shewchuk JP (1998) Agile manufacturing: One size does not fit all. In Bititci US, Carrie AS (Hrsg) Strategic management of the manufacturing value chain. Proceedings of the international conference of the manufacturing value-chain, S 143–150

Silva JGF, Kirytopoulos K, Ferreira LP, Sá JC, Santos G, Cancela Nogueira MC (2022) The three pillars of sustainability and agile project management: how do they influence each other? Corp Soc Responsib Environ Manag 29:1495–1512

Silvius AJG, Schipper R (2014) Sustainability in project management: a literature review and impact analysis. Soc Bus 4:63–96

Silvius AJG, Schipper R (2015) Developing a maturity model for assessing sustainable project management. J Mod Project Manage 3:16–27

Statista (2023) Consumer Insights Umfrage Nachhaltiger Konsum. https://de-statista-com.eu1.proxy.openathens.net/statistik/daten/studie/1224059/umfrage/umfrage-in-deutschland-zu-einstellungen-zum-thema-nachhaltigkeit/. Zugegriffen: 22. Mai 2024

Tam G (2010) Sustainability competence requirements for project manager. In Knoepfel H (Hrsg) Proceedings of the IPMA international expert seminar: survival and sustainability as challenges for projects, S 175–185

Teixeira P, Coelho A, Fontoura P, Sá JC, Silva FJG, Santos G, Ferreira LP (2022) Combining lean and green practices to achieve a superior performance: The contribution for a sustainable development and competitiveness – an empirical study on the Portuguese context. Corp Soc Responsib Environ Manag 29:871–886

Uikey N, Suman U (2015) Risk based scrum method. A conceptual framework. In: Proceedings of the 9th INDIACom, 11th–13th March 2015 Bharati Vidyapeeth's Institute of Computer Applications and Management (BVICAM). IEEE Conference, New Delhi (INDIA)

Ulrich P, Rieg R (2020) Agilität in Projektmanagement und Projektcontrolling – Ergebnisse einer empirischen Studie. Die Unternehmung 74:187–215

Umweltbundesamt (2022) The European Commission's 2050 Vision "A clean planet for all" – Implications for Sector Strategies and Climate Governance. https://www.umweltbundesamt.de/sites/default/files/medien/479/publikationen/cc_17-2022_the_european_commissions_2050_vision.pdf. Zugegriffen: 22. Mai 2024

United Nations (1987) Report of the World Commission on Environment and Development: Our Common Future. https://sustainabledevelopment.un.org/content/documents/5987our-common-future.pdf. Zugegriffen: 22. Mai 2024

United Nations (2015a) Draft outcome document of the United Nations summit for the adoption of the post-2015 development agenda. https://digitallibrary.un.org/record/800852#record-files-collapse-header. Zugegriffen: 22. Mai 2024

United Nations (2015b) Sustainable development goals. https://sdgs.un.org/publications/transforming-our-world-2030-agenda-sustainable-development-17981. Zugegriffen: 22. Mai 2024

Unric.org – Regionales Informationszentrum der Vereinten Nationen (2024) Ziele für nachhaltige Entwicklung. https://unric.org/de/17ziele/. Zugegriffen: 22. Mai 2024

Vahs D, Burmester R (2005) Innovationsmanagement: von der Produktidee zur erfolgreichen Vermarktung, 3. Aufl. Schäffer-Poeschel, Stuttgart
Weber J, Geord J, Janke R (2010) Nachhaltigkeit: Relevanz für das Controlling? ZfCM Controlling und Management 54:395–400
Weber J, Schäffer U (2020) Einführung in das Controlling, 16. Aufl. Schäffer Poeschel, Stuttgart
Wolfgang R (2018) Nachhaltigkeit im Projektmanagement Vorteile und Implementierungsansätze. Springer Gabler, Wiesbaden

Prof. Dr. Sandra Ebeling ist Professorin für Allgemeine Betriebswirtschaftslehre, IU Internationale Hochschule am Standort Hamburg.

Prof. Dr. David Kuhlen ist Professor für Wirtschaftsinformatik, IU Internationale Hochschule am Standort Hamburg.

Praxisorientierte Methoden zur Quantifizierung von Nachhaltigkeitsrisiken in der Gesamtbanksteuerung

11

Svend Reuse und Tim-Oliver Engelke

11.1 Einleitung

Mit den MaRisk 8.0 vom 29.06.2023 (BaFin 2023a, S. 13 ff., b) haben Nachhaltigkeitsaspekte Einzug in die aufsichtsrechtlichen Anforderungen an die Gesamtbanksteuerung gehalten. Seit dem 01.01.2024 müssen diese nun adäquat in Risikomessung, Steuerung und Risikotragfähigkeit eingebunden werden. Da Nachhaltigkeitsrisiken keine eigene Risikoart sind (BaFin 2023b, AT 2.2, Tz. 1 Erl.), ist die Modellierung theoretisch und auch praktisch kaum erforscht.

Tatsache ist, dass das Thema gerade auf einem langen Horizont, also weit über ein Jahr hinaus, die Risiken der Bank maßgeblich beeinflussen wird. So wird z. B. der Wert von Immobilien, die heute Gegenstand von Finanzierungen sind, langfristig vom Grad der Energieeffizienz abhängen und damit die Blankoteile des Kreditportfolios beeinflussen. Auch die Frage, welche Branche eine Bank noch finanzieren kann und möchte, gilt es in Zukunft zu beantworten. Die Geschäftsmodelle von Firmenkunden werden ebenfalls entscheidend vom Thema Nachhaltigkeit beeinflusst. Die Automobilindustrie ist hier nur ein prominentes Beispiel.

S. Reuse (✉)
FOM Hochschule für Oekonomie und Management, Essen, Deutschland
E-Mail: svend.reuse@gmx.de

S. Reuse · T.-O. Engelke
Kreissparkasse Düsseldorf, Düsseldorf, Deutschland

S. Weber und J. Hastenteufel (Hrsg.), *Nachhaltigkeit im Controlling*,
https://doi.org/10.1007/978-3-658-45769-3_11

Der vorliegende Artikel greift all diese Aspekte auf. Die zentrale Fragestellung lautet: wie können die aufsichtsrechtlichen Anforderungen der MaRisk sachgerecht in die Gesamtbanksteuerung überführt werden, sodass sie einen Mehrwert in der Steuerung darstellen? Ziel ist es, Handlungsimpulse und Szenarien für Banken zu erarbeiten, da es hierzu noch kaum Standards gibt.

Hierzu wird wie folgt vorgegangen: Nach der Einleitung stellt Abschn. 11.2 die Anforderungen der MaRisk dar. Zentrale Anforderungen an die Steuerung von Nachhaltigkeitsrisiken werden herausgearbeitet. Abschn. 11.3 beinhaltet Ansätze zur Integration von Nachhaltigkeitstreibern in die Risikomessung und -steuerung. Auch wenn dies keine abschließende Darstellung ist, ist dies aus Sicht der Autoren ein guter Methodenmix, um die Anforderungen der MaRisk zu erfüllen. Mit Abschn. 11.4, dem Fazit, schließt dieser Beitrag.

11.2 Aufsichtsrechtliche Grundlagen

11.2.1 Einordnung in den Gesamtzusammenhang

Das Thema Nachhaltigkeit wird in der Europäischen Union schon seit längerer Zeit aufsichtsrechtlich fokussiert (Reuse et al. 2021, S. 88 ff.). In Deutschland hat sich die BaFin mit dem Nachhaltigkeitsmerkblatt aus dem Jahr 2019 erstmals direkt mit dem Thema der Nachhaltigkeitsrisiken beschäftigt. Seit der Veröffentlichung dieses Nachhaltigkeitsmerkblattes ist klar, dass Nachhaltigkeitsaspekte in ihren Ausprägungen (physisch und transitorisch) keine eigene Risikoart sind (BaFin 2020, S. 9 ff.), sondern auf die vier wesentlichen Risikoarten einwirken. Dies hat auch Eingang in die MaRisk gefunden: „ESG-Risiken wirken insofern als Risikotreiber und können sich auf die in Tz. 1 a)–d) aufgeführten sowie weitere wesentliche Risikoarten auswirken“ (BaFin 2023b, AT 2.2, Tz. 1 Erl.).

Auch die anderen Inhalte des Nachhaltigkeitsmerkblattes haben Eingang in die MaRisk gefunden. Folglich sind die Anforderungen der MaRisk Basis für eine sachgerechte Umsetzung der Nachhaltigkeitsrisikosteuerung auf Gesamtbankebene.

11.2.2 Anforderungen der MaRisk

Die Umsetzung der Anforderungen an ESG in den MaRisk wird nur abstrakt vorgenommen. Der Begriff ESG taucht 45mal in den MaRisk auf (Reuse und Frère 2023, S. 334 i.V.m. BaFin 2023b). Oft wird sinngemäß formuliert: „Dabei sind die Auswirkungen von ESG-Risiken angemessen zu berücksichtigen“ (BaFin 2023b, BTR 1, Tz. 1). Damit herrscht weitgehend Methodenfreiheit für die Institute.

In der Summe beziehen sich von den 84 Änderungen der MaRisk 16 Änderungen auf das Thema ESG (Reuse und Frère 2023, S. 333). Abbildung 11.1 fasst die

Tz. MaRisk	Inhalte	Betroffene Bereiche			
		Allgemein	Organisation	Kredit-geschäft	Gesamtbank-steuerung
AT 2.2 (1) & Erl.	Umgang mit ESG-Risiken	X			X
AT 4.1 (1)	Integration in die Risikotragfähigkeit				X
AT 4.1 (2) Erl.	ESG-Risiken in der normativen und ökonomischen Sicht				X
AT 4.2 (2) & Erl.	Risikostrategie und Risikoappetit im Kontext ESG				X
AT 4.3.2 (1) & Erl.	Risikosteuerungs- und controllingprozesse im Kontext ESG				X
AT 4.3.3 (1) & Erl.	Integration von ESG in die Stresstests				X
AT 4.4.1 (1)	Risikocontrollingfunktion und ESG		X		X
AT 4.5 (1) Erl. & AT 4.5 (5)	Risikomanagement auf Gruppenebene	X	X		
AT 5	Integration von ESG in die Organisationsrichtlinien		X		
BTO 1.2 (4)	ESG-Risiken und Adressenrisiken			X	
BTO 1.2 (6) & Erl.	Integration der ESG-Risiken in Rating/Scoring			X	X
BTO 1.2.1 (1)	ESG-Risiken im Rahmen der Kreditgewährung			X	
BTO 1.2.2 (2) Erl.	ESG-Risiken im Rahmen der Kreditweiterbearbeitung			X	
BTR (1) / BTR 1 (1) / BTR 2.1 (1) / BTR 3.1 (1) / BTR 4	Übergreifende Berücksichtigung von ESG-Risiken	X			X
BT 3.1 (1) Erl.	Berücksichtigung von ESG-Risiken im Reporting				X
BT 3.2 (1) & Erl.	ESG-Risiken in den Berichten der Risikocontrollingfunktion				X

Abb. 11.1 Anforderungen der MaRisk an die Steuerung von ESG-Risiken. Eigene Darstellung in Anlehnung an Reuse und Frère (2023, S. 332), Reuse (2023)

Anforderungen der MaRisk an die Steuerung von ESG-Risiken zusammen und klassifiziert diese.

Es ist zu erkennen, dass sich elf der 16 Änderungen auf die Gesamtbanksteuerung beziehen. Dies bedeutet, dass Institute hier den größten Umsetzungsaufwand haben.

11.2.3 Ableitung von Anforderungen für die Gesamtbanksteuerung

Aus Sicht der Autoren weisen die Anforderungen der MaRisk verschiedene Stoßrichtungen auf, die die Integration in die Gesamtbanksteuerung beeinflussen:

- Nachhaltigkeitsrisiken sind langfristig ausgelegt und werden nicht, wie es z. B. der VaR (Value at Risk) auf 99,9 % Konfidenzniveau fordert, innerhalb eines Jahres schlagend;
- physische und transitorische Risiken sind Treiber der vier wesentlichen Risikoarten nach MaRisk, folglich gilt es, Ursache-Wirkungsbeziehungen zwischen den Risikotreibern und den Risikoarten herauszuarbeiten;
- die Wechselwirkungen sind komplex und nicht monokausal, hierdurch lassen sich quantitative Risikowerte nur indirekt modellieren;
- eine Integration hat weniger über quantitative Ansätze in der ökonomischen Sicht des ICAAP als vielmehr über eine langfristige adverse normative Sicht des ICAAP und über Stresstests zu erfolgen – dies gilt sowohl in der normativen als auch in der ökonomischen Sicht.

Folglich ist es wichtig, multivariate Szenarien zu modellieren und die „Story" hinter dem Eintreten der Risiken zu entwickeln (Reuse und Svoboda 2010, S. 66 ff.). Damit lässt sich der Langfristcharakter von Nachhaltigkeitsrisiken am besten modellieren. Dies ist daher auch der Schwerpunkt der nun folgenden Umsetzungsbeispiele.

11.3 Ausgewählte Ansätze zur Integration von Nachhaltigkeitstreibern

In der Praxis vollzieht sich die Risikoquantifizierung von ESG-Risiken im Wesentlichen über Stresstests, welche auf den identifizierten Risikoarten und Risikotreibern aus der Risikoinventur aufsetzen (Bafin 2020, S. 36). Für klassische LSI-Banken bietet sich daher basierend auf dem inhärenten Geschäftsmodell primär der Aufsatz auf den Risikotreibern im Privat- und Firmenkundenkreditgeschäft an, welcher dann je nach Wesentlichkeitsstruktur auf weitere Risikotreiber erweitert werden kann.

Nachfolgend wird dabei auf mehrere Methoden eingegangen, welche in der Praxis zur Quantifizierung von ESG-Risiken im Kunden- und Eigengeschäft verwendet werden können.

11.3.1 Quantifizierung physischer ESG-Risiken im Kundenkreditgeschäft

Die erste Methode dient der Quantifizierung von physischen ESG-Risiken im klassischen Kundenkreditgeschäft und wurde maßgeblich von der niederländischen Rabobank geprägt. Dies ist darauf zurückzuführen, dass 26 % des niederländischen Territoriums unterhalb des Meeresspiegels liegt und 29 % anfällig für Flussüberschwemmungen ist (UNEP 2018b, S. 49). Demnach besteht hier ein erhöhtes Risikopotenzial bezogen auf das Geschäftsmodell hinsichtlich der Sicherheitenwerte im Kundenkreditgeschäft der Rabobank. Der Ansatz erstreckt sich dabei zunächst darauf, das komplette Geschäftsgebiet in einzelne Postleitzahlen zu unterteilen und anhand von Überflutungskarten zu ermitteln, welche Gebiete einem erhöhten Überschwemmungsrisiko unterliegen (UNEP 2018b, S. 49 f.).

Je nach Bundesland bieten sich dabei verschiedene offizielle Quellen an, welche größtenteils frei zugänglich sind. U.a. wäre hier das GEOportal.NRW oder das hessische Landesamt für Naturschutz, Umwelt und Geologie zu nennen. Abb. 11.2 zeigt exemplarisch eine solche Überflutungskarte des hessischen Landesamtes für Naturschutz, Umwelt und Geologie.

Bezüglich des Auswirkungsgrades wird meist zwischen den Szenarien

- $HQ_{häufig}$,
- HQ_{100} und
- HQ_{extrem}

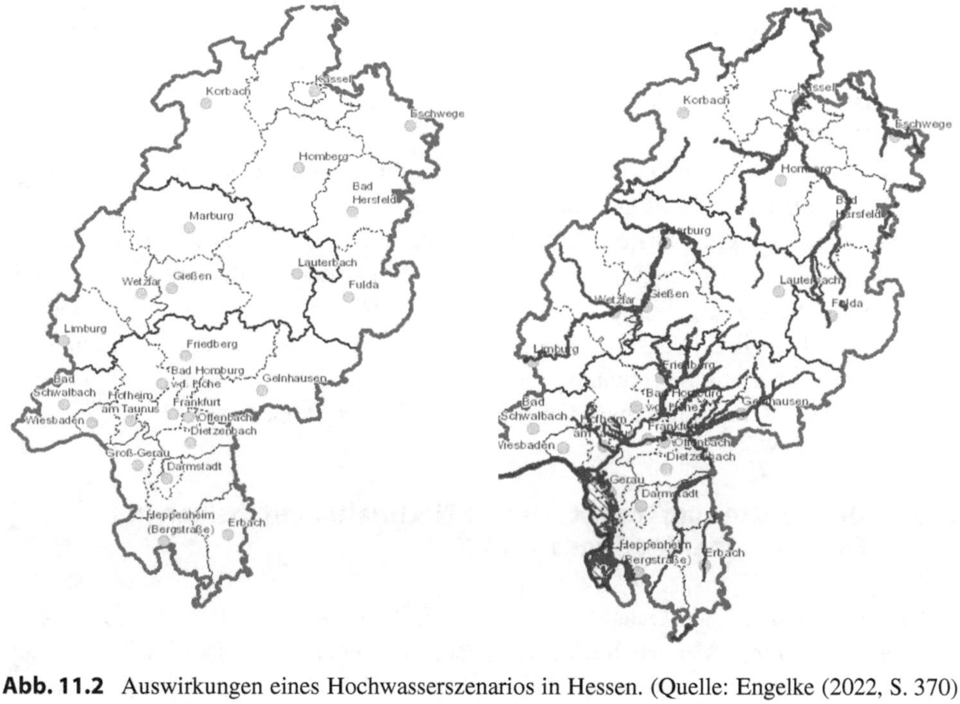

Abb. 11.2 Auswirkungen eines Hochwasserszenarios in Hessen. (Quelle: Engelke (2022, S. 370) auf Basis von Hessisches Landesamt für Naturschutz, Umwelt und Geologie (2021)

unterschieden (NRW 2024). Während beim $HQ_{häufig}$ das Hochwasser im Mittel alle zehn bis zwanzig Jahre auftritt, handelt es sich beim HQ_{100} um ein Ereignis, das alle hundert Jahre auftritt. HQ_{extrem} ist ein Extremhochwasser, was deutlich seltener als alle hundert Jahre auftritt (NRW 2024).

Nachdem das Institut nun ein Bild darüber erlangt hat, welche Gebiete einem erhöhten Überflutungsrisiko unterliegen, kann auf Postleitzahlebene das Mapping über die im Portfolio befindlichen Immobilienwerte vollzogen werden (Engelke 2022, S. 370 f.). Bezogen auf die Wirkungskette der physischen ESG-Risiken resultiert daraus in den betroffenen Gebieten eine Verringerung der Wohnimmobilienwerte und eine damit einhergehende Erhöhung der Blankoanteile und des erwarteten Verlustes, was sich dementsprechend auch auf die normative und ökonomische Risikotragfähigkeit auswirkt. Hierbei sollte jedoch erwähnt werden, dass der Ansatz auf Postleitzahlebene in der Praxis deutlich risikoüberzeichnend ist, da in der Regel selbst in schwereren Überflutungsszenarien keine kompletten Gebiete auf Ebene der gesamten Postleitzahl überschwemmt werden, sondern primär einzelne Straßen mit direkter Nähe zu Flüssen oder Seen. Eine derartige Aufstellung betroffener Straßen erfordert von den Instituten jedoch einen zusätzlichen manuellen Aufwand oder geht mit zusätzlichen Kosten einher, da die Daten von externen Anbietern bezogen werden müssen.

Je nach Portfoliobetroffenheit ergibt sich durch die dargestellte Analyse von physischen ESG-Risiken eine differierende Wesentlichkeitseinstufung. Die Rabobank kommt in den durchgeführten Quantifizierungen zu der Erkenntnis, dass im schlimmsten Szenario bei jeweiliger Betroffenheit eine durchschnittliche Verringerung einzelner Immobilienwerte von 20 % zu erwarten ist (UNEP 2018b, S. 50). Dies deckt sich mit den Ergebnissen einer Studie von Beltran et al. (2019), in der der Effekt von Überflutungen auf Immobilienwerte im Zeitraum 1995 bis 2014 anhand eines Datensets von 4,8 Mio. Immobilien untersucht wurde. Hierbei ergibt sich die Erkenntnis, dass Überflutungen zu kurzfristigen Wertverringerungen von bis zu 30 % führen können. Zudem ist auffällig, dass die Immobilie im Durchschnitt erst nach ca. fünf Jahren wieder auf den ursprünglichen Wert zurückkehrt (Beltran et al. 2019, S. 77).

Die Methode zur Quantifizierung der physischen Nachhaltigkeitsrisiken im Kundengeschäft mittels Überflutungskarten bietet den Vorteil der institutsindividuellen Betrachtung des Geschäftsgebiets und des direkten Aufsatzes auf dem Risikotreiber der Immobiliensicherheiten. Nachteilig einzuschätzen ist der manuelle Aufwand zur Aufbereitung der Überflutungskarten in verarbeitungsfähige Formate wie Excel oder die Qualitätssicherung der Daten zum Mapping auf PLZ- oder Straßenebene.

11.3.2 Quantifizierung transitorischer Nachhaltigkeitsrisiken im Firmenkundenkreditgeschäft

Die zweite Methode zur Quantifizierung von ESG-Risiken betrifft primär die Auswirkungen von transitorischen Nachhaltigkeitsrisiken, wobei es diesbezüglich zwischen der Bewertung von Firmenkunden per se und Immobiliensicherheiten zu unterscheiden gilt. Bezogen auf Firmenkunden besteht die Wirkungskette darin, dass transitorische Risiken derart wirken, dass das finanzielle Risikoprofil und das Geschäftsmodell des Unternehmens so beeinflusst werden, dass dies zu einer geringeren Profitabilität und Bonität führt (Sustainable Finance-Beirat der Bundesregierung 2020, S. 19).

Basierend auf gesetzlichen Initiativen führen bspw. erhöhte Kosten für CO_2-Emissionen oder den Wasserverbrauch zu steigenden Aufwendungen und demnach zu einem verringerten freien Cash-Flow Profil und in diesem Zusammenhang zu einer reduzierten Fähigkeit einen Kredit nachhaltig bedienen zu können. Gemäß der Kreditmarktstudie 2023 von EY erwarten 67 % der befragten Bankexperten, dass die steigenden Energiepreise bezogen auf Firmenkunden in einer kurz- bis mittelfristigen Perspektive zu verstärkten Kreditausfällen führen können (EY 2023, S. 16).

Zur Quantifizierung derartiger Entwicklungen wird in der Praxis evaluiert, welche Auswirkungen sich auf die Kosten und Erträge der größten Unternehmen im Portfolio ergeben können. Basierend auf institutsindividuellen Schwellenwerten lässt sich dann eine qualitative Einschätzung bezüglich des Gefährdungspotenzials treffen, welche sich bspw. auf die Kategorien negativ, medium und neutral erstrecken kann (UNEP 2018b, S. 35 f.). Im Rahmen der Risikoinventur oder Risikoberichterstattung kann dann ausgewertet werden, wieviel % der größten Firmenkunden eine qualitative Einschätzung von negativ oder medium erhalten haben. Dies könnte im nächsten Schritt zu einem Dialog mit den Kunden und in der Folge zu einer verbesserten Risikokultur führen. Neben der qualitativen Einschätzung kann auch eine quantitative Einschätzung basierend auf Unternehmenswerten durchgeführt werden. Hierbei wird aus den Geschäftsberichten ein Business Case für das Unternehmen erstellt und die jeweiligen Erträge und Aufwendungen mit einem risikolosen Zins diskontiert, was letztlich zu einem repräsentativen Unternehmensbarwert führt. Im nächsten Schritt können dann basierend auf Entwicklungen von CO_2-Pfaden Auswirkungen auf die Aufwendungen implementiert werden, was folglich zu einem geringeren Unternehmensbarwert führt (UNEP 2018a, S. 18). Das Risiko besteht dann im Delta der jeweils diskontierten Unternehmensbarwerte. Der Rückgriff bspw. auf zentral vorgegebene NGFS-CO_2-Pfade erlaubt es zudem, die operative Perspektive von bis zu fünf Jahren um eine langfristige Betrachtungsperspektive darüber hinaus zu erweitern (NGFS 2021, S. 15).

Hinsichtlich der vorgestellten Methode der transitorischen Nachhaltigkeitsrisiken bietet die Form der cashflowbasierten und barwertigen Unternehmens- bzw. Immobilienbewertung den Vorteil, dass auf bekannten Verfahren der Gesamtbanksteuerung aufgesetzt werden kann. Durch Verwendung der risikolosen Kurve zur Bewertung von ESG-Risiken entsteht zudem eine Konsistenz innerhalb des Steuerungskreises. Nachteilig zu beurteilen ist jedoch das Maß an Annahmen, die bankseitig zu treffen sind, um am Ende zu einer Bewertung kommen zu können, welche zudem über den operativen und mittelfristigen Betrachtungshorizont hinausgeht.

11.3.3 Quantifizierung transitorischer Risiken im Sicherheitsbestand

Neben der Betrachtung der Profitabilität von Unternehmen können sich transitorische Risiken auch auf Wohnimmobilienwerte auswirken. Dies basiert auf der Annahme, dass Werte von Immobilien sinken, wenn langfristig davon auszugehen ist, dass verstärkt Aufwendungen für Sanierungen oder Energiekosten aufgebracht werden müssen. Eine Möglichkeit der Quantifizierung besteht daher darin, die Anteile des Portfolios in verschiedenen Energieeffizienzklassen auszuwerten. Gemäß einer Studie von ImmoScout24, basierend auf realen Verkaufspreisen, lässt sich für Immobilien in den Energieeffizienzklassen G bis H im Vergleich zu A ein Preisabschlag von bis zu 35 % in Metropolen und bis zu 51 % im ländlichen Raum erkennen (ImmoScout24 2023). Zur finalen Einschätzung der Auswirkung auf den Portfolio-Bestand benötigt das Institut jedoch eine repräsentative Auswertung, welche Effizienzklassen im Institut vorliegen. Dies ist jedoch speziell für ältere Immobilien im Bestand schwierig, da keine Effizienzausweise vorliegen und für den Kunden bei Neuerstellung zusätzliche Kosten entstehen würden. Die EZB offeriert daher in diesem Zusammenhang zur Quantifizierung die Möglichkeit, stattdessen auf die Baujahre der Immobilien abzuzielen, wonach ältere Gebäude eine schlechtere Energieeffizienz vorweisen (EZB 2022, S. 25).

Positiv zu werten ist bei dieser Art der Vorgehensweise, dass die Bank direkte Vertriebsanlässe generiert und mit den Kunden aktiv die Transformation gestalten kann. Hieraus lässt sich aus Sicht der Autoren in Zukunft ein stabiles Geschäftsmodell mit adäquaten Margen ableiten. Allerdings besteht speziell im Rahmen der Immobilienbewertung das Problem einer fehlenden repräsentativen Datenbasis hinsichtlich der Verteilung der Energieeffizienzklassen im Bestand.

11.3.4 ESG-Scores zur Einschätzung von ESG-Risiken im Kundenkreditgeschäft

Die nächste Methode zur Quantifizierung von ESG-Risiken im Kundenkreditgeschäft bezieht sich auf die Verwendung spezieller ESG-Scores bzw. -Ratings. Bezogen auf die Branche und die Postleitzahl des Unternehmenssitzes wird dem jeweiligen Gewerbe- bzw. Firmenkunden ein Benchmark-basierter Wert zugeordnet. In der Sparkassen Finanzgruppe wird diesbezüglich bspw. auf den S-ESG-Score abgestellt, welcher gemeinsam von der Sparkassen Rating, der Risikosysteme GmbH (SR) und dem DSGV-Branchendienst entwickelt wurde (Takac und Bader 2022). Der finale Wert, welcher sich zwischen 0 und 100 bewegen kann, ergibt sich jeweils aus unterschiedlichen Indikatoren der drei Perspektiven Environment, Social und Governance, welche zudem unterschiedlich gewichtet werden (FI-Magazin 2023).

Die Verteilung der ESG-Scores kann im nächsten Schritt dazu genutzt werden, gewisse Schatten-Ausfallwahrscheinlichkeiten (Shadow Probabilities of Defaults) abzuleiten, welche sowohl im Risikocontrolling als auch im Kreditvergabeprozess über Aufschläge auf die internen Ratingverfahren und Ausfallwahrscheinlichkeiten genutzt werden können (EZB 2020, S. 39). Dies ermöglicht eine praxisnahe Verknüpfung bestehender Modelle zur Risikoquantifizierung und den Auswirkungen der jeweils relevanten ESG-Risikotreiber. Wichtig ist in diesem Zusammenhang jedoch die Aussage, dass ESG-Scores isoliert betrachtet keine klassischen Rating Verfahren ersetzen oder eine direkte Aussage über die Ausfallwahrscheinlichkeit geben können. Daher konstatiert auch die BaFin, dass ESG-Faktoren bzw. Scores nur dann Berücksichtigung finden sollten, wenn diese auch wirklich einen Einfluss auf die Bonität eines Kreditnehmers haben (BaFin 2020, S. 34). Zudem sollten externe ESG-Ratings nicht einfach ohne angemessene Plausibilisierung übernommen werden, um das Portfolio ggf. im Zuge der Berichterstattung im Sinne eines Green Washings besser aussehen zu lassen (BaFin 2020, S. 34). Des Weiteren sollte in diesem Zusammenhang auch darauf hingewiesen werden, dass gemäß der BaFin die Verwendung derartiger Risikoanalyse- bzw. -klassifizierungsverfahren in letzter Instanz bei vorliegender Risikorelevanz zu einer Berücksichtigung in den Kreditkonditionen führen sollte (BaFin 2020, S. 26).

Bezüglich der vorgestellten Methode eines externen ESG-Scores sei hervorzuheben, dass für die Bank aufgrund der zentralen Zurverfügungstellung und Entwicklung zunächst der geringste manuelle Aufwand einhergeht. Komplexer sind hingegen die Plausibilisierung und Angemessenheitseinschätzung der Scores und der damit einhergehenden Risikobewertungen. Entscheidend ist, dass das Institut die Methodik zur Ermittlung der Scores angemessen nachvollziehen kann, da sich basierend darauf im Rahmen der MaRisk u. a. Auswirkungen auf die Konditionsgestaltung und Kreditvotierung ergeben können (BaFin 2020, S. 26).

11.3.5 ESG-Scores im Eigengeschäft einer Bank

Im Gegensatz zur Betrachtung des Kundengeschäfts bietet die Quantifizierung im Eigengeschäft den Vorteil, dass weitestgehend auf zentrale Marktdaten über Marktwerte und Kurse zurückgegriffen werden kann. Hinsichtlich der Methodik wird auch im Eigengeschäft zwischen physischen und transitorischen Risiken unterschieden sowie untersucht, welche Auswirkungen verschiedene ESG-Wirkungsketten auf Unternehmenswerte und Bonitäten haben können. Nachfolgend soll daher beschrieben werden, welche konkreten Auswirkungen von ESG-Risiken sich im Eigengeschäft ergeben können.

Analog zur Verwendung von ESG-Scores im Kundengeschäft bieten ESG-Ratings und -Scores im Eigengeschäft die Möglichkeit, sowohl physische als auch transitorische Auswirkungen auf ein Unternehmen in einem Score zusammenfassen zu können. In der Praxis am meisten verbreitet sind dabei die Scores von MSCI, Sustainalytics, Refinitiv und FTSE Russell (Tayan 2022), wobei speziell im deutschsprachigen Raum aufgrund des Bekanntheitsgrades MSCI und Sustainalytics besonders hervorzuheben sind.

Das MSCI ESG Rating zeichnet sich dadurch aus, dass mithilfe von künstlicher Intelligenz und einem Team von mehr als 200 Analysten 8.500 Unternehmen sowie mehr als 680.000 Renten und Wertpapiere mittels eines ESG-Ratings anhand einer Skala von AAA bis CCC bewertet werden (MSCI 2020, S. 3 ff.). Methodisch wird dabei innerhalb einer Branche oder eines Sektors zwischen Unternehmen unterschieden, welche im Vergleich zur Branche höhere (Laggard), mittlere (Average) oder verringerte (Leader) ESG-Risiken aufweisen (MSCI 2024). Das Morningstar Sustainalytics ESG Rating betrachtet analog der MSCI ESG-Risiken auf Industrie und Sub-Industrie Ebene und gibt basierend auf einer Skala von 0 (gering) bis 100 (hoch) Auskunft inwiefern der Unternehmenswert durch ESG-Faktoren beeinflusst werden kann (Sustainalytics 2021, S. 10 ff., 2023, S. 7).

Bezüglich der Frage der Repräsentativität von ESG-Ratings im Eigengeschäft und deren tatsächlicher Aussagekraft existieren verschiedene Studien. Shanaev und Ghimire (2022) haben diesbezüglich bspw. die Auswirkung von 748 ESG-Ratings inklusive der Veränderungen im Zeitraum 2016–2021 untersucht und evaluiert, welcher Zusammenhang zur Performance von Aktientiteln besteht. Die primäre Erkenntnis war, dass Unternehmen, die im betrachteten Zeitraum eine Verringerung des ESG-Ratings aufwiesen, gegenüber Unternehmen mit gleichbleibendem bis verbessertem ESG-Rating, eine deutlich schlechtere Performance bezogen auf den Aktienpreis darstellen konnten (Shanaev und Ghimire 2022, S. 3).

Hinsichtlich der Quantifizierung in der Praxis können derartige Ratings einen Einblick geben, ob das Institut im Direktbestand oder in den Fonds Konzentrationen auf Unternehmen mit schlechteren ESG-Ratings besitzt. Dies könnte mit zusätzlichen Risikopotenzialen einhergehen und basierend auf einer festgestellten Wesentlichkeit in der Risikoinventur zusätzliche Stresstests und Sensitivitätsanalysen erfordern. Methodisch wären derartige Konzentrationen dann anhand von Szenarioanalysen über Aktien- oder PD-Shifts zu berücksichtigen.

Werden externe ESG-Ratings im Eigengeschäft kritisch gewürdigt, so besteht der Vorteil einer hohen Datenqualität und der breiten Abdeckung bezogen auf Emittenten und Emissionen. Nachteilig sind hingegen die oftmals damit einhergehenden Kosten und die teilweise schwer nachzuvollziehende Transparenz der Methoden. Hier gilt es speziell Veränderungen in den Ratings im Portfolio sachgerecht als Bank nachvollziehen zu können.

11.3.6 Branchenkonzentrationsanalyse mittels Gini-Koeffizient

Eine weitere Möglichkeit setzt auf eigenen Berechnungen und vorliegenden Auswertungen zur Branchenaufteilung im Eigengeschäft auf, wie diese bspw. in Risikoberichten oftmals der Fall ist. Hintergrund dabei ist, dass verschiedene Branchen unterschiedliche ESG-Risiko-Potenziale aufweisen können. Demnach ist methodisch analog zu bestehenden Konzentrationsanalysen auf Branchenebene im Rahmen der Risikoinventur vorzugehen.

Bezüglich der objektiven Einschätzung von Konzentrationen speziell über den Zeitverlauf bietet sich aufgrund seiner Verbreitung speziell der Gini-Koeffizient an (Ávila et al. 2013, S. 543). Daher greift auch die Deutsche Bundesbank zur Messung von Adressenkonzentrationen auf den Gini-Koeffizienten als Konzentrationsindex zurück

(Deutsche Bundesbank 2006, S. 40). In seiner Ausprägung kann der Gini-Koeffizient dabei Werte zwischen 0 und 1 annehmen, wobei ein geringer Wert für eine geringe Konzentration und umgekehrt steht. Ein Wert von 0 stellt dabei bezogen auf ein Portfolio die perfekte Gleichverteilung dar.

Methodisch können zwei Ansätze gewählt werden. Die erste Variante entspricht dabei einer Konzentrationsanalyse allein auf Branchenebene. Hierbei wird der Annahme gefolgt, dass wenn keine Konzentration auf Branchenebene besteht, auch keine Sub-Konzentration auf ESG-Ebene entstehen kann. Die zweite Variante hingegen betrachtet primär die Ebene der Sub-Branchen und fasst diese gemäß der ESG-Sensitivität zu Gruppen oder Kategorien zusammen. Besteht diesbezüglich dann eine Konzentration auf eine ESG-sensitive Gruppe, würde dies Anlass für weitere Sensitivitätsanalysen geben.

Zur Herleitung der ESG-sensitiven Branchen kann bspw. auf die Kalkulationen der EZB hinsichtlich der CO_2-Intensität abgestellt werden. Folgende Branchen weisen bezüglich transitorischer Risiken gemäß der EZB eine besondere ESG-Sensitivität auf (Deutsche Bank Research 2023, S. 3):

- Herstellung von raffinierten Erdölprodukten,
- Bergbau,
- Gewinnung von Mineralien,
- Elektrizitäts- und Energieversorgung,
- Wassertransport,
- Herstellung von Chemikalien,
- Herstellung von Grundmetallen,
- Lufttransport sowie
- pflanzliche und tierische Erzeugung.

Abbildung 11.3 stellt diese Vorgehensweise exemplarisch auf Basis eines fiktiven Portfolios dar, wobei die ESG-sensitiven Branchen separat gekennzeichnet werden.

Im Rahmen der Gini-Analyse wird der „faire" kumulierte Anteil (Hi) bei Gleichverteilung mit dem tatsächlichen kumulierten Anteil (Qi) verglichen. Im zweiten Teil von Abb. 11.3 werden die ESG-sensitiven Branchen zusammengefasst und mit der Restgruppe verglichen. Dabei ergibt sich ein Wert von 0,56. Ganzheitlich betrachtet würde dies für eine ESG-sensitive Konzentration im dargestellten Beispiel-Portfolio sprechen.

Fraglich sind in diesem Zusammenhang jedoch die Interpretation und die Plausibilisierung. Für sich isoliert betrachtet ist der Koeffizient nur bedingt interpretierbar. Sinnvoller ist in diesem Zusammenhang daher die Entwicklung über den Zeitverlauf oder ein Vergleich mit anderen Benchmark-Portfolios. Für den als diversifiziert geltenden MSCI-World Index ergibt sich bspw. ein Koeffizient von 0,35. Dieser ist deutlich geringer als der Koeffizient des Beispielportfolios. Dies unterstützt die Aussage, dass im angeführten Beispiel eine Konzentration vorliegt (eigen Berechnung basierend auf den Werten aus MSCI 2023).

Es bietet sich aber ggf. an, Zielwerte auf beide Gino-Koeffizienten zu setzen. In Abb. 11.4 wird im Portfolio eine Verschiebung von Lufttransport (−15 Mio. €) zu Gesundheit (+15 Mio. €) vorgenommen.

Branche - alle	ESG-sensitiv	Marktwert in Mio. EUR	Anteil Anzahl (rel.)	Anteil Anzahl (kum.)	Anteil Volumen (rel.)	Anteil Volumen (kum.)	Gini-Koeffizient
		X_i	h_i	H_i	q_i	Q_i	$G_i = (Qi + Qi\text{-}1)*hi$
IT	nein	1,00	0,10	0,10	0,01	0,01	0,00
Bergbau	ja	2,00	0,10	0,20	0,02	0,02	0,00
Immobilien	nein	3,00	0,10	0,30	0,02	0,05	0,01
Rohstoffe / Materialien	ja	5,00	0,10	0,40	0,04	0,09	0,01
Gesundheit	nein	5,00	0,10	0,50	0,04	0,13	0,02
Kommunikation	nein	9,00	0,10	0,60	0,07	0,20	0,03
Elektrizitäts- & Energieversorgung	ja	20,00	0,10	0,70	0,16	0,36	0,06
Finanzen	nein	20,00	0,10	0,80	0,16	0,52	0,09
Konsum	nein	20,00	0,10	0,90	0,16	0,68	0,12
Lufttransport	ja	40,00	0,10	1,00	0,32	1,00	0,17
Summe		**125,00**				$\sum G_i$	**0,51**
Anzahl		**10**				$G = 1-(\sum G_i)$	**0,49**

Branche - Fokus ESG-Sensitivität	ESG-sensitiv	Marktwert in Mio. EUR	Anteil Anzahl (rel.)	Anteil Anzahl (kum.)	Anteil Volumen (rel.)	Anteil Volumen (kum.)	Gini-Koeffizient
		X_i	h_i	H_i	q_i	Q_i	$G_i = (Qi + Qi\text{-}1)*hi$
IT	nein	1,00	0,14	0,14	0,01	0,01	0,00
Immobilien	nein	3,00	0,14	0,29	0,02	0,03	0,01
Gesundheit	nein	5,00	0,14	0,43	0,04	0,07	0,01
Kommunikation	nein	9,00	0,14	0,57	0,07	0,14	0,03
Finanzen	nein	20,00	0,14	0,71	0,16	0,30	0,06
Konsum	nein	20,00	0,14	0,86	0,16	0,46	0,11
ESG-sensitiv	ja	67,00	0,14	1,00	0,54	1,00	0,21
Summe		**125,00**				$\sum G_i$	**0,44**
Anzahl		**7**				$G = 1-(\sum G_i)$	**0,56**

Abb. 11.3 Gini-Nachhaltigkeitsanalyse im Eigengeschäft Eigene Darstellung

Branche - alle	ESG-sensitiv	Marktwert in Mio. EUR	Anteil Anzahl (rel.)	Anteil Anzahl (kum.)	Anteil Volumen (rel.)	Anteil Volumen (kum.)	Gini-Koeffizient
		X_i	h_i	H_i	q_i	Q_i	$G_i = (Qi + Qi\text{-}1)*hi$
IT	nein	1,00	0,10	0,10	0,01	0,01	0,00
Bergbau	ja	2,00	0,10	0,20	0,02	0,02	0,00
Immobilien	nein	3,00	0,10	0,30	0,02	0,05	0,01
Rohstoffe / Materialien	ja	5,00	0,10	0,40	0,04	0,09	0,01
Gesundheit	nein	20,00	0,10	0,50	0,16	0,25	0,03
Kommunikation	nein	9,00	0,10	0,60	0,07	0,32	0,06
Elektrizitäts- & Energieversorgung	ja	20,00	0,10	0,70	0,16	0,48	0,08
Finanzen	nein	20,00	0,10	0,80	0,16	0,64	0,11
Konsum	nein	20,00	0,10	0,90	0,16	0,80	0,14
Lufttransport	ja	25,00	0,10	1,00	0,20	1,00	0,18
Summe		**125,00**				$\sum G_i$	**0,63**
Anzahl		**10**				$G = 1\text{-}(\sum G_i)$	0,37

Branche - Fokus ESG-Sensitivität	ESG-sensitiv	Marktwert in Mio. EUR	Anteil Anzahl (rel.)	Anteil Anzahl (kum.)	Anteil Volumen (rel.)	Anteil Volumen (kum.)	Gini-Koeffizient
		X_i	h_i	H_i	q_i	Q_i	$G_i = (Qi + Qi\text{-}1)*hi$
IT	nein	1,00	0,14	0,14	0,01	0,01	0,00
Immobilien	nein	3,00	0,14	0,29	0,02	0,03	0,01
Gesundheit	nein	20,00	0,14	0,43	0,16	0,19	0,03
Kommunikation	nein	9,00	0,14	0,57	0,07	0,26	0,07
Finanzen	nein	20,00	0,14	0,71	0,16	0,42	0,10
Konsum	nein	20,00	0,14	0,86	0,16	0,58	0,14
ESG-sensitiv	ja	52,00	0,14	1,00	0,42	1,00	0,23
Summe		**125,00**				$\sum G_i$	**0,57**
Anzahl		**7**				$G = 1\text{-}(\sum G_i)$	0,43

Abb. 11.4 Gini-Nachhaltigkeitsanalyse im Eigengeschäft – Veränderung im Portfolio Eigene Darstellung

Der Gesamt-Gini-Koeffizient sinkt von 0,49 auf 0,37, der auf ESG-Sensitivität ausgerichtete von 0,56 auf 0,43. Hierdurch lassen sich im Zeitablauf Konzentrationen beeinflussen.

Die vorgestellte Methode erlaubt einen einfachen und transparenten Ansatz zur objektiven Messung von Konzentrationen, welcher auch praktikabel in den Risikobericht integriert werden könnte. Nachteilig sind jedoch die finale Interpretation der Kennzahl und die Annahmen bezüglich ESG-sensitiver Branchen sowie deren individuelle Gruppierung.

11.4 Fazit und Ausblick auf die Zukunft

11.4.1 Beantwortung der Forschungsfrage

Die Forschungsfrage kann auf Basis dieser Ausführungen als beantwortet gelten. Die Beispiele in Abschn. 11.3 zeigen, dass die wesentlichen Nachhaltigkeitstreiber hierdurch erfasst und wichtige Steuerungsimpulse für die Bank generiert werden. Die Integration als Risikotreiber und nicht als Risikoart ist folglich sachgerecht.

Zur Sicherstellung der Mindestanforderungen reichen die hier beschriebenen Ansätze vorerst aus, auch wenn sie modelltheoretisch eher einfach aufgebaut sind. Wichtig ist jedoch die Story hinter den Ursache-Wirkungsketten. Hier ist eine übergreifende Vernetzung durch einen Risikocontroller gefragt. Es ist allerdings anzumerken, dass sich alle Methoden zur praxisorientierten Quantifizierung eignen, jedoch hinsichtlich der Ausgestaltung im Sinne der Proportionalität an die Anforderungen und Risikotreiber eines Institutes angepasst werden sollten.

Bezogen auf das Eigengeschäft kann ebenfalls konstatiert werden, dass sich der Ansatz an dem Umfang und der Komplexität des Portfolios orientieren sollte. Die Verwendung externer Scores von speziellen Dienstleistern bietet sich mehr für komplexere Eigenbestände bestehend aus Direktbestand, Spezialfonds und verschiedenen Asset-Klassen an. Der Gini-Ansatz ist im Sinne der Proportionalität primär für weniger komplexe Portfolien geeignet, kann jedoch auch als Ergänzung für größere Portfolien im Risikobericht Berücksichtigung finden.

11.4.2 Ausblick auf die Zukunft

Allerdings steht die Modellierung der Nachhaltigkeitstreiber in der Risikosteuerung noch am Anfang. In Zukunft ist aus Sicht der Autoren mit einer erheblichen Ausweitung der Anforderungen zu rechnen. Multivariate Entscheidungsbäume, kombiniert mit künstlicher Intelligenz (Demary et al. 2022, S. 129 ff.), werden perspektivisch dazu genutzt werden, Wahrscheinlichkeiten für Stress- und adverse Szenarien abzuleiten. Auch die

Auswirkungen von Nachhaltigkeitstreibern auf Inputfaktoren der Risikomodelle wie z. B. Ratings, Verwertungs- und Einbringungsquoten und Credit Spreads im Kunden- und Eigengeschäft können perspektivisch hierdurch simuliert werden.

Wie so oft in der Geschichte der Risikosteuerung führt diese Komplexität dazu, dass es immer schwerer wird, Risikomodelle zu verstehen und die Funktionsweise nachvollziehen zu können. Risikocontroller der Zukunft werden folglich ein höheres quantitativ geprägtes Modellverständnis aufweisen müssen. Gleichzeitig sollte nicht vergessen werden, den gesunden Menschenverstand einzuschalten – denn oftmals sind die wesentlichen Wechselwirkungen auch ohne ein komplexes Modell zu verstehen. Nachhaltigkeitsthemen können zudem auch als Chance verstanden werden – letztlich lässt sich mit der Transformation aus Sicht einer Bank viel Geld verdienen.

Literatur

Ávila F, Flores E, López-Gallo F, Márquez J (2013) Concentration indicators: assessing the gap between aggregate and detailed data. IFC Bulletin 36:542–559. https://www.bis.org/ifc/publ/ifcb36aj.pdf. Zugegriffen: 22. Mai 2024

BaFin (2020) Merkblatt zum Umgang mit Nachhaltigkeitsrisiken, S 3–39. https://www.bafin.de/SharedDocs/Downloads/DE/Merkblatt/dl_mb_Nachhaltigkeitsrisiken.pdf?__blob=publicationFile&v=9. Zugegriffen: 22. Mai 2024

BaFin (2023a) Anschreiben an die Verbände, GZ: BA 54-FR 2210-2022/0001, 2023/0301535, 29.06.2023, 7. MaRisk-Novelle, Neufassung des Rundschreibens 10/2021 (BA) – Mindestanforderungen an das Risikomanagement – MaRisk. https://www.bafin.de/SharedDocs/Downloads/DE/Rundschreiben/dl_2023-06-29_MaRisk_Anschreiben_an_die_Verbaende_pdf_BA.pdf?__blob=publicationFile&v=2. Zugegriffen: 22. Mai 2024

BaFin (2023b) Mindestanforderungen an das Risikomanagement – MaRisk, Erläuterungen zum Rundschreiben 05/2023, Abweichungen zu Rundschreiben 10/2021 (BA). https://www.bafin.de/SharedDocs/Downloads/DE/Anlage/dl_Anlage_2_2023-06-29-aenderungen_pdf_BA.pdf?__blob=publicationFile&v=2. Zugegriffen: 22. Mai 2024

Beltran A, Maddison D, Elliot R (2019) The impact of flooding on property prices: a repeat-sales approach. J Environ Econ Manag 95:62–86

Demary M, Lehrbass F, Reuse S (2022) Machine Learning in der Banksteuerung – Eine Analyse der marktzinsunabhängigen Ausübung von impliziten Optionen nach § 489 BGB. In: Hastenteufel J, Weber S, Röhm T (Hrsg) Digitale Transformation im Controlling – Praxisorientierte Lösungsansätze und Chancen für Unternehmen. Springer Gabler, Wiesbaden, S 129–144

Deutsche Bank Research (2023) Climate stress tests – Are banks fit for the green transition? https://www.dbresearch.com/PROD/RPS_EN-PROD/PROD0000000000526206/Climate_stress_tests%3A_Are_banks_fit_for_the_green_.PDF. Zugegriffen: 22. Mai 2024

Deutsche Bundesbank (2006) Konzentrationsrisiken in Kreditportfolios. Monatsbericht der Deutschen Bundesbank 58:35–54. https://www.bundesbank.de/resource/blob/692434/ddc67ba0b00c16b48d495e6cc5e77917/mL/2006-06-monatsbericht-data.pdf. Zugegriffen: 22. Mai 2024

Engelke T-O (2022) Implementierung einer gelebten Nachhaltigkeitsstrategie in der Gesamtbanksteuerung im Rahmen eines Risk-Governance-Ansatzes. In: Wiedemann A, Stein V, Fonseca M (Hrsg) Risk Governance in Organizations: Future Perspectives. UniPrint, Siegen, S 365–372

Ernst & Young (EY) (2023) Deutschland Kreditmarktstudie 2023 – EMEIA Financial Services Strategy and Transaction Consulting. https://assets.ey.com/content/dam/ey-sites/ey-com/de_de/news/2023/04/ey-kreditmarktstudie-2023.pdf. Zugegriffen: 22. Mai 2024

EZB (2020) Leitfaden zu Klima- und Umweltrisiken – Erwartungen der Aufsicht in Bezug auf Risikomanagement und Offenlegungen. https://www.bankingsupervision.europa.eu/ecb/pub/pdf/ssm.202011finalguideonclimate-relatedandenvironmentalrisks~58213f6564.de.pdf. Zugegriffen: 22. Mai 2024

EZB (2022) 2022 climate risk stress test. https://www.bankingsupervision.europa.eu/ecb/pub/pdf/ssm.climate_stress_test_report.20220708~2e3cc0999f.en.pdf. Zugegriffen: 22. Mai 2024

FI-Magazin (2023) Neuer Lösungsansatz für die Identifizierung und Klassifizierung von ESG-Risiken. https://fi-magazin.de/Neuer-Loesungsansatz-fuer-die-Identifizierung-und-Klassifizierung-von-ESG-Risiken. Zugegriffen: 22. Mai 2024

ImmoScout24 (2023) Starke Preisabschläge bei Immobilien mit niedrigem Energiestandard. https://www.immobilienscout24.de/unternehmen/news-medien/news/default-title/starke-preisabschlaege-bei-immobilien-mit-niedrigem-energiestandard/. Zugegriffen: 22. Mai 2024

Hessisches Landesamt für Naturschutz, Umwelt und Geologie (2021) HWRM-Viewer. https://hwrm.hessen.de/mapapps/resources/apps/hwrm/index.html?lang=de, Zugegriffen: 30. Juni 2022

MSCI (2020) MSCI ESG Ratings – providing institutional investors with a more robust ESG integration tool designed to support ESG risk mitigation and long term value creation. https://www.msci.com/documents/1296102/21901542/MSCI+ESG+Ratings+Brochure-cbr-en.pdf. Zugegriffen: 22. Mai 2024

MSCI (2023) Index Factsheet – MSCI World Index (USD). https://www.msci.com/documents/10199/178e6643-6ae6-47b9-82be-e1fc565ededb. Zugegriffen: 22. Mai 2024

MSCI (2024) ESG Ratings – Measuring a company's resilience to long-term, financially relevant ESG risks. https://www.msci.com/our-solutions/esg-investing/esg-ratings. Zugegriffen: 22. Mai 2024

NGFS (2021) NGFS Climate Scenarios for central banks and supervisors. https://www.ngfs.net/sites/default/files/media/2021/08/27/ngfs_climate_scenarios_phase2_june2021.pdf. Zugegriffen: 22. Mai 2024

NRW (2024) Ministerium für Umwelt, Naturschutz und Verkehr des Landes Nordrhein-Westfalen, Hochwasserrisikomanagement in NRW. https://www.flussgebiete.nrw.de/hochwasserrisikomanagement-nrw. Zugegriffen: 22. Mai 2024

Reuse S (2023) MaRisk 8.0 – Projektplan und Zusammenfassung der wesentlichen Erkenntnisse. http://svend-reuse.de/MaRisk80.xlsm. Zugegriffen: 22. Mai 2024

Reuse S, Svoboda M (2010) Stresstests – Kritische Analyse der Anforderungen in den neuen MaRisk und Modellierung eines Prototypen. Bankpraktiker 5:65–70

Reuse S, Frère E (2023) MaRisk 8.0: Umsetzungshinweise und Folgen für die Banksteuerung. Bankpraktiker 18:330–337

Reuse S, Frère E, Thole F (2021) Nachhaltigkeit in deutschen Banken – eine empirische Analyse nachhaltiger Assets im Kontext des BaFin-Merkblattes aus 2019. In: Seidel M (Hrsg) Banking & Innovation 2020/2021 – Ideen und Erfolgskonzepte von Experten für die Praxis. Springer Gabler, Wiesbaden, S 81–121

Shanaev S, Ghimire B (2022) When ESG meets AAA: The effect of ESG rating changes on stock returns. Finance Research Letters (46), Part A, Article 102302 im Druck. https://www.sciencedirect.com/science/article/abs/pii/S1544612321003342. Zugegriffen: 22. Mai 2024

Sustainable Finance-Beirat der Bundesregierung (2020) Zwischenbericht – Die Bedeutung einer nachhaltigen Finanzwirtschaft für die große Transformation. https://sustainable-finance-beirat.de/wp-content/uploads/2020/03/200306_SFB-Zwischenbericht_DE.pdf. Zugegriffen: 22. Mai 2024

Sustainalytics (2021) ESG risk ratings methodology – methodology abstract, version 2.1. https://connect.sustainalytics.com/hubfs/INV/Methodology/Sustainalytics_ESG%20Ratings_Methodology%20Abstract.pdf. Zugegriffen: 22. Mai 2024

Sustainalytics (2023) ESG risk ratings: a 360° review. https://connect.sustainalytics.com/hubfs/INV/Ebooks/ESG%20Risk%20Ratings%20-%20360%20Report%20eBook/MS_ESG_RR_360_Review_Ebook_Final.pdf. Zugegriffen: 22. Mai 2024

Takac B, Bader S (2022) S-ESG-Score – ein wichtiges Instrument bei der grünen Transformation. https://banking.vision/s-esg-score/. Zugegriffen: 22. Mai 2024

Tayan B (2022) ESG ratings: a compass without direction. Harvard Law School Forum on Corporate Governance. https://corpgov.law.harvard.edu/2022/08/24/esg-ratings-a-compass-without-direction/. Zugegriffen: 22. Mai 2024

UNEP (2018a) UN Environment Finance Initiative: extending our horizons – assessing credit risk and opportunity in a changing climate: outputs of a working group of 16 banks piloting the TCFD recommendations, part 1: transition-related risks & opportunities. https://www.unepfi.org/wordpress/wp-content/uploads/2018/04/EXTENDING-OUR-HORIZONS.pdf. Zugegriffen: 22. Mai 2024

UNEP (2018b) UN Environment Finance Initiative: navigating a new climate – assessing credit risk and opportunity in a changing climate: outputs of a working group of 16 banks piloting the TCFD recommendations, part 2: physical risks and opportunities. https://www.unepfi.org/wordpress/wp-content/uploads/2018/07/NAVIGATING-A-NEW-CLIMATE.pdf. Zugegriffen: 22. Mai 2024

Prof. Dr. Svend Reuse MBA, ist Mitglied des Vorstands der Kreissparkasse Düsseldorf und dort für die Stabs- und Marktfolgebereiche verantwortlich. Zudem fungiert er als Geschäftsführer der S-International Rhein-Ruhr Beteiligungsgesellschaft mbH. Seit November 2016 ist er Honorarprofessor an der FOM Hochschule am Hochschulzentrum Düsseldorf und doziert dort in Finance-Fächern. Außerdem ist er Mitglied im ZWIRN (Zentrum für wissenschaftliches, interdisziplinäres Risikomanagement und Nachhaltigkeit) an der Ostfalia Hochschule für angewandte Wissenschaften sowie Fachbeirat im isf Institute for Strategic Finance der FOM Hochschule. Nach diversen Studiengängen an der FOM Hochschule schloss er 2010 seine berufsbegleitende Promotion an der Masaryk Universität in Brünn mit Auszeichnung ab. Darüber hinaus hat er bereits zahlreiche Fachbücher und -publikationen veröffentlicht und ist Mitglied in verschiedenen Editorial Boards sowie Mitherausgeber von Schriftenreihen.

Tim-Oliver Engelke M.Sc. ist Bereichsleiter Gesamtbanksteuerung und Leiter der Risikocontrolling-Funktion bei der Kreissparkasse Düsseldorf. Vormals war er als Spezialist Gesamtbanksteuerung bei der Sparda-Bank Hessen eG sowie als Referent Gesamtbanksteuerung und Bankenaufsichtsrecht beim Verband der Sparda-Banken tätig. Zudem ist er Autor von Fachpublikationen und Buchbeiträgen sowie Referent zu Themen rund um die Gesamtbanksteuerung und Nachhaltigkeit.

Integration von Nachhaltigkeitsaspekten in das Risikocontrolling von Banken

12

Gerd Waschbusch, Sabrina Kiszka und Maximilian Walter

12.1 Einführender Überblick

Im Kontext eines erhöhten Wettbewerbsdrucks, der wachsenden Komplexität und der zunehmenden Spezialisierung des Bankgeschäfts haben Kreditinstitute längst verstanden, dass ein modernes Controlling zur Zukunftssicherung unausweichlich geworden ist (Schierenbeck et al. 2014, S. 1). In den letzten Jahren wurde das Bankcontrolling vor allem durch die Finanzkrise der Jahre 2007/2008 geprägt (Rudolph 2013, S. 478; Handler 2015, S. 341; Schuster und Hastenteufel 2019, S. 31 f.). Im Kontext solcher Krisen wird vor allem dem Risikocontrolling eine elementare Bedeutung zuteil (Bodemer und Vollenweider 2017, S. 38; Hastenteufel und Weber 2021, S. 7). Jedoch steht das Risikocontrolling durch die Nachhaltigkeitsproblematik, welche wie keine andere Thematik in den letzten Jahren die Finanzbranche beschäftigt hat (Stäcker und Gehrke 2021, S. 26; Kiszka 2023, S. 31), vor umfangreichen Veränderungen (BaFin 2020a, S. 24).

G. Waschbusch (✉) · M. Walter
Universität des Saarlandes, Saarbrücken, Deutschland
E-Mail: gerd.waschbusch@bank.uni-saarland.de

S. Kiszka
IU Internationale Hochschule, Bad Honnef, Deutschland
E-Mail: sabrina.kiszka@iu.org

S. Weber und J. Hastenteufel (Hrsg.), *Nachhaltigkeit im Controlling*,
https://doi.org/10.1007/978-3-658-45769-3_12

12.2 Nachhaltigkeitsrisiken

Insb. aufgrund der verheerenden Folgen des Klimawandels wurde die Bankenaufsicht auf die Thematik der Nachhaltigkeitsrisiken aufmerksam (Bieg et al. 2023, S. 57). Die BaFin definiert jene Risiken als „Ereignisse oder Bedingungen aus den Bereichen Umwelt, Soziales oder Unternehmensführung, deren Eintreten tatsächlich oder potenziell negative Auswirkungen auf die Vermögens-, Finanz- und Ertragslage sowie die Reputation eines beaufsichtigten Unternehmens haben können" (BaFin 2020b, S. 13). Nachhaltigkeitsrisiken werden hierbei auch als ESG-Risiken betitelt. Das Akronym ESG setzt sich aus den englischen Begriffen Environmental, Social und Governance zusammen, die in einer deutschen Übersetzung die Termini Ökonomie, Ökologie und Soziales ergeben (Röseler 2019, S. 22; BaFin 2020b, S. 12 f.; Bieg et al. 2023, S. 57).

Kreditinstitute sollten daher nicht ausschließlich ökonomische Ziele verfolgen, sondern gleichzeitig auch soziale und ökologische Verantwortung übernehmen und zeigen (Schaltegger et al. 2007, S. 3; Schuster und Hastenteufel 2019, S. 112). Dies veranschaulicht das Drei-Säulen-Modell (Abb. 12.1), in dem alle drei Säulen gleichberechtigt und gleichwertig nebeneinanderstehen (Deutscher Bundestag 1998; Kiszka 2023, S. 66).

Die drei Säulen der nachhaltigen Entwicklung wurden in der Abbildung absichtlich in einer dreidimensionalen Art und Weise dargestellt. Dies soll symbolisieren, dass eine nachhaltige Entwicklung nicht mehr möglich ist, sobald eine der Säulen entfernt wird, da infolgedessen das komplette Gebilde einstürzen würde (Waschbusch et al. 2020, S. 407; Kiszka 2023, S. 67). Trotzdem werden im heutigen Sprachgebrauch mit den Nachhaltigkeitsrisiken vornehmlich Klima- und Umweltrisiken bezeichnet, die wiederum in physische und transitorische Risiken unterteilt werden können (Röseler 2019, S. 22;

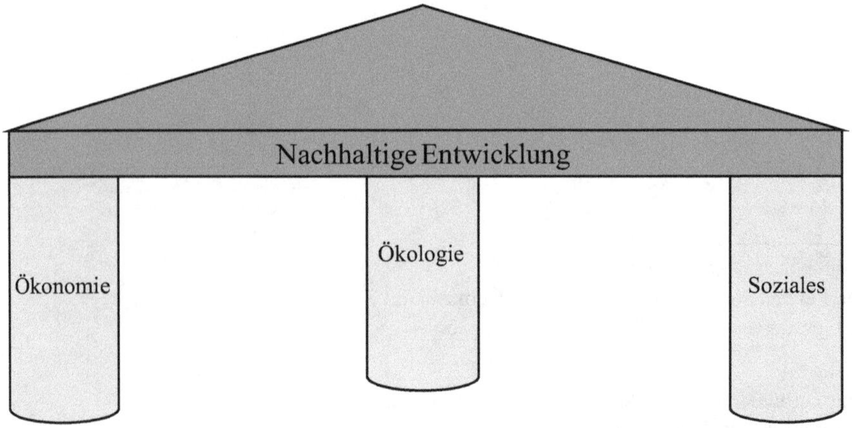

Abb. 12.1 Drei-Säulen-Konzept einer nachhaltigen Entwicklung. (Eigene Darstellung in Anlehnung an Waschbusch et al. 2020, S. 407)

BaFin 2020b, S. 13; Bieg et al. 2023, S. 58). Unter physischen Risiken werden negative finanzielle Effekte verstanden, die durch Schäden aus Extremwetterereignissen oder der graduellen Veränderung des Klimas verursacht werden. Bspw. können Starkregen und Überschwemmungen zu finanziellen Verlusten bei Unternehmen führen, was wiederum deren Zahlungsfähigkeit beeinträchtigen und als Folge hiervon deren Ausfallrisiko erhöhen kann (Deutsche Bundesbank 2023, S. 76). Die transitorischen Risiken, welche auch als Transitionsrisiken bezeichnet werden, stellen Übergangsrisiken dar, die aus politisch motivierten Entscheidungen, aus geänderten Verbraucherpräferenzen, aus veränderten Ernährungsgewohnheiten oder aus technologischen Veränderungen resultieren (Röseler 2019, S. 22; BaFin 2020b, S. 13; Bieg et al. 2023, S. 58).

Zusammenfassend lassen sich Nachhaltigkeitsrisiken nicht als eigene Risikokategorie charakterisieren, vielmehr sind sie Risikotreiber der klassischen Risiken bankbetrieblicher Tätigkeit (Deutsche Bundesbank 2019, S. 115; BaFin 2020b, S. 18; Bieg et al. 2023, S. 58). Allerdings beeinflussen die Nachhaltigkeitsrisiken nicht nur die klassischen Risikokategorien, sondern sie haben auch das Potenzial, die Funktionsfähigkeit und Stabilität des gesamten Finanzsystems zu gefährden (Bieg et al. 2023, S. 59).

12.3 Nachhaltigkeitsratings zur Einschätzung des Adressenrisikos in Banken

12.3.1 Kreditvergabe im Fokus der Bankenaufsicht

Ein Fokus der Bankenaufsicht liegt auf dem Kreditvergabeprozess der Institute, der eine systematische Berücksichtigung von Nachhaltigkeitsrisiken verlangt (EBA 2020, Tz. 56 f.; Kiszka 2023, S. 436). Daher stehen Kreditinstitute vor der großen Herausforderung, die Nachhaltigkeitsrisiken in ihr Risikomanagement zu integrieren (Waschbusch et al. 2022, S. 289). Ebenda bereiten die Auswirkungen der ESG-Risiken auf das Adressenrisiko, sprich die Gefahr einer Gewinnminderung bzw. Verluststeigerung aufgrund einer verschlechterten Bonität eines Geschäftspartners (Bieg et al. 2023, S. 23), den Banken die größte Sorge, da aufgrund der klimatischen Faktoren zunehmend Ausfall- und Erfüllungsrisiken zu beobachten sind (Bank of England 2018, S. 22; Waschbusch et al. 2022, S. 289). Das Eingehen von Adressenrisiken bildet den Mittelpunkt des Geschäfts der Banken. Sollten jene Risiken falsch eingeschätzt werden, kann dies zu hohen Verlusten führen, weswegen es im Interesse der Bank liegt, die Bonität des Kreditnehmers so exakt wie möglich zu bestimmen (Barthruff 2014, S. 1). Problematisch für Banken erscheint die begriffliche Verwirrung, die im Kontext der nachhaltigkeitsbezogenen Ratings besteht, da diverse Begrifflichkeiten parallel zueinander existieren und selten voneinander abgegrenzt werden (Kopp 2016, S. 2). Daher werden im Folgenden drei Ratings, die Nachhaltigkeitsfaktoren einbeziehen, differenziert dargestellt.

12.3.2 Erweiterung der klassischen Ratings um Nachhaltigkeitsfaktoren zur Beurteilung der Adressenrisiken

Das klassische Kreditrating in Banken wird um solche Nachhaltigkeitsfaktoren erweitert, die sich auf das Adressenrisiko auswirken (Barthruff 2014, S. 104; BaFin 2020b, S. 39; Waschbusch et al. 2022, S. 39). Dieses Rating hat das Potenzial, die nachhaltigkeitsinduzierten Adressenrisiken in einer adäquaten Art und Weise einzuschätzen (Waschbusch et al. 2022, S. 290). Jedoch existieren einige interne und externe Hürden bzgl. des um Nachhaltigkeitsfaktoren erweiterten Kreditratings in Banken. Einerseits fehlt oftmals das Verständnis für die ökonomische, soziale und ökologische Bedeutung von Nachhaltigkeitsrisiken. Andererseits sträuben sich potenzielle Kreditnehmer, nachhaltigkeitsspezifische Daten zur Verfügung zu stellen (Barthruff 2014, S. 106).

12.3.3 Nachhaltigkeitsratings zur Beurteilung der Nachhaltigkeitsperformance

Neben den erweiterten Kreditratings existieren sogenannte reine Nachhaltigkeitsratings (Waschbusch et al. 2022, S. 290). Diese Ratings beziehen sich nicht nur ausschließlich auf Nachhaltigkeitsfaktoren, die sich auf das Adressenrisiko auswirken, sondern sind vielmehr ein Instrument, um die Nachhaltigkeit von Finanzanlagen oder Unternehmen festzustellen (Barthruff 2014, S. 104; BaFin 2020b, S. 39; Waschbusch et al. 2022, S. 290). Bereits im Jahr 1991 hat das amerikanische Unternehmen KLD Research & Analytics Inc. damit begonnen, ökologische Kennzahlen bereitzustellen. Mittlerweile gibt es diverse Ratingagenturen, die ein solches Rating durchführen (Dürr 2022). Eine dieser Agenturen ist die Non-Profit-Organisation (NPO) Carbon Disclosure Project (CDP), welche das Ziel verfolgt, das Nachhaltigkeitsverständnis und die Nachhaltigkeitsleistung von Unternehmen zu bewerten (Waschbusch et al. 2022, S. 290).

12.3.4 ESG-Risk-Ratings zur Beurteilung der nachhaltigkeitsinduzierten Risikolage

Die ESG-Risk-Ratings kombinieren letztlich die Nachhaltigkeits- und Risikoperspektive und messen „die Widerstandsfähigkeit eines Unternehmens gegenüber langfristigen branchenrelevanten Umwelt-, Sozial- und Governance-Risiken“ (Waschbusch et al. 2022, S. 291). Die Ratingagentur Sustainalytics teilt die Unternehmen bspw. in fünf verschiedene Kategorien ein, die von einem vernachlässigbaren Risiko bis zu einem sehr hohen Risiko reichen (Garz und Volk 2019, S. 6; Waschbusch et al. 2022, S. 291). Dahingegen klassifiziert MSCI die Unternehmen in drei verschiedene Bereiche:

- die Nachzügler,
- die durchschnittlichen Unternehmen und
- die Vorreiter (MSCI 2020, S. 6; Waschbusch et al. 2022, S. 291).

Während Sustainalytics allein die jeweilige Situation des betrachteten Unternehmens beurteilt, führt MSCI einen Branchenvergleich durch. Die Commerzbank AG wurde im Dezember 2020 von MSCI als Vorreiter bewertet und nur vier Monate später von Sustainalytics als ein Unternehmen mit mittleren Risiken beurteilt (Waschbusch et al. 2022, S. 291 ff.). Diese unterschiedliche Bewertungsmethodik, die teilweise zu (augenscheinlich) gegensätzlichen Resultaten führt, ist ein Grund dafür, dass Banken und die Aufsichtsbehörden eine vollständige Substitution der internen Nachhaltigkeitsprüfung durch externe Ratingagenturen eher kritisch beäugen (Barthruff 2014, S. 105).

12.3.5 Abschließende Würdigung der Nachhaltigkeitsratings

Grundsätzlich stellen Nachhaltigkeitsratings „sinnvolle Instrumente zur Integration von Nachhaltigkeitsfaktoren in das Management des Adressrisikos von Banken dar" (Waschbusch et al. 2022, S. 294). Es ist von Relevanz, ein einheitliches Verständnis des Nachhaltigkeitsbegriffs zu schaffen und klar zu kommunizieren, welche Nachhaltigkeitsfaktoren den Ratings zugrunde gelegt wurden, damit Banken vor Fehlinterpretationen geschützt werden. In den nächsten Jahren werden die aufsichtsrechtlichen Bemühungen dazu führen, dass die Nachhaltigkeit vollständig in die Ratingprozesse der Banken integriert werden wird (Waschbusch et al. 2022, S. 295 f.). Hierzu sind allerdings neben den Nachhaltigkeitsratings weitere Instrumente erforderlich, wie bspw. der Carbon Value at Risk oder der Climate Value at Risk, die im Nachfolgenden vorgestellt werden.

12.4 Der Carbon Value at Risk und der Climate Value at Risk

12.4.1 Der Carbon Value at Risk als eine Erweiterung des CO_2-Fußabdrucks

Nicht nur die Aufsichtsbehörden, sondern auch andere Interessensgruppen wie bspw. die Investoren sind sich der Nachhaltigkeitsrisiken, insb. Klima- und Umweltrisiken, in Kreditinstituten bewusst (Dietz et al. 2016, S. 1). Der Klimawandel wird durch die Freisetzung von Treibhausgasen in die Atmosphäre verursacht, wobei im Jahr 2020 in Deutschland 87,1 % dieser Treibhausgase auf Kohlenstoffdioxid (CO_2) entfielen (Umweltbundesamt 2022). Daher lag der Fokus zunächst auf Maßnahmen zur Kontrolle der Kohlenstoffemissionen (Dietz et al. 2016, S. 1).

Ein Risikomaß zur Kontrolle jener Kohlenstoffemissionen stellt der Carbon Value at Risk dar, der von dem Investmentunternehmen Schroders entwickelt wurde. Bis dato existierten lediglich wenige Risikomaße in diesem Bereich, wie bspw. der CO_2-Fußabdruck, der im englischsprachigen Raum als Carbon Footprint bekannt ist (Schroders 2022). Das Ausmaß, in dem ein Unternehmen den Carbon Footprint kontrollieren kann, variiert, weswegen zwischen drei verschiedenen Bereichen, sog. Scopes, unterschieden wird (Hampton 2022). Zum ersten Bereich zählen Emissionen, die durch den Betrieb und die Nutzung des unternehmenseigenen Fuhrparks sowie durch die Nutzung von selbst erzeugter Energie entstehen. Zum zweiten Bereich gehört die Klimawirkung von zugekaufter Energie, also bspw. Strom und Wärme (Wang et al. 2022, S. 2). Der dritte Bereich beinhaltet Emissionen, die in der Wertschöpfungskette entstehen, jedoch nicht direkt von dem Unternehmen beeinflussbar sind (Hampton 2022). Hierzu zählen z. B. eingekaufte Materialien, die für die Herstellung des Endproduktes benötigt werden, oder ausgelagerte Wertschöpfungsaktivitäten eines Unternehmens (Wang et al. 2022, S. 2). Beim Carbon Value at Risk werden alle drei Bereiche erfasst (Hampton 2022).

Zwei Drittel der Experten in Deutschland sind der Meinung, dass ein Kohlenstoffpreis von 100 US$ pro Tonne für das Jahr 2030 notwendig sei, um das 1,5 bis 2 °C-Ziel zu erreichen (Neigenfind 2022). Auf Basis dieser Expertisen werden die Auswirkungen eines Kohlenstoffpreises von 100 US$ pro Tonne auf die künftige Profitabilität eines Unternehmens berechnet, da in Zukunft von veränderten Klimavorschriften ausgegangen werden muss (Huttel 2021; Hampton 2022). Zeitgleich wird die Preissensibilität der Verbraucher für den wahrscheinlichen Fall berücksichtigt, dass sich die erhöhten CO_2-Preise auf die Verkaufspreise auswirken. Der Carbon VaR kommt zu dem Ergebnis, dass die Steigerung des CO_2-Preises auf 100 US$ pro Tonne zur Folge hätte, dass ca. 50 % der börsennotierten Unternehmen weltweit von einem Anstieg oder Rückgang des Unternehmensgewinns i.H.v. von fast 20 % betroffen wären (Hampton 2022; Schroders 2022). Zusammenfassend gibt „das Risikomaß des Carbon Value at Risks den Anlegern ein genaues Maß dafür, wie sich Kohlenstoffkosten auf Unternehmen und deren Gewinne auswirken können“ (Huttel 2021).

12.4.2 Der Climate Value at Risk zur Einschätzung der Auswirkungen von Klima- und Umweltrisiken auf Vermögenswerte

Während der klassische VaR-Ansatz typischerweise traditionelle bankbetriebliche Risiken wie bspw. das Marktpreisrisiko misst, stellt der Climate Value at Risk ein Risikomaß zur Messung der Klimarisiken dar (Badrinarayanan und Akhter 2023). Der Climate VaR wurde von Carbon Delta entwickelt und berechnet die Auswirkungen der mit dem Klimawandel verbundenen Risiken und Chancen auf den Marktwert eines Assets unter einem bestimmten Klimaszenario über einen Zeithorizont von 15 Jahren (UNEP 2019, S. 50; Nampoothiri 2022).

Im Gegensatz zum Carbon Value at Risk, der die Auswirkungen eines erhöhten CO_2-Preises ausschließlich auf den Unternehmenserfolg misst (UNEP 2019, S. 50; Nampoothiri 2022), kann der Climate Value at Risk die Effekte des Klimawandels auf Marktwerte von Wertpapieren, Unternehmen, Immobilien und Portfolios bestimmen (Dietz et al. 2016, S. 1; Nampoothiri 2022). Mit dem Climate VaR erhält die Finanzbranche ein Werkzeug zur Identifizierung von Vermögenswerten, die unter Umständen durch die extremen Auswirkungen des Klimawandels gefährdet sind. Der Climate Value at Risk wird i. d. R. mithilfe einer Kombination aus historischen Daten, Modellierungstechniken und Szenarioanalysen berechnet (Badrinarayanan und Akhter 2023). Bei den zugrunde gelegten Szenarioanalysen werden die möglichen Auswirkungen der physischen und transitorischen Risiken auf das Portfolio eines Investors bei unterschiedlichen Erderwärmungspfaden bis zum Ende des Jahrhunderts simuliert (UNEP 2019, S. 50). Analog zur Systematisierung der Klimarisiken wird der Climate VaR in den Physical Climate Value at Risk und den Climate Transition Value at Risk untergliedert (Nampoothiri 2022).

Die wirtschaftlichen Gesamtschäden infolge von Naturkatastrophen haben im Jahr 2022 nach Berechnungen des Rückversicherers Munich Re einen Wert von rund 270 Mrd. USD erreicht (Munich Re o. D.). Hierbei können sich Naturkatastrophen negativ auf den Marktwert eines Assets auswirken, weswegen in diesem Kontext dem Physical Climate Value at Risk als Risikomaß eine große Bedeutung zukommt (Dörig 2021).

Weiterhin wird der Übergang zur Klimaneutralität zusätzliche strukturelle Veränderungen in der gesamten Wirtschaft erfordern (WTW 2022). Aufgrund von politisch motivierten Entscheidungen, geänderten Verbraucherpräferenzen und technologischen Veränderungen wird der Druck zur kohlenstoffneutralen Ausrichtung immer größer (Nampoothiri 2022). Daher wurde der Climate Transition VaR als Risikomaß entwickelt, um Investoren die Auswirkungen des Übergangs zur Klimaneutralität auf verschiedenste Vermögenswerte aufzuzeigen (WTW 2022; Nampoothiri 2022).

12.5 Nachhaltige Stresstests zur Einschätzung der Klima- und Umweltrisiken in Banken

Konventionelle Risikomaße können meist nicht vollumfänglich zur Einschätzung der Klima- und Umweltrisiken herangezogen werden, da diese Risikomaße oftmals ausschließlich auf historischen Daten beruhen. Die Klima- und Umweltrisiken haben sich in der Vergangenheit nicht in dem Maße materialisiert wie künftig damit zu rechnen ist, weswegen zukunftsgerichtete Methoden wie bspw. Stresstests Anwendung finden sollten (Wuermeling 2020, S. 10). Nachhaltigkeitsbezogene Stresstests untersuchen die Widerstandsfähigkeit einer Bank bspw. auf die Auswirkungen der physischen und transitorischen Risiken, indem auf die Methodik der Szenarioanalyse zurückgegriffen wird (BaFin 2020b, S. 34; Waschbusch et al. 2021, S. 129 f.). Diese Analysen sind hilfreiche Werkzeuge zur Abschätzung des Einflusses verschiedener Nachhaltigkeitsfaktoren auf andere Risikoparameter (Waschbusch et al. 2021, S. 129). Es müssen zwingend regelmäßige sowie anlassbezogene Stresstests zu ESG-Risiken umgesetzt werden, falls die Nachhaltigkeitsrisiken als Risikotreiber zur Wesentlichkeit einer der bankbetrieblichen Risikokategorien beitragen (BaFin 2020b, S. 36; Kiszka 2023, S. 420).

Grundsätzlich ist es das Ziel der nachhaltigkeitsbezogenen Stresstests aufzuzeigen, ab wann eine künftige Entwicklung nicht mehr nur schmerzhaft, sondern existenzbedrohend für eine Bank werden kann (EBA 2019, Tz. 47; Wuermeling 2020, S. 13; Kiszka 2023, S. 420). Daher sind Stresstests als ein geeignetes Instrument anzusehen, um die potenziellen Auswirkungen der Klima- und Umweltrisiken zu evaluieren (Schönbein 2021, S. 51). Als Orientierungshilfe können Banken bspw. die Szenarien des im Jahr 2022 erstmals stattfindenden Klimastresstest der EZB heranziehen, mit dem der Umgang der Kreditinstitute mit Nachhaltigkeitsrisiken eruiert werden sollte. Mithilfe verschiedener Szenarien wurde die Handhabung der Banken der physischen und transitorischen Risiken bewertet (EZB 2021, S. 27 ff., 2022, S. 3 f., Kiszka 2023, S. 416). So wurde zur Untersuchung der Auswirkungen von physischen Risiken sowohl das Szenario einer schweren Hitzewelle durchgespielt, die zu erheblichen Produktionseinbußen von Unternehmen führte und somit u. a. Einfluss auf deren Ausfallwahrscheinlichkeit besitzen kann, als auch ein Hochwasserszenario zugrunde gelegt, um die Folgen für Immobilien im Sicherheitsbestand zu eruieren (EZB 2021, S. 27 ff., 2022, S. 17 f.; Kiszka 2023, S. 416). Weiterhin untersuchte die EZB die Anfälligkeit der Banken für Transitionsrisiken im kurzfristigen Zeithorizont durch das Szenario eines weiteren Preisanstiegs für CO_2-Emissionen. Zuletzt wurden mithilfe unterschiedlicher langfristiger Szenarien die Folgen eines (Nicht-)Erreichens der Pariser Klimaziele in Abhängigkeit des Ablaufs der Transitionsmaßnahmen und deren physische Auswirkungen evaluiert (EZB 2021, S. 14 ff., 2022, S. 37 ff.; Kiszka 2023, S. 414).

An dieser Stelle zeigt die Analyse der EZB auf, dass der Großteil der Banken nicht über genügend einschlägige Daten verfügt, um einen robusten Rahmen für Klimastresstests aufzuweisen (EZB 2022). Daran knüpft auch eine Untersuchung der BaFin an, die ergeben hat, dass kleine und mittelständische Institute im Umgang mit Klima- und Umweltrisiken zwar Fortschritte gemacht haben, bei ihnen aber immer noch Verbesserungspotenzial besteht. Die Mehrheit der untersuchten Banken verfügte zwar über grundlegende Praktiken bzgl. des Umgangs mit Klima- und Umweltrisiken, aber nicht über fortgeschrittene Verfahren (BaFin 2022). In diesem Zusammenhang ist es als bedenklich einzustufen, dass in einer Zeit, in der sowohl eine Vielzahl von Transitionsmaßnahmen gefordert werden als auch Naturkatastrophen immer weiter zunehmen (Munich Re o. D.), die nachhaltigkeitsbezogenen Stresstests aufgrund ihrer Komplexität erst am Anfang stehen und den Banken somit das Instrumentarium zum zielführenden Controlling von Nachhaltigkeitsrisiken erst sukzessiv verfügbar ist (Wuermeling 2020, S. 13; EBA 2021, Tz. 123 f.; Kiszka 2023, S. 420).

12.6 Fazit

Die Bankenbranche steht aufgrund der Vielzahl an Herausforderungen vor großen strukturellen Veränderungen (Dahmen und Kurrent 2017, S. 30; Schuster und Hastenteufel 2019, S. 219). Dies betrifft vor allem das Risikocontrolling in Kreditinstituten, da sich jenes neuerdings verstärkt den Nachhaltigkeitsrisiken zuwenden muss (BaFin 2020b, S. 24). Die dargestellten nachhaltigkeitsbezogenen Risikomessverfahren sind mit Kritik behaftet. Im Kontext der Nachhaltigkeitsratings werden Unternehmen von unterschiedlichen Ratingagenturen gegensätzlich bewertet (Waschbusch et al. 2022, S. 291 ff.) und sowohl der Carbon VaR als auch der Climate VaR basieren vornehmlich auf zukünftigen politischen Maßnahmen, die mit Unsicherheit behaftet sind. Die nachhaltigen Stresstests stehen erst am Anfang (Wuermeling 2020, S. 13; EBA 2021, Tz. 123 f.; Kiszka 2023, S. 420). Aller Kritik zum Trotz müssen Banken damit beginnen, die Nachhaltigkeitsrisiken in ihr Risikomanagement zu integrieren, um klimabezogene Risikofaktoren zu identifizieren, die sich wesentlich auf die finanzielle Lage des Instituts auswirken können (BCBS 2022, Tz. 208; Kiszka 2023, S. 542). Die Nachhaltigkeit sollte nicht als notwendiges Übel verstanden werden, sondern vielmehr als Chance, die Existenzfähigkeit der Institute langfristig zu gewährleisten und ebenso verloren gegangenes Vertrauen der Gesellschaft zurückzugewinnen (Waschbusch et al. 2021, S. 171). Insgesamt ist festzuhalten, dass die Berücksichtigung des Nachhaltigkeitskomplexes im Risikocontrolling der Institute eine ökonomische Notwendigkeit darstellt (Patzsch 2019, S. B8; Kiszka 2023, S. 545).

Literatur

Badrinarayanan C, Akhter Z (2023) Understanding Climate Value-at-Risk (VaR) for Financial Risk Management. https://blueskyhq.io/blog/understanding-climate-var-for-financial-risk-management#close-cookie. Zugegriffen: 22. Mai 2024

BaFin (2022) Banken müssen Klima- und Umweltrisiken besser managen. https://www.bafin.de/ref/19617900. Zugegriffen: 22. Mai 2024

BaFin (2020a) Allgemeinverfügung zur Herabsetzung der Quote des inländischen antizyklischen Kapitalpuffers. https://www.bafin.de/ref/19606732. Zugegriffen: 22. Mai 2024

BaFin (2020b) Merkblatt zum Umgang mit Nachhaltigkeitsrisiken. https://www.bafin.de/ref/19598538. Zugegriffen: 22. Mai 2024

Bank of England (2018) Transition in thinking. https://www.bankofengland.co.uk/-/media/boe/files/prudential-regulation/report/transition-in-thinking-the-impact-of-climate-change-on-the-uk-banking-sector.pdf. Zugegriffen: 22. Mai 2024

Barthruff C (2014) Nachhaltigkeitsinduzierte Kreditrisiken. Springer Gabler, Wiesbaden

BCBS (2022) Principles for the effective management and supervision of climate-related financial risks. https://www.bis.org/bcbs/publ/d532.pdf. Zugegriffen: 22. Mai 2024

Bieg H, Krämer G, Waschbusch G (2023) 1. Kapitel. In: Bieg H, Krämer G, Waschbusch G, Igl A (Hrsg) Bankenaufsicht in Theorie und Praxis, 6. Aufl. Frankfurt School Verlag, Frankfurt a. M., S 1–63
Bodemer S, Vollenweider P (2017) Treasury und Risikocontrolling in Banken. Schäffer-Poeschel, Stuttgart
Dahmen M, Kurrent C (2017) Effizienz hoch drei. Die Bank: 30–33
Deutsche Bundesbank (2019) Finanzstabilitätsbericht 2019. Einfluss klimabezogener Risiken auf die Finanzstabilität, S 113–127. https://www.bundesbank.de/resource/blob/814400/ec1e362213f45390351d676a6a9e2d4429/mL/2019-finanzstabilitaetsbericht-data.pdf. Zugegriffen: 22. Mai 2024
Deutsche Bundesbank (2023) Nachhaltigkeitsrisiken in der Bankenaufsicht. Monatsbericht der Deutschen Bundesbank, S 75–96. https://www.bundesbank.de/resource/blob/764252/17db15da-a53575e87540a3e0462413c1/mL/2023-04-monatsbericht-data.pdf. Zugegriffen: 22. Mai 2024
Deutscher Bundestag (1998) Abschlußbericht der Equete-Kommission „Schutz des Menschen und der Umwelt", Bundestags-Drucksache 18/9982 vom 26.06.1998
Dietz S, Bowen A, Dixon C, Gradwell P (2016) Climate value at risk of global financial assets. http://eprints.lse.ac.uk/66226/1/Dietz_Climate%20Value%20at%20risk.pdf. Zugegriffen: 22. Mai 2024
Dörig P (2021) Asset intensity. https://insights.issgovernance.com/posts/asset-intensity-a-key-driver-of-physical-climate-value-at-risk. Zugegriffen: 22. Mai 2024
Dürr S (2022) ESG-rating. https://nordesg.de/esg-rating-eine-einfuehrung. Zugegriffen: 22. Mai 2024
EBA (2019) EBA action plan on sustainable finance. https://www.eba.europa.eu/sites/default/files/document_library/EBA%20Action%20plan%20on%20sustainable%20finance.pdf. Zugegriffen: 22. Mai 2024
EBA (2020) EBA/GL/2020/06. https://www.eba.europa.eu/sites/default/files/document_library/Publications/Guidelines/2020/Guidelines%20on%20loan%20origination%20and%20monitoring/Translations/886677/Final%20Report%20on%20GL%20on%20loan%20origination%20and%20monitoring_COR_DE.pdf. Zugegriffen: 22. Mai 2024
EBA (2021) EBA/Rep/2021/18. https://www.eba.europa.eu/sites/default/documents/files/document_library/Publications/Reports/2021/1015656/EBA%20Report%20on%20ESG%20risks%20management%20and%20supervision.pdf. Zugegriffen: 22. Mai 2024
EZB (2021) Climate risk stress test – SSM stress test 2022. https://www.bankingsupervision.europa.eu/ecb/pub/pdf/ssm.climateriskstresstest2021~a4de107198.de.pdf. Zugegriffen: 22. Mai 2024
EZB (2022) 2022 climate risk stress test. https://www.bankingsupervision.europa.eu/ecb/pub/pdf/ssm.climate_stress_test_report.20220708~2e3cc0999f.en.pdf. Zugegriffen: 22. Mai 2024
Garz H, Volk C (2019) The ESG risk ratings. https://connect.sustainalytics.com/hubfs/INV%20-%20Reports%20and%20Brochure/Thought%20Leadership/SustainalyticsESGRiskRatings_WhitePaperVolumeOne_October%202018.pdf. Zugegriffen: 22. Mai 2024
Hampton C (2022) How can you measure a company's carbon footprint? https://www.cazenovecapital.com/en-gb/uk/charity/insights/carbon-value-at-risk-carbon-var-. Zugegriffen: 22. Mai 2024
Handler H (2015) Wirtschaftspolitik zwischen Spekulation und Rezenzion. In: Gehler M, Gonschor M, Meyer H (Hrsg) Banken, Finanzen und Wirtschaft im Kontext europäischer und globaler Krisen. OLMS, Hildesheim, S 341–403
Hastenteufel J, Weber L (2021) Krisen und ihre Auswirkungen auf das Risikomanagement von Banken. Springer Gabler, Wiesbaden

Huttel F (2021) Carbon value-at-risk. https://www.vividam.de/carbon-value-at-risk. Zugegriffen: 22. Mai 2024

Kiszka S (2023) Die Steuerung von Nachhaltigkeitsrisiken und -chancen in Kreditinstituten. Nomos Verlag, Baden-Baden

Kopp H (2016) Nachhaltigkeitsratings. In: Kopp H (Hrsg) CSR und Finanzratings. Springer Gabler, Wiesbaden, S 1–28

MSCI (2020) MSCI ESG rating – providing institutional investors with a more robust ESG integration tool designed to support ESG risk mitigation and long term value creation. https://www.msci.com/documents/1296102/21901542/MSCI+ESG+Ratings+Brochure-cbr-en.pdf. Zugegriffen: 22. Mai 2024

Munich RE (o. D.) Risiken durch Naturkatastrophen. https://www.munichre.com/de/risiken/naturkatastrophen.html. Zugegriffen: 22. Mai 2024

Nampoothiri M (2022) Quantifying climate risks using CVaR, CTVaR and PCVaR. https://nord-esg.de/en/quantifying-climate-risks-using-cvar-and-ctvar. Zugegriffen: 22. Mai 2024

Neigenfind F (2022) Was sollte der Ausstoß von Klimagasen kosten? https://www.cen.uni-hamburg.de/about-cen/news/09-news-2022/2022-03-09-interview-drupp.html. Zugegriffen: 22. Mai 2024

Patzsch O (2019) ESG-Kriterien optimieren die Kreditvergabe. Börsen-Zeitung vom 27.04.2019, S B8

Röseler R (2019) Nachhaltigkeit. BaFin Perspektiven, S 19–28. https://www.bafin.de/ref/19598278. Zugegriffen: 22. Mai 2024

Rudolph B (2013) Die Finanzkrise 2007–09. In: Lindenlaub D, Burhop C, Scholtyseck J (Hrsg) Schlüsselereignisse der deutschen Bankengeschichte. Franz Steiner Verlag, Stuttgart, S 478–502

Schaltegger S, Herzig C, Kleiber O, Klinke T, Müller J (2007) Nachhaltigkeitsmanagement in Unternehmen. https://www.sustainament.de/wp-content/uploads/nachhaltigkeitsmanagement_unternehmen.pdf. Zugegriffen: 22. Mai 2024

Schierenbeck H, Lister M, Kirmße S (2014) Ertragsorientiertes Bankmanagement – Band 1, 9. Aufl. Springer Gabler, Wiesbaden.

Schönbein K (2021) Nachhaltigkeit in der Gesamtbanksteuerung. Springer Gabler, Wiesbaden

Schroders (2022) Our carbon framework for sustainable investing. https://www.schroders.com/en-us/us/intermediary/insights/our-carbon-framework-for-sustainable-investing-part-one. Zugegriffen: 22. Mai 2024

Schuster H, Hastenteufel J (2019) Die Bankenbranche im Wandel, 2. Aufl. Nomos Verlag, Baden-Baden

Stäcker C, Gehrke N (2021) ESG in IPOs: Unverzichtbar für den erfolgreichen Börsengang. GoingPublic Magazin (3):26–30

Umweltbundesamt (2022) Die Treibhausgase. https://www.umweltbundesamt.de/themen/klima-energie/klimaschutz-energiepolitik-in-deutschland/treibhausgas-emissionen/die-treibhausgase. Zugegriffen: 22. Mai 2024

UNEP (2019) Changing course. https://www.unepfi.org/wordpress/wp-content/uploads/2019/05/TCFD-Changing-Course-Oct-19.pdf. Zugegriffen: 22. Mai 2024

Wang Y, Wu Z, Zhang G (2022) Firms and climate change. https://link.springer.com/article/10.1007/s43979-022-00005-9. Zugegriffen: 22. Mai 2024

Waschbusch G, Kiszka S, Hollinger J (2020) Chancen und Risiken der Nachhaltigkeitsberichterstattung für Kreditinstitute. ÖBA 68:406–415

Waschbusch G, Kiszka S, Strauß P (2021) Nachhaltigkeit in der Bankenbranche. Nomos Verlag, Baden-Baden

Waschbusch G, Kiszka S, Schnur C (2022) Nachhaltigkeitsratings als Instrumente zur Steuerung des Adressrisikos in Banken. In: Wiedemann A, Stein V, Fonseca M (Hrsg) Risk Governance in Organizations. Universitätsverlag Siegen, Siegen, S 289–297

WTW (2022) Climate quantified™ transition analytics. https://www.wtwco.com/-/media/wtw/solutions/products/wtw-climate-quantified-tm-transition-analytics-clarity-for-asset-managers-december-2022.pdf?modified=20221223155645. Zugegriffen: 22. Mai 2024

Wuermeling J (2020) Grüne neue Welt? Die Bank: 8–13

Univ.-Prof. Dr. Gerd Waschbusch ist Inhaber des Lehrstuhls für Betriebswirtschaftslehre, insb. Bankbetriebslehre der Universität des Saarlandes. Er verfügt über langjährige Forschungs- und Lehrerfahrungen in den Bereichen Bankbetriebslehre (vor allem Bankenaufsicht und Bankbilanzierung), Finanzwirtschaft und Rechnungswesen.

Dr. Sabrina Kiszka ist Spezialistin im Bereich der Unternehmensentwicklung und Nachhaltigkeitsbeauftragte in einer Genossenschaftsbank sowie Academic Lecturer an der IU Internationale Hochschule im Fernstudium. Sie verfügt zudem über langjährige Erfahrung in der Hochschullehre und ist Autorin zahlreicher Fachpublikationen.

Maximilian Walter (B. Sc.) ist Masterstudent der Betriebswirtschaftslehre an der Universität des Saarlandes. Neben seinem Studium arbeitet er seit Oktober 2020 als wissenschaftliche Hilfskraft am Lehrstuhl für Betriebswirtschaftslehre, insbesondere Bankbetriebslehre an der Universität des Saarlandes.

Kolibri 360 GmbH
Ferdinand-Jühlke-Straße 7
99095 Erfurt, Deutschland
produktsicherheit@kolibri360.de